权威·前沿·原创

皮书系列为
"十二五""十三五"国家重点图书出版规划项目

浦东新区蓝皮书

BLUE BOOK OF PUDONG NEW AREA

上海浦东经济发展报告（2019）

ANNUAL REPORT ON ECONOMIC DEVELOPMENT OF PUDONG NEW AREA(2019)

高质量发展和高水平改革开放

主　编／周小平　徐美芳
副主编／毛力熊　雷新军

社会科学文献出版社
SOCIAL SCIENCES ACADEMIC PRESS (CHINA)

图书在版编目(CIP)数据

上海浦东经济发展报告.2019：高质量发展和高水平改革开放/周小平，徐美芳主编. ——北京：社会科学文献出版社，2019.1
　（浦东新区蓝皮书）
　ISBN 978-7-5201-4093-5

Ⅰ.①上… Ⅱ.①周…②徐… Ⅲ.①区域经济发展-研究报告-浦东新区-2019 Ⅳ.①F127.513

中国版本图书馆 CIP 数据核字（2018）第 291077 号

浦东新区蓝皮书
上海浦东经济发展报告（2019）
——高质量发展和高水平改革开放

主　　编／周小平　徐美芳
副 主 编／毛力熊　雷新军

出 版 人／谢寿光
项目统筹／郑庆寰
责任编辑／陈　颖　王　煦

出　　版／社会科学文献出版社·皮书出版分社（010）59367127
　　　　　地址：北京市北三环中路甲29号院华龙大厦　邮编：100029
　　　　　网址：www.ssap.com.cn
发　　行／市场营销中心（010）59367081　59367083
印　　装／三河市东方印刷有限公司

规　　格／开　本：787mm×1092mm　1/16
　　　　　印　张：16.75　字　数：251千字
版　　次／2019年1月第1版　2019年1月第1次印刷
书　　号／ISBN 978-7-5201-4093-5
定　　价／128.00元

本书如有印装质量问题，请与读者服务中心（010-59367028）联系

版权所有 翻印必究

《上海浦东经济发展报告（2019）》
编委会

主　　　任　张道根　于信汇　谈上伟

副 主 任　沈开艳　周小平

编委会成员　（按姓氏笔画排序）
　　　　　　毛力熊　王红霞　卢　刚　李立生　李江萍
　　　　　　李宏利　陈建华　贺水金　胡云华　唐忆文
　　　　　　徐美芳　韩汉君　韩　清　雷新军　薛春芳
　　　　　　檀　莉

主　　　编　周小平　徐美芳

副 主 编　毛力熊　雷新军

主要编撰者简介

周小平 管理学博士,中共上海市浦东新区委员会党校常务副校长,中共上海市浦东新区委员会党校校务委员会副主任,上海市浦东新区行政学院副院长,复旦大学城市发展研究院研究员,复旦大学城市治理研究中心主任,浦东区情研究中心主任,浦东新区党建研究会常务副会长,《浦东论坛》杂志主编。历任上海市政府办公厅建议提案处处长,浦东新区陆家嘴街道党工委书记。主要研究方向为经济金融、社会学、党建理论,长期致力于党建引领下基层社会治理实践研究,推动形成多个项目、品牌创新,产生积极影响;牵头制定智慧城市建设就绪指数,2014年曾被选调为上海市委一号课题"创新社会治理、加强基层建设"课题组成员,牵头多项市、区重大课题研究。主编《上海浦东社会治理发展报告(2018)》。

徐美芳 经济学博士,上海社会科学院副研究员、硕士生导师,《社会科学报》副主编。主要研究方向为发展经济学、金融与保险学。现已出版学术专著《中国寿险需求决定因素分析》、《全球竞争格局下的国际金融中心建设》,主持"上海自贸试验区与国际金融中心联动发展"、"大众创业、万众创新的家庭支持系统研究"、"上海航运保险发展动力及机制研究"、"上海女性金融消费现状研究"等多个上海市政府决策咨询、市哲社、市妇联招标课题。参与专著10余部,在《世界经济》《上海经济研究》等学术期刊公开发表各类学术论文20余篇。《上海浦东经济发展报告(2018)》主编之一。

毛力熊 理学硕士,上海市浦东新区行政学院副院长,中共上海市浦东新区委员会党校副校长，副教授，研究方向：公共管理学、社会学。现已在学术刊物上公开发表10余篇论文，科研成果多次为浦东新区区委、区政府提供决策参考。曾多次参加或主持完成了国家行政学院、中国浦东干部学院、市委党校等省部级课题。参与完成国家行政学院2004～2005年度招标课题"上海特大城市区县政府管理体制改革与制度创新研究"、中国行政管理学会2005年度招标课题"中国特大城市政府管理体制创新——以上海为个案的研究"，参与2009年全国哲学社会科学规划办公室立项课题"综合配套改革中服务型政府的构建研究"，担任上海市哲学社会科学规划办公室2007年立项课题"上海率先构建社会主义和谐社会研究"的课题组组长等。担任2012～2018年《上海浦东经济发展报告》副主编。

雷新军 经济学博士，博士后，先后担任经济研究所宏观经济研究室、企业发展研究室副主任。现为上海社会科学院经济研究所人口、资源与环境经济学研究室主任，上海品牌发展研究中心副主任，上海东方品牌文化发展促进中心副理事长，中国致公党党员、致公党上海社科支部主委。2008年作为全国9次博士服务团成员，赴中国延安干部学院，担任教学科研部国情教研室副主任。长期从事产业经济研究，主要学术著作有：《日本经济发展过程中的政府作用》、《城市产业转型比较研究：上海市杨浦区与日本川崎市的产业转型经验》、《上海经济改革与城市发展：实践与经济》（合著）、《科学发展与城市国际竞争力》（合著）、《上海品牌发展报告》（执笔、主编）、《上海"四新"经济发展报告》。《上海浦东经济发展报告（2018）》副主编。

摘　要

2018年，是贯彻党的十九大精神的开局之年，是改革开放40周年，是浦东开发开放28周年，是上海自贸试验区建设5周年。面对错综复杂的国际经济形势和中国经济高质量发展的要求，浦东坚持稳中求进工作总基调，坚持新发展理念，全力做好稳增长、促改革、调结构、惠民生、防风险各项工作，勇当新时代全国改革开放、创新发展的标杆。基于此，《上海浦东经济发展报告（2019）》以"高质量发展和高水平改革开放"为主题，分三个部分、13篇报告梳理、分析和展望浦东经济发展现状及未来。

总报告篇从浦东经济发展及自贸试验区五周年建设两个维度进行研究。报告认为，2018年浦东经济总体实现平衡增长，预计全年经济增长率约为8%。浦东经济高质量发展的特征渐趋显现，经济提质增效的基础不断稳固。报告还认为，自贸试验区推动浦东经济高质量发展的三个突出表现分别是陆家嘴金融业集聚、浦东总部经济能级提升和浦东产业结构调整。

高质量发展篇共有6篇分报告，分别从浦东制造业、楼宇经济、服务贸易、现代农业及浦东人才五个角度进行研究。报告认为，浦东制造业必须抢占产业制高点，推进产业链升级，提升制造业附加值；报告指出，陆家嘴楼宇经济已成为上海楼宇经济的最高地，高附加值产业在进一步集聚；研究发现，浦东商业在城市功能提升、经济转型升级等方面发挥了重要作用；报告强调，农业是浦东经济和浦东生态系统中的组成部分，是推动浦东城乡一体化发展进程的重要载体；报告还指出，浦东人才建设成就显著，但是距离全球人才高原高峰还有一定的差距，浦东新区人才政策表现为"全"。

高水平改革开放篇共有5篇分报告，分别从浦东服务"一带一路"建设、引领长三角区发展、进一步深化金融业开放、优化营商环境及特色民宿业发展五个角度进行了分析。报告强调，浦东抢抓"一带一路"建设机遇是深入推进"四高"战略实施高水平改革开放的重要战略举措；研究认为，浦东在协同发展战略指导下，结合28年开发开放经验可引领长三角地区迈向高质量发展；深入分析了2018年浦东进一步深化金融业改革开放为浦东高质量发展形成的新优势，认为浦东金融高水平开放已形成品牌效应；研究发现，浦东深化"证照分离"改革和"六个双"政府综合监管工作成效显著，优化营商环境成为改革开放再出发的突破口；分析认为，浦东现代特色民宿服务业的大胆探索为浦东新时代实施乡村振兴战略、推动城乡融合发展开辟了新路径。

关键词： 自贸试验区　高质量发展　高水平改革开放　转型发展

目 录

Ⅰ 总报告

B.1 2018年浦东经济发展现状及2019年展望 …………… 胡云华 / 001
  一 2018年宏观经济背景分析 …………………………………… / 002
  二 2018年浦东新区经济运行态势分析与判断 ………………… / 007
  三 浦东新区加快推进高质量发展面临的问题分析 …………… / 016
  四 2019年浦东新区经济发展的宏观背景分析 ………………… / 021
  五 2019年浦东新区经济运行趋势分析与对策建议 …………… / 023

B.2 2018年上海自贸区推动浦东经济高质量发展现状及
2019年展望 ……………………………… 雷新军 徐美芳 徐 琳 / 029
  一 上海自贸试验区建设的简要回顾 …………………………… / 030
  二 2018年上海自贸区建设推动浦东经济高质量发展的
    主要表现 ………………………………………………………… / 034
  三 自贸试验区建设进一步推动浦东经济高质量发展面临的
    主要挑战 ………………………………………………………… / 038
  四 展望：新时代改革开放新高地 ……………………………… / 042

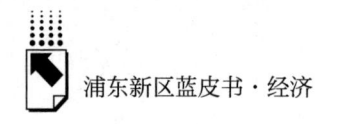

Ⅱ 高质量发展篇

B.3 浦东新区制造业存在的主要问题及发展对策研究
　　…………………………………… 雷新军　王　鹏　任一澎 / 045
B.4 陆家嘴楼宇经济发展现状及对策研究………… 徐美芳　李双金 / 062
B.5 浦东新区商业发展现状及未来路径…………… 吴　津　刘雪莲 / 079
B.6 浦东新区现代农业发展现状及问题研究
　　…………………………………… 徐美芳　刘玉博　王鹏翀 / 100
B.7 浦东人才高原高峰的理论与实证分析………… 熊玉清　徐全勇 / 120
B.8 浦东新区与中关村、深圳地区人才政策比较………… 张　波 / 139

Ⅲ 高水平改革开放篇

B.9 浦东服务"一带一路"建设　推进高水平改革开放…… 王　畅 / 157
B.10 浦东引领长三角地区迈向高质量发展研究 ………… 王志航 / 175
B.11 浦东金融开放的实践与路径展望 …………………… 王礼月 / 194
B.12 浦东优化营商环境的探索与展望 …………………… 孙　兰 / 211
B.13 浦东新区特色民宿新业态发展浅析 ………………… 南剑飞 / 226

B.14 后记 ………………………………………………………… / 239

Abstract ……………………………………………………………… / 240
Contents …………………………………………………………… / 243

总报告

General Reports

B.1
2018年浦东经济发展现状及2019年展望

胡云华*

摘　要： 2018年国内外宏观经济运行呈现了新的变化和发展趋势，浦东新区经济的运行也显现出新的发展轨迹。本文依据2018年8月前的相关数据，对全年浦东新区经济运行特征和主要宏观经济指标进行了判断与分析。2019年是浦东"十三五"发展的关键年，区域经济运行的质量好坏直接关系"十三五"相关目标能否顺利实现，就外部环境而言，风险和压力依然严峻。综合预判，2019年浦东新区经济总体能够保持平稳运行态势。当然，要实现这一预期，浦东新区要继续以更大的

---

* 胡云华，博士，中共浦东新区区委党校经济教研室主任，副教授，主要研究方向：区域经济、创新经济。

001

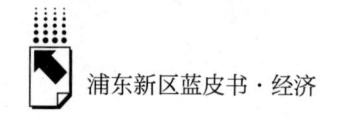

勇气推进开发开放，加大体制机制突破创新，以深化供给侧结构性改革为主线，不断优化营商环境，推动高水平改革开放，实现经济高质量发展。

关键词：浦东经济　高质量发展　高水平改革开放

一　2018年宏观经济背景分析

2008年以来，各大经济体为应对危机，不约而同均采取了积极的财政政策和宽松的货币政策，来帮助本国经济走出阴霾。经过10年的调整，2018年，全球经济总体呈现逐步加快的复苏态势，进入难得一见的增长期。其中，美国、欧元区、日本等发达经济体以及以中国为代表的新兴经济体发挥了重要的拉动作用。然而，随着国际贸易纠纷及摩擦的加剧，尤其是美国贸然开启贸易战、逆全球化的一系列举措，全球经济发展前景挑战重重。从国内来看，尽管外围挑战和风险加剧，然而随着全面深化改革的不断发力与纵深推进，供给体系质量和效益得到持续提升，经济稳中向好态势依旧稳固。

（一）全球经济形势错综复杂

1. 全球经济复苏态势轨迹不变

全年来看，处于后危机时代转型调整期的世界经济动能呈现不断增强态势，经济增长有望进一步加速。根据国际货币基金组织（IMF）2018年4月发布的《世界经济展望》报告数据，2018年与2019年，全球经济增速将继续维持在3.9%，2018~2023年，全球经济年均增速将达到3.8%，较之1980~2017年的均值3.52%要高0.28个百分点。[①] 突出特征体现在以下几方面。

---

① 《中国经济时报》2018年7月10日。

一是分化局面依旧延续,但全球经济仍处上行空间。发达经济体中美国经济增长势头强劲,欧元区和日本增速略有下滑,呈温和增长态势,部分新兴经济体增长动能有所减弱。其中,美国经济表现极为突出。一季度GDP环比折年率为2.3%,二季度环比初值继续上升至4.1%,前值第三季度环比初值继续提升至4.2%,创近年来最佳。[1] 经济运行局面良好,减税效应不断凸显,居民消费稳健增长,制造业持续扩张,私人投资和出口增速不断走高,美元年内四次加息已成定局。

二是全球劳动力市场持续改善。具体而言:首先,发达经济体中,美国失业率低位运行,劳动力市场向好态势延续。2018年9月,失业率更是下行至3.7%,这是近49年来的最低值。从欧洲来看,劳动力市场信心得到提振,不断上行恢复至危机前总体水平区间。根据数据,2018年4月,欧元区总体失业率下探至8.5%,为2009年以来的最低水平。日本情况同样呈现积极态势,2018年4月,失业率降至2.5%,恢复到20世纪90年代泡沫经济破裂时的水平。其次,新兴经济体的劳动力市场整体得以改善。尽管巴西、印度失业率一直保持高位运行态势,但总体渐趋平稳下来。同期俄罗斯失业率则呈下行轨迹,2018年4月,降至4.7%的低位区间。[2] 伴随全球经济的不断复苏,全球劳动力市场更加呈现出进一步迈向充分就业的发展态势。

三是全球新旧动能加快转换。危机后,随着知识经济的来临和新兴技术革命的日益兴起,世界各国不约而同地将创新战略视为转型发展的首要路径。我们可以看到,各国纷纷提出加快产业发展能级提升,并将智能制造定位为国家产业未来发展的重要方向。如发达国家中德国重点部署工业4.0战略,美国着力布局抢占互联网制造高地,日本全力发展智能制造等,新兴经济体同样不甘示后,如俄罗斯、印度等也纷纷谋划本国发展智能制造战略和规划部署。与此同时,各国顺应产业融合发展的新趋势,不断加快新经济增

---

[1] http://www.sohu.com.
[2] http://www.xinhuanet.com.

长点的培育。如积极探索互联网、云计算、大数据、云服务等新一代信息通讯和数据技术的广泛运用,推进物联网、人工智能、平台经济、互联网经济等新经济、新模式、新业态的不断涌现。

2. 全球经济发展风险加剧

从全年来看,尽管全球经济发展整体向好的趋势明显,但挑战和风险却不断加剧,使得全球经济难脱阴霾,主要影响因素有以下三个方面。

一是"逆全球化"思潮不断升温。近年来,全世界可以明显感受到"逆全球化"的影响在不断扩散。如在身陷欧债危机漩涡之中的欧盟,一些国家出现右翼甚至极右翼政党,并不断发展壮大为这些国家政治生活中的重要力量;在英国,多数民众在脱欧公投中选择脱欧;在美国,特朗普不顾国际舆论反对,断然做出退出《跨太平洋伙伴关系协定》(TPP)、《巴黎协定》、联合国教科文组织、伊朗核问题全面协议、联合国人权理事会等的决定。"逆全球化"思潮的不断蔓延与渐趋高涨,反映出当前经济全球化规则体系由少数资本主义国家主导的框架不断凸显的深刻矛盾,这种思潮的愈演愈烈负面影响不可估量,必将对全球经济复苏局面的延续造成重大干扰。

二是摩擦加剧导致全球贸易下滑。近年来,各国贸易纠纷和摩擦不断升温,尤其是特朗普上台后,不断以"201条款"和"301条款"为由开展贸易摩擦和对峙,更是自2018年3月以来,贸然启动中美贸易战,并以凌霸之势不断升级冲突,不仅损害了中美双方的利益,也对全球贸易的前景形成巨大的冲击。根据2018年世界贸易组织发布的数据,第三季度全球贸易景气指数为100.3,较之二季度下滑了1.5个百分点,即将逼近枯荣线。① 其中出口订单指数与前两个季度相比,不断下滑,销售指数和汽车生产量与二季度持平,但指数指标都低于100的枯荣线值,这意味着全球贸易增长已呈进一步放缓态势。

三是流动性收缩导致全球金融波动加剧。随着经济增长趋好,以美国为

---

① 《经济日报》百家号,2018年8月10日。

首的发达经济体纷纷退出量化宽松政策，美国更是正式开启并加速了升息通道，全球资金日益趋紧，贸易保护主义逐步蔓延至投资领域，新兴经济体金融波动加剧，金融风险考验更加严峻。对于新兴经济体来说，当外资流入减少，不断萎缩时，东道国将难以掌握有效利用足够的资金来实现国内经济结构的调整与改善，势必造成融资缺口，导致原本脆弱的经济局面进一步恶化，从而拖累全球经济复苏与增长。

（二）国内经济稳中向好

1. 经济稳定运行态势稳固

面对错综复杂的国际政治经济形势考验和挑战，我国全力贯彻落实党的十九大精神，务实推进全面深化改革的各项举措，不断释放改革红利，主要宏观经济指标稳定运行，引领经济发展走向高质量发展阶段。根据国家统计局公布的数据，前三季度我国国内生产总值同比增长6.7%，已经连续14个季度稳定在6.7%~6.9%的区间。居民消费价格同比上涨2.1%，涨势仍属温和可控。从就业来看，9月份全国城镇调查失业率为4.9%，比上年同期低0.1的百分点，继续呈现稳定态势。国际收支基本平衡。

2. 发展质量效益稳步提升

随着各项改革的深入推进，我国转型发展步伐加快，经济结构优化趋势不断明朗，发展质量效益持续提升。反映在以下几个方面。

一是从产业结构方面来看，新动能不断加快成长。首先，服务业表现亮眼，在国民经济中的分量和权重日益突出，对我国经济稳定运行的拉动效应不断凸显，发挥了"压舱石"的作用。前三季度，我国服务业增加值同比增长7.7%，规模达34.6万亿元，对国民经济增长的贡献率比上年同期提高了1.7个百分点，达到60.8%，与第二产业相比高出25.3个百分点。其次，新兴产业增长势头强劲。前三季度全国规模以上工业增加值同比增长5.3%，可喜的是，其中高技术制造业增加值实现增幅11.8%，装备制造业增加值实现增长8.6%，战略性新兴产业增加值增长达到8.8%，明显快于整体工业。

二是从需求结构方面来看，居民消费不断改善，升级态势明显。尽管前三季度社会消费品零售总额增长9.3%，增速有所回落，但最终消费对经济增长的贡献率达到78%，比上年同期提高了14个百分点，继续保持高位区间运行，而且从具体构成来看，民间投资和制造业投资增长态势均有所改善。

三是从要素结构方面来看，创新驱动发展更加彰显。首先，伴随创新驱动发展战略的加快实施和推进，全国层面上科技进步、劳动者素质提升、管理创新等非传统要素对经济增长贡献不断增大，大众创业和万众创新活力迸发，形势喜人，其中上半年全国日均新设企业数量达1.81万户。其次，城乡区域协调发展不断改善，从全国层面上来看，中西部地区经济增速较之东部地区继续呈现领先态势，东北地区经济回升势头稳固，一批新的增长极、增长带加快培育，空间发展格局进一步完善。

（三）上海经济稳中有进

2018年上海扎实深入推进创新驱动发展，全力向卓越的全球城市建设目标迈出坚定的步伐，全年国民经济运行保持总体稳中有进、更趋协调的发展态势，经济增长质量和效益不断改善。前三季度全市完成地区生产总值23656.69亿元，比上年同期增长6.6%。首先，工业提质增效势头良好。从规模增长来看，全市实现规模以上工业总产值25729.72亿元，比上年同期增长2.2%。分行业看，六个重点行业完成工业总产值为17494.48亿元，增长1.8%。其中，生物医药制造业和汽车制造业增长最快，增长率分别为9.5%、4.7%。从发展效益来看，1~8月，全市规模以上工业企业主营业务收入达25158.44亿元，实现利润总额2281.85亿元，分别比上年同期增长5.3%和9.6%。从增长后劲来看，全市完成固定资产投资总额3170.27亿元，比上年同期增长6.0%。其中，工业投资总额为465.76亿元，实现22.9%的高增长，增速创近十年来的最高水平。其次，战略性新兴产业发展加快。前三季度，全市工业战略性新兴产业总产值5063.12亿元，实现增长8.1%，增速较之上年同期提高了1.3个百分点。其中，新能源汽车实现增长

29.6%，生物医药增长15.0%，新一代信息技术增长14.2%，节能环保增长6.5%，新能源增长6.2%，高端装备增长5.0%，新材料增长0.2%。[1]

二 2018年浦东新区经济运行态势分析与判断

进入2018年，在全球政治经济形势错综复杂的新形势下，浦东抢抓机遇，应对挑战，加快转变发展方式，优化经济结构，转换增长动力，全力打响"四大品牌"，积极推进供给侧结构性改革，不断优化营商环境，着力推动经济高质量发展。经济运行总体实现平稳增长态势。

从主要经济指标来看。1~6月，全区实现地区生产总值5015.18亿元，增长8.0%，较一季度8.3%的增速有所回落。[2]

表1 2018年1~8月浦东新区主要经济指标情况

指标名称	1~8月 绝对值（亿元）	增长（%）
地区生产总值	5015.18（1~6月）	8.0（1~6月）
工业总产值	6592.91	3.0
全社会固定资产投资	1161.15	7.7
社会消费品零售总额	1496.35	5.3
商品销售总额	26011.95	9.4
外贸进出口总额	13390.47	6.5

资料来源：浦东新区统计月报（2018年11~8月）。

具体来看，2018年浦东新区经济运行发展呈现出以下特征。

（一）工业增长趋缓但质量效益提升

1. 工业增速趋缓，重点行业拉动力减弱

鉴于2017年高基数的影响，进入2018年后，新区工业生产虽总体平

---

[1] http://www.stats-sh.gov.cn/html/xwdt/201710/1001117.html.
[2] 《浦东新区统计月报》。以下数据如无特殊说明，均来自《浦东新区统计月报》。

稳，但增速明显趋缓。截至8月，规模以上工业总产值6592.91亿元，增长3.0%。从月度趋势看，增幅基本逐月递减。全年的增长态势与上年度的高位运行对比鲜明。其中，2017年2~10月，浦东工业生产同比增速均保持在两位数（为2011年以来最高）。显然，高基数是2018年工业增速明显放缓的重要因素。

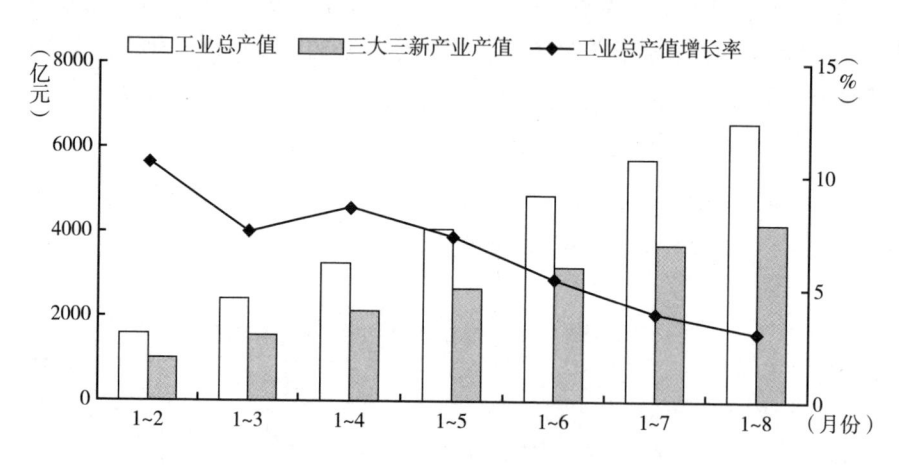

图1 浦东规模以上工业生产情况（2018年1~8月）

资料来源：《浦东新区统计月报》（2018年1~8月）。

从重点行业来看，受外部因素影响较大，产值减少，拉动力减弱。截至8月，三大三新产业①规模以上为4193.02亿元，增幅从上半年的两位数高位运行区间不断下行至5.4%。具体来看，电子信息制造业和汽车制造业生产规模占浦东工业总量的48%，两大行业同比增速和拉动效应均有所回落。电子信息制造业受龙头企业昌硕科技订单减少的影响，产值规模为1630.90亿元，同比增长率从上半年的10.5%降为3.9%。汽车制造业受汽车进口关税的影响，重点企业上汽通用和上汽集团生产、产量双减少，全区产值为1476.87亿元，增长8.0%，较上半年增幅回落5个百分点。成套设备制造

---

① 三大产业即电子信息制造业、汽车制造业、装备制造业，三新产业即生物医药、新能源和民用航空产业。

业则持续低迷，产值为718亿元，下降1.9%。

2. 产业层次知识化水平提升，结构进一步优化

一是战略性新兴产业引领支撑作用增强。截至8月，规模以上战略性新兴产业实现产值2647.55亿元，增长7.6%，快于全行业增速4.6个百分点；占新区工业总产值比重达到40.2%，对新区工业的贡献率达68.7%，拉动工业增长1.2个百分点。其中，新一代信息技术、新能源汽车、生物医药不仅保持两位数快速增长，在全市同行业中也占绝对主导地位。新一代信息技术增长10.4%，占全市比重超过60%；新能源汽车和生物医药制造增长分别为22.4%和18.5%，占全市比重均超过45%。

二是高新技术产品生产快速增长。截至8月，新区高技术产品产值规模为1974.21亿元，高技术产值率为30%。与此同时，符合消费升级方向的新兴产品生产保持增长。以上半年为例，全区医疗仪器设备及器械增长38.7%，通信终端设备产值604亿元，增长34.8%；智能消费设备产值21亿元，增长47.6%；MPV多功能乘用车产量3.75万辆，增长16.4%；工业机器人产量1.52万套，增长9.7%，投影仪增长4.2%，打印机增长3.2%等。

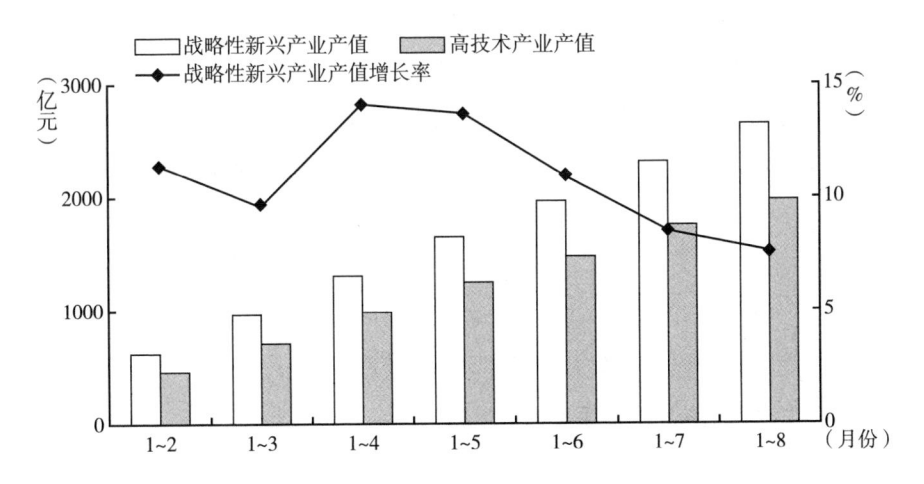

图2 浦东战略性新兴产业和高技术产业发展情况（2018年1~8月）

资料来源：《浦东新区统计月报》（2018年1~8月）。

3. 区域布局重点突出，增长极效应进一步显现

张江片区主导产业继续领先发展。上半年张江生物医药产业实现营业收入303亿元，增长7.7%。集成电路产业实现营业收入284亿元，增长2.6%。重点企业华虹半导体持续升级创新，成功实现具有更先进特征尺寸的90纳米eNVM工艺的量产。人工智能方面亮点频现，《2018年中国人工智能公司商业落地100强榜单》中，张江6家企业榜上有名（图麟科技、思岚科技、海知智能、亮风台、森亿智能和图漾科技）。

金桥片区新兴动能不断集聚。首先，主导产业转型步伐加快。金桥已形成完整的千亿级汽车产业链，汽车产值占全区汽车产值总量近七成，占全市比重超过两成。在此基础上，金桥汽车产业正向新能源及智能网联汽车方向转型。其次，新产业蓬勃发展。依托中科新松和哈工大机器人等行业龙头企业，加快推动工业互联网、机器人产业不断往"微笑曲线"两端延伸，聚焦高速高精度工业机器人和智能化服务机器人。上半年金桥智能装备产业实现规模以上工业总产值117亿元，增长15.3%。

临港地区工业互联网智能制造产业链日趋完善。截至8月，该区域共有智能制造企业约70家，处于国际领先与国内领先水平的企业比重超过50%。首先，海洋装备等传统优势产业向新兴领域发展势头良好。如外高桥海工、中船三井、沪临重工等海工及船舶企业积极转型，朝高端化、智能化、多样化的方向发展。其次，临港在水下机器人、探测装备、环保节能等新兴海洋装备领域不断发力。目前，共有海洋装备相关企业50余家，虽多以初创和小型企业为主，但都具备一定技术实力，在海工核心部件国产化以及新产品新技术研发上有较高的成功率。另外，张江-临港"南北科技创新走廊"行动方案已基本完成，将在规划协同、产业联动、科技创新平台培训等方面加强合作，探索政策共享和开发模式创新。

4. 转型升级加快，经济密度进一步提升

浦东工业转型升级步伐加快。一方面，全区企业逐步向网络化、智能化、生态化发展，土地资源效率有效提升。2017年新区规上工业企业单位土地产值为145.42亿元/平方公里，高于全市平均水平。单位土地税收为

8.23亿元/平方公里,开发密度(容积率)为0.48,万元产值能耗为0.045吨标煤/万元。另一方面,高能耗企业生产持续下降,工业生产量质同步提升。以2018年上半年为例,浦东规模以上工业中,高能耗企业完成产值1014亿元,同比下降4%,占浦东工业生产总量的比重由上年同期的21.9%降至20.8%,减少1.1个百分点。

(二)消费增长平稳但主导地位稳固

相对于工业增长明显趋缓不同,2018年浦东消费增长保持了平稳的增长态势,为全区经济增长发挥了压舱石的重要支撑作用。一方面,商品流通规模不断扩大,1~8月,浦东实现商品销售总额26011.95亿元,增长9.4%。社会消费品零售总额增长回落,月均增速稳定在5%以上;1~8月,全区实现规模1496.39亿元,平均增长率为5.3%。另一方面,进出口需求增速趋缓,但回稳态势渐趋明朗。

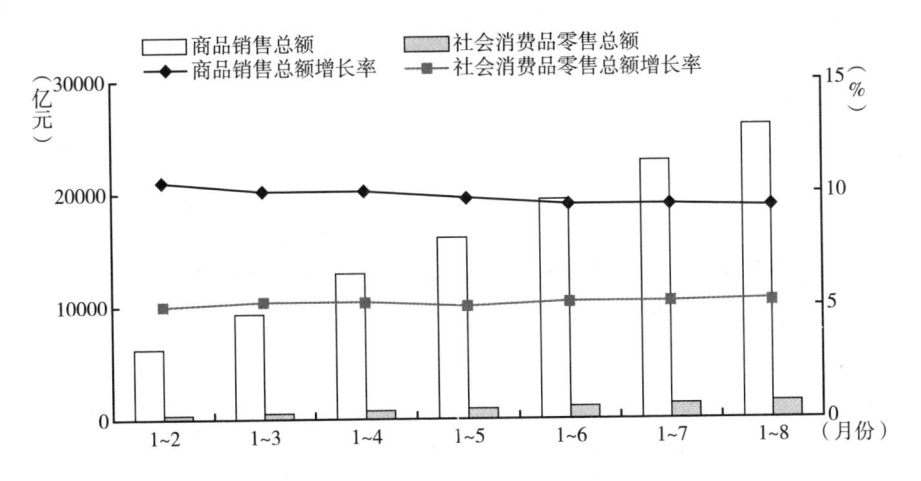

图3 浦东商业增长情况(2018年1~8月)

资料来源:《浦东新区统计月报》(2018年1~8月)。

1. **商品销售实现较快增长**

尽管较上年度来看,浦东的商品销售增长有所回落,但从全年来看,基本维持了近2位数的增长率,高于全市增速1.5个百分点以上,在浦东主要经济指标中表现较为亮眼。

一是大宗商品销售拉动明显。受深化供给侧结构性改革、有色金属价格稳中调整等多种因素推动,大宗商品1~8月实现销售额13376亿元,占商品销售总额的51.4%,增长10.4%,虽较上年同期减少近6个百分点,但仍然拉动全区商品销售总额增速约6个百分点,生力军的支撑地位明显。其中,金属材料类商品销售额9767亿元,增长13.6%,占浦东商品销售总额的37.5%,拉动全区商品销售总额增速约5个百分点。受需求及价格上涨拉动,煤炭及其制品类、化工材料类商品销售额分别增长8.2%和11.4%。

二是大企业商品销售贡献显著。以上半年数据为例,全区排名前十的贸易企业销售额达5498亿元,增长17.1%,占比为28.3%,贡献率达47.6%,拉动商品销售总额4.5个百分点。主要涉及销售金属材料类、电脑及通信产品类、汽车类和食品类商品企业。如金属类商品销售企业业绩全面高速上涨,迈科金属、铜陵有色上海投资、中铜矿业、托克投资销售额分别同比增长56.8%、41.7%、37.1%、34.5%。

2. 社会消费品增长分化明显

进入2018年,受电商龙头企业合并后撤离所导致零售额外流的影响,浦东消费品市场增速回落并出现低于全市平均水平的态势,实体零售转型升级特征进一步显化,线上线下融合的新零售格局正在形成,消费市场进入稳定发展和结构调整阶段。

一是生活必需类商品零售增长是主要动力,尤其是新兴零售业态发展继续向好。涉及居民日常生活的必需类消费增速高于平均增速,吃穿方面零售额超过500亿元,增长9.3%,占社会消费品零售总额36%,拉动增长约3个百分点。其中,浦东商业综合体尤其是新兴区域商业综合体表现更为抢眼。如国金中心、佛罗伦萨小镇以名品消费为主的购物中心业绩高速增长,截至8月,实现零售额分别为37.65亿元、9.80亿元,增幅最高达42.8%和31.7%。新零售格局进一步演进和发展。新兴零售业方面,盒马鲜生表现抢眼,实现零售额规模27亿元,增长2.1倍,其中网上零售16亿元,增长2.6倍。

二是汽车类商品销售总体乏力。受市场饱和度、汽车关税下调、二手车限迁政策红利逐渐消化等因素的影响，汽车零售增幅下降，实现零售额375.82亿元，增长下降0.2%，低于上年同期超过8个百分点，占社零总额25.1%。但高档品牌车销售仍显乐观。以上半年数据为例，销售奔驰的东华之星增长43.1%，销售凯迪拉克的东昌凯帝增长13.0%，销售雷克萨斯的东昌凌志增长12.3%。

三是化妆品类零售旺盛，通信设备类零售下滑。以上半年的数据来看，化妆品类商品销售旺盛，共实现零售额110亿元，增长21.8%，占比为9.2%，拉动社会消费品零售总额增长1.7个百分点。通信设备类商品实现零售额38亿元，下降3.3%。

3. 外贸增速有所趋缓

截至8月，新区外贸进出口13390.47亿元，增长6.5%。其中出口4488.45亿元，增长6.6%，进口总额为8902.02亿元，实现增长6.4%。具体到每月增速，上半年逐月趋缓，进入7月后，又有所回升，8月继续上扬，平稳增长态势渐趋明朗。

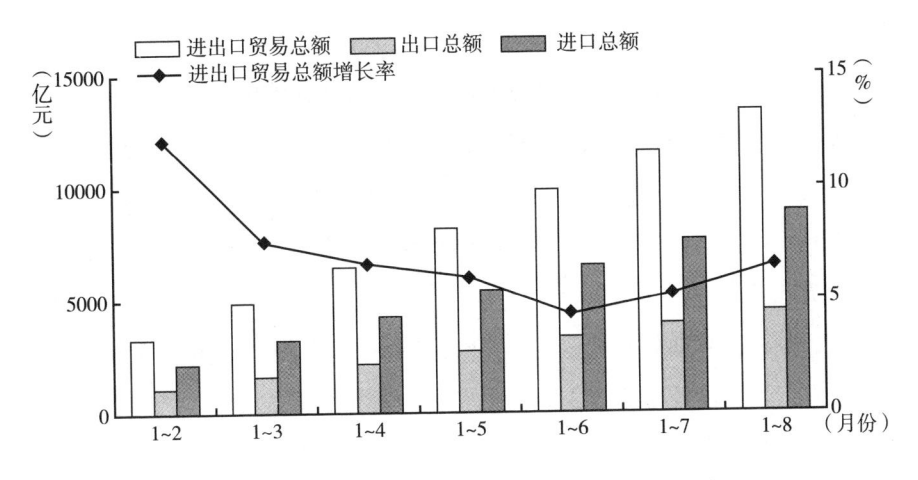

图4 浦东进出口贸易增长情况（2018年1~8月）

资料来源：《浦东新区统计月报》（2018年1~8月）。

从出口来看，供给侧结构性改革效应逐步显现，体现在机电产品和高新技术产品出口增长相对较快。其中，机电产品出口实现了增长8.1%，高新技术产品出口更是增长了10.7%。从进口来看，化妆品、手表、服装、酒等高档消费品进口增势良好，上半年的增速分别为62%、15.8%、20.7%和34.7%。但消极的一面是部分涉及中美贸易摩擦的敏感商品进口增速放缓，如集成电路、农产品和粮食（共约占进口总额的20%）的进口增速上半年分别为1.3%、3.2%和-21.7%。涉及即将关税下调的商品，如医药和汽车进口（共约占进口总额的10%）分别下降13%和17.3%。截至8月，机电产品的增幅收窄至2.8%，高新技术产品的进口规模增长则下降0.9%。

（三）高质量发展趋势不断凸显

1. 社会服务业专业化升级更加明显

一是信息服务引领社会服务业快速发展。截至8月，新区规模以上社会服务业营业收入3072亿元，增长11.1%，虽然增速比上半年回落0.8个百分点，但仍保持两位数增长。其中信息服务业营业收入1562亿元，增长15%，快于整体增速约4个百分点。从重点企业来看，支付宝得益于线下支付和海外支付业务的扩张，营收达395亿元，增长49.6%；百度营收61亿元，增长率达23.2%。与互联网相关的云计算、大数据、文化创意等新兴领域企业发展迅猛。短短几年内，已有十余家企业跻身亿元或十亿元能级，喜马拉雅、阅文集团、聚力传媒、咪咕视讯、口碑网、华讯网络等新兴企业经营规模迅速扩大。

二是专业服务细分行业企业活跃度较高。1~8月，占社会服务业比重近三成的商务服务业营业收入860亿元，增长4.8%。从细分行业来看，法律服务、咨询、会计师事务所以及各类投资总部的企业活跃度较高。其中专业技术服务增长最快，营收和利润分别增长29%和45%，主要是工程和技术研发、医药研发两大领域增长明显。

2. 核心功能进一步提升

金融方面，要素市场和功能性机构加快集聚。截至7月，新增监管类金融机构20家，累计1021家，占全市近2/3。共有6家企业成功上市。其中国内上市3家（红星美凯龙、爱婴室、彤程新材料），募集资金总额44.5亿元；境外上市3家（哔哩哔哩、精锐教育、华钦信息），募集资金总额42.3亿元。要素市场业务创新水平不断提升。原油期货上市交易以来，总体运行平稳，价格走势已与WTI原油期货和Brent原油期货形成了良好的互动关系；5月底，上海期货交易所标准仓单交易平台正式上线。自贸区跨境人民币业务发展成果显著。试点以来，截至6月，自贸区累计发生跨境人民币结算总额65502亿元，开展跨境人民币双向资金池业务收支总额11399亿元，跨境电子商务人民币结算58亿元。

航运方面，自贸区创新业务加速发展。仅上半年就累计设立自贸区外资国际船舶管理企业17家，注册资本累计1亿多元，其中2家为船舶管理总部。沿海捎带船舶累计72条，集装箱捎带业务量累计完成39031标箱。海运国际中转集拼完成中转箱量1599TEU，票数457票，货值2.98亿元。航运融资租赁、航运保险、航运法律服务等航运专业服务业保持良性发展态势。

贸易方面，服务贸易重点领域加快发展。上半年新区企业完成离岸服务外包执行额20.65亿美元，增长32.7%。其中研发服务外包（BPO）执行额5.57亿美元，增长69%。贸易便利化水平继续提升。实施集装箱设备交接单无纸化，进口货物抵港到企业申请提箱时间压缩0.5~1天，每年直接降低单证成本和寄送费用4亿元以上。

3. 投资结构内涵式增长更加凸显

一是工业投资转型升级加快推进。截至8月，新区工业投资214.14亿元，增长高达35.7%。首先，行业构成来看，以电子信息和汽车制造为主的三大三新产业拉动作用明显，投资近100亿元规模，占比约60%。其次，用途构成来看，用于设备购置的投资增幅更是攀升至44.6%，规模达106.77亿元，占比达49.5%。其中，中芯国际、华虹宏力等项目设备购置投资上半年为81亿元，成为推动产品升级换代、加速企业科技创新的重要渠道。

二是第三产业投资951.72亿元，增长2.9%，占81.5%。第三产业侧重于以商办楼宇、科学研究和商务服务为主的现代服务业。1~8月，房地产业在万科翡翠公园等住宅项目带动下，实现投资647亿元，增长8.3%。尤其是围绕科创中心建设，一批重大科学设施项目集聚浦东，科学和技术服务业投资增长65.8%。租赁和商务服务业受世博地区总部大楼逐步竣工影响，投资下降74.1%，使全社会投资增速下降5.2个百分点。

三是民生投资持续改善。近年来，新区进一步加大了教育、医疗、卫生、社会保障等方面的民生投入。截至8月，社会事业投资增长45.8%。从上半年数据来看，其中文化艺术业在上博东馆、上图东馆等重大项目带动下，投资为5亿元，增长3.1倍。教育业投资11亿元，增长56.9%，临港新城主城区、曹路民乐等大型居住区新建配套学校项目加快建设。卫生和社会工作业投资9亿元，增长1.7倍。

综上所述，截至8月，从主要经济指标来看，浦东新区经济运行态势平稳，经济高质量发展的特征渐趋显现，经济提质增效的基础不断稳固。尽管当前国际国内经济外部环境风险难以解除和削减，我们预判，第四季度浦东经济增长稳中向好轨迹不变，2018年全年经济增长率放缓至8.0%左右，但依然快于全市1个百分点以上。

三　浦东新区加快推进高质量发展面临的问题分析

（一）新动能有待进一步释放

一是研发投入力度不够。近年来，浦东研发投入增长速度不占优势，由2006年的2.66%升至2016年的3.68%，而同期上海市的平均研发投入强度则由2.5%升至3.72%，2017年尽管投入强度超过全市3.78%水平，达到历史最高值4%，但十年间增幅小于全市平均水平。从政府投入来看，新区近年来在科学技术方面的财政支出增势也有所趋缓。2010~2013年，政府科学技术财政支出年均增长20%以上，但2014年开始有所放缓，并在2014~2016年间，新区科学技术支出占新区预算支出比例逐年下降（分别为5%、4.2%、2.3%）。由此可见，研发投入强度缓慢增长，科技成果转化所需的资金受到限制，不利于设备和技术的更新换代，不利于产业转型发展。近年来，新区高新技术产品出口额占出口总额的比重约为40%，低于北京海淀区和深圳特区，新区的万人专利申请数仅为深圳市的45%和海淀区的27%。以张江高科技园区为例，相比北京中关村、深圳等地区，总体原始创新能力不强，重大科学发现和引领产业变革的原创性成果少，跟踪、模仿性成果多，张江核心区高科技产出尚维持在千亿元级。

二是新兴产业主体培育有待加快。以独角兽企业发展为例，浦东与北京、深圳、杭州等地差距较大。据科技部火炬中心发布的《2017中国"独角兽"企业发展报告》，中国"独角兽"企业共164家，总估值6284亿美元，平均估值38.3亿美元。北京70家，位居首位，上海拥有36家，杭州和深圳分别拥有17家和14家，而浦东仅有8家。全国新晋独角兽企业62家，浦东仅有银联商务、七牛云2家上榜。具体来看，北京中关村凭借其良好的创新创业生态，独角兽企业迅速萌芽、发展，独角兽企业以总估值2764.4亿美元拔得头筹，占全国44%；杭州有半数独角兽企业围绕阿里巴巴生态圈展开，总估值近2000亿美元；深圳的创新创业文化催生了技术密集型独角兽企业，除去已上市的一大批优秀企业外，依然有418亿美元的独角兽企业总估值，可以预计，腾讯云、柔宇科技等一批技术驱动型独角兽企业将继续涌现。浦东独角兽企业的总估值307.6亿美元，不到上海独角兽企业总估值的一半，且浦东的独角兽企业60%以上局限在"互联网+"领域，在代表国家未来发展方向的战略新兴产业方面，优质独角兽企业标的还较少。浦东独角兽企业无论在规模数量、产业布局还是在催生力度上，与中关村、深圳、杭州等地还存在一定差距，这与浦东"排头兵中的排头兵、先行者中的先行者"的地位不符。

```
         北京中关村
         74家2257亿
          杭州
         15家1367亿
          深圳
         14家418亿
          浦东
         8家307亿
```

图 5　截至 2018 年 3 月四地独角兽企业估值分布情况

资料来源：调研所得。

（二）创新生态系统有待进一步健全

一是新型孵化器发展滞后。首先是空间储量不够，不能满足创新企业的成长需求。以国际医学园区为例，作为上海高端医疗产业的核心区，中国高端医疗产业集聚区，国际医学园区 2018 年发布了 10 万平方米的医谷蓝靛园加速器，物业空间预订非常火爆，70%～80% 的空间在上市前就已经被预订，可见高端医疗和医疗器械产业的需求旺盛。但是，由于严控出让土地和楼宇，只能采取租赁的模式，不少加速企业纷纷转移到江浙。其次，政策配套滞后。与杨浦、漕河泾等相比，浦东的新型孵化器缺少成果转化支持政策。加速企业需要的不仅仅是普通的办公用房，更需要生产线、中试线和研发线等，需要功能性政策的扶持，但由于政府部门对加速器缺少研究和标准认定，被赋予加速器功能的新型孵化器并未得到建设补贴和加速企业的奖励政策。以张江科学城为例，"药谷"和软件园是张江两大支柱产业的平台，但是人工智能、物联网、类脑科学、机器人等缺少产业配套的专业平台和功能基地。

二是公共数据和信息平台缺乏。以人工智能产业发展为例，人工智能创新创业企业即使具备了核心技术与人才，且清楚产品的市场应用环境，也面临隐性门槛，即用以支撑人工智能系统进行深度学习的数据。在互联网大数据背景下，新一代人工智能无法与数据分割，高质量的训练和测试数据集是机器学习技术突破、人工智能规模化应用等的必备资源。数据就好比"食物"，只有研发人员把数据"喂"给深度学习系统，进而形成迭代反馈后，系统才会逐渐具备类脑智能，人工智能技术才能持续进步。而这些数据集的归口、搜集，偏偏又是BAT等大型互联网公司的专擅领域，如阿里旗下的淘宝网与浙江省高院的系统对接，在法律文书送达地址无效或无人认领签收时，可通过当事人的常用快递地址进行送达。与此同时，人工智能创新创业企业由于资产规模小、成立时间短，数据集的获取是其软肋。新区企业普遍反映，目前各行业、各领域数据的获取较为困难。

三是科技投融资渠道需要进一步畅通。以知识产权质押融资为例，尽管张江作为全国首个试点区域，这项工作已经取得长足进展，然而由于知识产权价值的特殊属性，浦东新区现有的知识产权质押融资方式，远远不能满足科技型中小微企业的融资需求。主要原因在于知识产权质押融资具有以下三个方面的局限性：一是知识产权的价值很难进行评估。对于银行而言，缺乏专业的团队对知识产权的价值进行评估，导致单纯靠知识产权质押获得银行贷款的企业很少，多数得到贷款的企业，实际是将知识产权与应收账款、股权、有形资产和企业信用等"打包"，才能从银行贷到款的。二是作为知识产权质押的标的物仍以专利为主。商标专用权、著作权以及集成电路布图设计权等，很少进入质押的范围。三是知识产权的变现能力难以预测。对银行而言，长期化的银企关系容易导致企业软预算约束，一旦企业发生偿贷风险时，银行并无有效的应对措施，从而导致银行慎贷惜贷。

（三）营商环境有待进一步优化

一是政府相关政策宣传度和知晓度不够。根据浦东统计调查队的调研，张江园区的科技型小微企业政策信息知晓度低，缺乏体系化的潜力企业发掘机制。在政策知晓度上，"张江科学城"提出至今，科学城内对这一概念熟悉或大致了解的小微企业占比不到5成；对人才、产业、金融等现有政策

"基本了解"或"非常了解"的大都低于1/3，许多政策"完全不了解"和"基本不了解"的科技型小微企业占比超过1/4。在发掘机制上，规避风险虽是投资的市场规律，但与北京、深圳、杭州等地相比，73%的小微企业认为科学城的现有政策扶持及风险投资更为保守，多侧重于扶持规模大、发展成熟的企业。

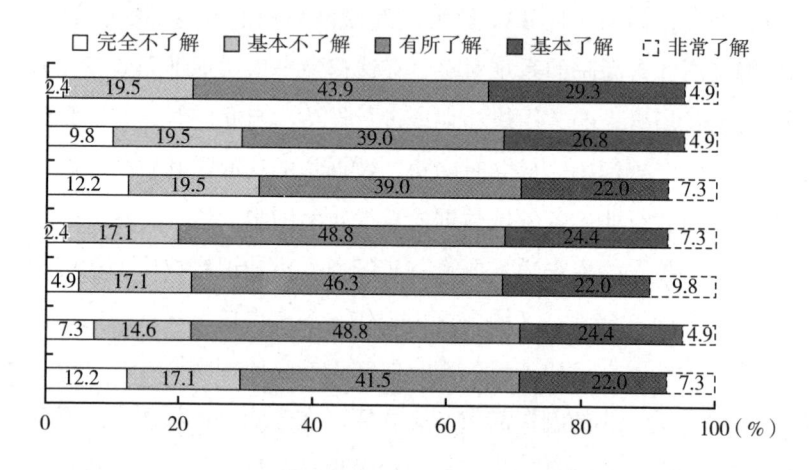

完全不了解	基本不了解	有所了解	基本了解	非常了解
2.4	19.5	43.9	29.3	4.9
9.8	19.5	39.0	26.8	4.9
12.2	19.5	39.0	22.0	7.3
2.4	17.1	48.8	24.4	7.3
4.9	17.1	46.3	22.0	9.8
7.3	14.6	48.8	24.4	4.9
12.2	17.1	41.5	22.0	7.3

图6 张江科学城内各项政策的科技型小微企业知晓度

资料来源：调研所得。

二是优惠政策申请不够便捷。调查显示，优惠政策自行申请的小微企业占78%，其中，近9成认为申领不便捷。80.5%的小微企业表示，审批环节多、要件多、时间长是政府服务存在的最大问题，17.1%的小微企业曾因申领渠道不畅通而导致无法享受优惠。企业疑问无法及时得到解答、政策申请不通过的原因未被告知，也带来较大困扰。

三是公共配套和治理模式不适应产业特征。以金桥园区为例，网络视听产业的发展符合园区产业转型发展，却面临重重障碍。首先，在综合配套方面，产城融合不够，职住分离突出。在金桥内部及周边邻近地区，缺乏公租房、人才公寓等保障性住房，而网络视听是典型的年轻人才居多的行业，人口特点和住宅供给严重不匹配，给广大在业年轻人才带来较大困扰。另外，金桥缺乏一定密度的轨道交通覆盖，尤其是没有通达中心城区的轨交线路，给正常出行带来不便。同时，区内便利店、卖场、娱乐等生活设施的布局仍不完善，不适应网络视听产业作息不规律、加班多的特点。其次，在政府管理模式转变方面，对金桥而言，面对现代服务业定位的网络视听产业，长期以制造业为主的政府管理和服务模式还存在一定的错位。在"放管服"链条中，"放"的空间几乎没有，"管"的抓手较为缺乏，"服"的挑战较大。另外，金桥网络视听产业的前期发展，主要依靠国有大型企业的入驻，而民营中小型企业的落地和快速成长则面临一些挑战。专业人才引进、知识产权保护、专项政策制定、创新尝试的投入等方面的相对不足，成为中小型企业的发展关卡。

四 2019年浦东新区经济发展的宏观背景分析

（一）不利因素

国际，全球经济复苏可能收敛。展望2019年，可以预判，全球经济增长轨迹预期将进一步收窄。原因在于：一是贸易战硝烟难以散去。随着逆全球化浪潮的继续蔓延，尤其是美国坚持"美国优先"为导向掀起贸易战，对全球贸易的前景预期造成巨大的冲击。二是全球投资前景不确定性增强。美元持续的加息走向轨迹，及其他发达国家银根趋紧政策，将继续对新兴国家资本流动和全球投资格局造成影响。三是地缘政治和政策的不确定性。这种不确定性将改变当前市场尚且乐观的积极走向，导致市场情绪的损害。这些不利因素势必会影响世界经济的复苏态势，2018年难得一见的较强增长态势很可能只是"昙花一现"。

国内，经济下行风险加剧。导致风险加剧的因素主要有：从外部环境来看，最主要的严峻挑战来源于美国全然不顾中美双方共同利益，单方面挑起的贸易摩擦。尽管中方并非毫无对策，但贸易摩擦势必会对中国的出口商品竞争力造成不利影响，更重要的是，还会较深影响外资在中国的投资格局。从内部自身来看，迈向高质量发展阶段经济面临的问题和困境难以短时期消除和突破。一是综合成本的上升进一步压缩实体经济的利润空间,减税给企业降成本尽管空间回旋余地较大,但势必会影响政府财政收入的增长,进而影响民生投入的进一步改善,供给侧结构性改革深化推进困难重重。二是经济发展的主要结构性矛盾难以突破,安全防范系统性金融风险的条件日益苛刻,精准扶贫和蓝天保卫战也不能有丝毫懈怠。三是新兴产业发展的新特点对政府职能转变的加快提出了新的要求,政府营商环境的优化真正要落到实处还需要政府推进全面深化改革的激情和勇气。

(二)有力支撑

全国,经济中高速增长稳固态势可期。尽管外部风险加剧,但中国经济增长稳中向好的发展态势是不会改变的。2019年是我国决胜全面建成小康社会的关键年份,也是从第一个一百年到第二个一百年交汇期的承上启下的年份。面对新挑战和新问题,我们研判宏观政策方面将继续实行积极的财政政策和稳健的货币政策,产业投资政策预期进一步明确,社会政策将更具有普惠性和可持续性,供给侧结构性改革预期只会更进一步深化。重点改革聚焦的领域为:一是大力支持民营企业发展,注重减轻企业各类负担。二是继续深化国有企业改革,提高企业核心竞争力,着力点在于深化混合所有制改革,建立更加完善的公司治理结构。三是增强金融体系服务实体经济的能力。因此,2019年中国经济前景并非一片黯淡,实现平稳增长是大概率事件。

全市,经济稳中求进发展态势可期。随着上海市委《关于面向全球面向未来提升上海城市能级和核心竞争力的意见》的颁布,围绕实现更高质量、更高水平发展的相关举措将进一步制定和落实。就具体部署而言,一方面,将进一步坚持聚焦深化改革,以新发展理念为指导,加快推进具有全球影响力科技创新中心建设,积极主动适应和引领经济发展新常态。另一方面,将进一步聚焦更高层面的扩大开放,以建设开放度最高的自贸试验区建设为重点,清晰谋划在"一带一路"倡议中的新作为,继续在全国高质量发展中充当排头兵和先行者。

综合上述，我们可以得出清晰的结论，2019 年，浦东新区经济发展将面临更加严峻的挑战，同时有利的支撑因素也是明显和稳固的。面对经济发展外部环境的风险和下行压力，浦东要进一步加大改革创新力度，加快实施"四高战略"①，提升城市能级和核心竞争力，为上海市建成卓越的全球城市做出新的贡献。

五　2019年浦东新区经济运行趋势分析与对策建议

（一）2019年浦东新区经济发展总体判断

1. 经济运行态势保持平稳

2019 年是浦东发展的关键年份，是全面建成小康社会的决胜之年，三大攻坚战要取得决定性进展，同时经济运行的质量直接关系着"十三五"相关目标的实现，就外部环境而言，机遇与挑战并存，风险和压力依然严峻。综合预判，2019 年浦东新区经济总体能够保持平稳运行态势，增速将维持在8%左右，继续高于全市经济增速1个百分点以上。当然，要实现这一预期，浦东新区要继续以更大的勇气推进开发开放，加大体制机制突破创新，以深化供给侧结构性改革为主线，不断优化营商环境，推动高水平改革开放，实现经济高质量发展。

2. 工业增长重现低位运行区间

鉴于外部风险的加剧，浦东工业将延续上年度收敛下行轨迹，全行业增长重回低位运行态势。有力支撑因素在于：随着供给侧结构性改革进一步深化，企业税费成本将得以持续降低，放管服的纵深推进，将保障企业交易性制度成本继续下行。因此，2019 年浦东工业增加值实际增长率为 2.5% 左右，增速基本与上年持平或略低。

---

① "四高战略"是指 2018 年 7 月中共浦东新区四届区委四次全会提出的高水平改革开放、高质量发展、高品质生活和高素质队伍战略。

重点行业分化格局难以改变。从"三大"产业来看，在重点龙头企业的强力支撑下，电子信息制造业和汽车制造业在中美贸易摩擦加剧的预期下，产值增长难以明显上扬，但仍有望实现平稳增长。成套装备制造业工业总产值低迷态势难有大的调整和改观，基本与上年持平。从"三新"产业来看，增长有望继续向好。占绝对主体地位的生物医药制造业和新能源产业产值在张江科学城建设的大力推进下，预计实现温和上升态势。航空航天器制造业继续保持两位数的高速增长态势，也是大概率事件。从战略性新兴产业来看，在新动能加快培育下，"四新经济"发展将保持较好势头，增长速度预计保持"两个快于"，即快于工业全行业增长和快于"三大三新"主导产业增长。

3. 消费、投资继续保持稳定增长

消费，预计增长继续上扬。首先，大宗商品价格上行趋势的维系，将保障商品销售额的较高水平增长。其次，新兴零售业态的继续发力，有助于支撑全社会消费品零售总额的平稳增长。最后，从外部需求来看，因为全球贸易的前景不明朗，进出口贸易增长难以有大的起色，平稳趋缓的运行态势预计延续。

投资，预计增长继续保持低位区间。近年来，低位运行是浦东固定资产投资增长的一个显著特征，也是浦东经济发展进入创新驱动发展阶段的"新常态"，从投资结构来看，工业投资的增幅预计在供给侧结构性改革的推动和深化下将保持较快增长。从总体规模来看，在轨道交通基础设施建设投资、重点项目投资的保障之下，2019年投资增长能够实现平稳态势。

4. 服务业运行平稳

服务业在经济中的绝对主导地位难以撼动，但第三产业在国民生产总值中的比重在2018年高水平基础上也难以继续上行和提升，总体预计运行态势平稳增长。

从金融业来看，增长态势难以恢复到前几年两位数增幅的"黄金期"，呈现个位数增长是大概率事件。作为三大攻坚战的首位任务，系统性金融风险的防范预计是2019年各级地方政府工作的重中之重，也是上海市和浦东新区政府的重要任务，因此，实现金融杠杆的降低，引导金融为实体经济服务是必然趋势。对于浦东金融业发展来说，主要的亮点依旧会依靠新兴金融业来支撑，如互联网金融预计还会蓬勃发展，同时，随着以区块链为代表的金融科技加快发展，预计将进一步推动新型商业模式的快速成长。

社会服务业的专业化升级趋势预期不变。信息服务业和专业服务的发展依然会延续现有的上扬轨迹，从而强力拉动和保障社会服务业整体的良好发展态势，增速将实现与2018年持平或略好。

从房地产来看，预期延续低迷态势，继续回归理性发展路径。鉴于房地产调控政策难有大的调整，浦东房地产交易量预期维持低位运行区间。强化保障房供应，公租房和廉租房建设是支撑浦东房地产的重要因素。因此，浦东房地产走向预期基本与上年持平。

（二）2019年浦东新区经济发展指标预测

基于前述定性分析的基础，辅之以定量分析工具测算，2019年浦东新区主要宏观经济指标的实际增长率结果如下：

2019年浦东新区GDP增长率（实际）8.0%

GDP总量（现价，亿元）11162.7

第二产业增加值增长率（实际）2.5%

第二产业增加值总量（现价，亿元）2558.6

其中：工业增加值增长率（实际）2.8%

工业增加值总量（现价，亿元）2389.8

第三产业增加值增长率（实际）8.7%

第三产业增加值总量（现价，亿元）8583.8

其中：金融业增加值增长率（实际）6.5%

金融业增加值总量（现价，亿元）3017.2

社会消费品零售总额增长率（实际）5.4%

社会消费品零售总额总量（现价，亿元）2440.9

固定资产投资增长率（实际）3.2%

固定资产投资总量（现价，亿元）2440.5

外贸进出口总额增长率5.8%

外贸进出口总量（现价，亿元）22045.3

（三）具体对策建议

1. 着力优化营商环境

一是加快放管服改革，营造国际一流营商环境。一方面，不断创新监管方式，加速政府流程再造。以审批制度改革、优化流程、减少环节作为政府行政体制改革导向，完善事中事后监管，给市场让位，为企业松绑，激发市场活力和社会创造力，助力新产业、新业态、新模式的发展。另一方面，进一步放宽市场准入门槛，提升企业获得感。提高开办企业便利度，进一步简化流程。更加尊重国际营商惯例，进一步加强知识产权保护，保护各类企业的合法权益。二是打造优质融资体系，践行普惠金融。一方面，政府应进一步加大扶持力度，进一步降低企业运营成本，切实落实财政政策对市场主体尤其是小微企业的支持措施。建立政府引导资金，打造天使投资、风险投资、创业投资集聚区，完善创业融资体系，降低小微企业融资难度。另一方面，鼓励金融机构针对企业尤其是小微企业开发标准化、模块化的创新金融服务产品。针对小微企业快捷申请、随用随取的需求特征，简化小微企业贷放款流程，依托数据平台对业务流程中的标准化环节进行集中批量处理，同时推广电子渠道以加快对小微企业需求的反应。

2. 积极推动高水平改革开放

建设最高标准、最好水平自由贸易园区是党中央、国务院赋予上海自贸试验区的重要使命，增设上海自贸试验区的新片区是党中央、国务院进一步扩大改革开放的重要部署。浦东要紧紧抓住自贸试验区扩区的有利机遇，坚决贯彻习近平总书记在首届中国国家进口博览会开幕式上的重要讲话精神，全力打造新时代改革开放新高地，推动中国改革开放向纵深发展。率先对标国际高标准自由贸易园区及国际通行规则，结合我国腹地型经济特点和区域实际，采取分步实施、各有侧重的方式统筹推进自贸区改革的深化推进。一是着眼于树立开放新标杆，在洋山保税港区、浦东机场综合保税区等海关特殊监管区域率先试点国际最高标准的贸易监管制度安排，并适时扩大至外高桥保税物流园区等上海海关特殊监管区域。二是着眼于创新发展新模式，继续简化优化一线贸易监管措施，重点提高二线通关效率，成为统筹国际国内两个市场、两种资源的重要枢纽。三是在形成成熟经验的基础上，根据不同区域的业务需求，及时在自贸区新片区和全市、长三角地区、全国区域推广新的制度框架，基本形成中国特色的自由贸易试验区网络，从而推动中国改革开放向纵深发展。

3. 重点聚焦健全创新生态系统

一是加快高端创新要素和创新资源的集聚，在国家科学中心建设进程中进一步注重集中度和显示度的提升，通过国家实验室的打造，加快推动基础研究和基础应用研究，加速张江科学城成为创新资源的策源地。二是成立开放共享的共性技术平台。建立产业共性技术研发中心，鼓励组织跨领域的产业创新联盟，加强产业共性技术研发和成果推广运用。借助共享经济理念，在共性技术领域内，加强存量盘活、统筹管理，梳理和挖掘现有科研设施与仪器的潜力，鼓励向社会开放共享，促进利用效率的最大化。三是整合相关数据，全面提升制造业"转化+落地"效率。如技术成果、技术交易数据、新技术新产品、科技企业孵化器、工程中心和重点实验室等方面的数据，使这些数据与创新主体（企业、科研机构等）"联起来"，让创新主体"用起来"，全面提升制造业"转化+落地"效率。四是结合新区产业实际情况，筛选一批标杆企业，围绕其建立潜在独角兽企业培育体系，打造"基金+基地+标杆企业+全面企业服务"发展生态圈。可由具备相关专业能力的国企先期融资进入成为股东，再通过投资、孵化、金融扶持、产业并购、注入资源，以及帮助其开拓市场等多种企业服务方式加以扶持，助力其发展成为独角兽企业。

4. 加强人才资源的强力支撑

一是加快人才高原高峰建设。围绕浦东"五个中心"核心功能区的建设需求，基于浦东新区未来的经济发展需求，着力培养和引进一批具有国际视野、具有高度专业知识的创新型技术研发人才。在建设人才高峰、夯实人才高地的过程中，引导院校机构与企业建立人才联合培养机制，积极培养一批素质较高、知识结构完备的综合型企业管理人才，在产业可持续发展过程中发挥积极的带动作用。二是进一步大力加强技能型人才的培养。在大力培育一大批在生产一线具有创新能力的高级技工的基础上，对优秀技能型人才给予更大的支持力度；制定高端管理人才引进计划，积极引进各类管理人才，将高级管理人员纳入人才引进专项，重点是对中小型企业的管理人才引进给予补贴，以提升企业资源配置能力。三是留住基础型技术工人。着力培养和引进一批具有高技能和丰富经验的"蓝领"产业工人。进一步完善人才配套政策，从社会保障、公共服务等方面着手，形成良好的工作环境、生活环境，留住基础性人才。鼓励企业生产、流通过程的自动化和网络化，以"机器换人"，减少对劳动力的依存。

参考文献

《经济蓝皮书夏季号：中国经济增长报告（2017~2018）》，社会科学文献出版社，2018。

《浦东新区国民经济和社会发展第十三个五年规划纲要》，2016年2月2日。

历年《浦东新区统计年鉴》。

《浦东新区统计月报》，2018年1月至9月。

B.2 2018年上海自贸区推动浦东经济高质量发展现状及2019年展望

雷新军 徐美芳 徐琳*

摘 要： 过去五年，中国（上海）自贸试验区建设工作取得重大进展，一大批制度创新成果推广至全国、发挥全面深化改革的试验田作用的同时，推动了浦东经济社会转型发展。2018年，中国（上海）自贸试验区推动浦东经济高质量发展突出表现在以下三个方面：助推陆家嘴金融业进一步集聚发展、促进浦东总部经济能级提升、加快推动浦东产业结构调整。

关键词： 自贸试验区 高质量发展 陆家嘴 总部经济 产业结构

2018年10月24日，习近平总书记对上海自由贸易试验区作重要指示指出，要不断提高自由贸易试验区发展水平，形成更多可复制可推广的制度创新成果，把自由贸易试验区建设成为新时代改革开放的新高地。

2018年，上海自贸试验区成立五周年，也是改革开放四十周年，浦东开发开放二十八周年。总结评估五年的经验，学习借鉴"他山之石"，浦东正开启改革开放新征程，浦东经济社会迈向高质量、高品质发展阶段。

---

* 雷新军，上海社会科学院经济研究所副研究员，经济学博士，研究方向：产业经济学；徐美芳，上海社会科学院副研究员，经济学博士，研究方向：金融与保险；徐琳，上海社会科学院经济研究所副研究员，经济史博士，研究方向：中国企业史和金融史。

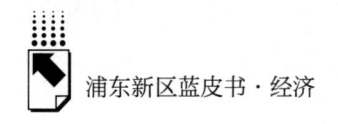

一 上海自贸试验区建设的简要回顾

(一)建设历程

本报告把上海自由贸易试验区建设划分为四个阶段。

1. 2013年9月至2015年4月：加快转变政府职能、打下自贸试验区三年大考基础

政府职能转变是上海自贸试验区建设五个目标之一。自贸试验区建设前三年，加快政府转变取得了长足进展，并以此推动其他领域改革开放的推进和实现。

在这个阶段，政府职能转变的主要表现有：(1)负面清单。2013年9月，上海自贸试验区发布全国首张外商投资负面清单，共190项。从此，外商投资准入管理实施备案制。之后，2014年和2015年相继公布《中国（上海自由贸易试验区外资准入负面清单（2014版）》和《自由贸易试验区外资准入负面清单（2015版）》，清单项目分别缩减到139项和122项。《自由贸易试验区外资准入负面清单（2015版）》又被称为负面清单3.0版，同时扩展到广东、天津、福建三个自贸试验区。(2)先照后证。上海自贸试验区成立起，着力开展商事制度改革，从原来的"取得主管部门经营许可证才能到工商部门申办营业执照"调整到"先办理营业执照，再获得相关行业许可"。这是简政放权、推动政府职能转变、激发全社会创新创业活力的重要举措。(3)开始探索综合执法体系。2014年11月，浦东率先实现对专利、商标和版权的监管与执法的统一，成立集专利、版权和商标于一体，兼具行政管理与综合执法两项职能的知识产权局成为地方行政体制改革的先锋和带领者。

推动政府职能转变的同时，其他领域的改革也先后起步，2014年5月，人民银行上海总部发布了《自贸试验区分账业务实施细则和风险审慎管理细则》，6月，正式启动自贸试验区分账核算管理下的自由贸易账户业务。

在严守不发生系统性金融风险底线的前提下，推动金融改革任务在自贸试验区落地，推动"建设具有国际水准投资贸易便利、货币兑换自由、监管高效便捷、法制环境规范的自贸试验区"。2015年1月，国务院印发《关于推广中国（上海）自由贸易试验区可复制改革试点经验的通知》，明确进一步在全国范围内复制推广上海自由贸易试验区改革事项28项，如外商投资广告企业项目备案制、涉税事项网上审批备案、全球维修产业检验检疫监管、中转货物产地来源证管理、个人其他经常项下人民币结算业务、外商投资企业外汇资本金意愿结汇、融资租赁公司兼营与主营业务相关的商业保理业务、允许设立外商投资资信调查公司、社会信用体系、信息共享和综合执法制度等。

2. 2015年4月至2017年3月：实现自贸区建设初衷、深化改革开放

2015年4月20日，国务院印发《进一步深化中国（上海）自由贸易试验区改革开放方案》，上海自贸试验区建设进入第二个阶段。上海自由贸易试验区从原来的28.78万平方公里扩展到120.72平方公里，包括陆家嘴、张江、金桥、世博区域。

在这个阶段，浦东进一步加快事中事后监管、推动政府机构改革等，自贸试验区金融领域改革开放被提上了日程，FT账户正式启动。

政府职能转变方面。（1）证照分离。2015年12月，国务院批复同意在浦东新区开展"证照分离"改革试点。这是继前期"先证后照"——"先照后证"之后的又一深化改革举措。从原来的"取得主管部门经营许可证才能到工商部门申办营业执照"改革为"到工商部门领取营业执照，再到相关审批部门办理需要许可的相关手续"，一般性的生产经营活动，实现先照后证。作为"证照分离"改革试点的尝鲜者——普华永道培训项目，以告知承诺制形式，在领取营业执照后，当场取得同意筹建的行政许可证。以前，在领取营业执照到获得行政许可的期限，通常要10~20个工作日。2016年9月，"证照分离"改革在多个自贸试验区复制推广。（2）加快建设事中事后监管体制。"证照分离"改革，不仅加速企业进入市场节奏，提高企业办理效率，而且实质性地推动了政府职能转变。使企业注册资本"实

缴改认缴"、"先证后照"改"先照后证"之后的商事制度第三阶段改革。如"证照分离"改革的同时,"三个双"("双告知、双反馈、双跟踪"的许可办理机制和"双随机、双评估、双公示"的监管协同机制)政府综合临客制度相应启动,政府的监管方式从事前转变为事中事后,并加强了综合监管能力。(3)进一步完善负面清单。2016年,全国人大常委会修改"外资三法"和《台湾同胞投资保护法》,将负面清单模式在全国范围内推广实施。

金融领域改革开放方面。金融改革是上海自贸试验区建设的一大亮点,而FT账户被认为是上海自贸区金融改革的一大创新。2015年4月22日,人民银行上海总部发布《关于启动自由贸易账户外币服务功能的通知》,正式宣布分账核算业务的金融机构可按相关要求向区内及境外主体提供本外币一体化的自由贸易账户金融服务,标志着自由贸易账户外币服务功能正式启动。

3. 2017年3月至2017年10月:全面深化改革开放

2017年3月,国务院印发《全面深化中国(上海)自由贸易试验区改革开放方案》,上海自贸试验区建设进入3.0版。这个阶段,中国自贸试验区建设从2013年仅上海一家,到2015年的"1+3"家,到2017年的"1+3+7"家。随着中国自贸试验区建设横贯东西南北,上海自贸试验区建设的定位和特点也进一步明显。综合性、引领性,在本阶段的体现更为明显。

(1)多个国家战略联动发展。该阶段,上海自贸试验区建设,不仅强调与科创中心联动发展,而且提出与上海国际金融中心建设联动发展、与"一带一路"倡议联动发展。如《全面深化中国(上海)自由贸易试验区改革开放方案》,对上海自贸试验区提出了"进一步加强与上海国际金融中心和具有全球影响力的科技创新中心建设的联动,不断放大政策集成效应,主动服务'一带一路'建设和长江经济带发展,形成经济转型发展新动能和国际竞争新优势"。实践证明,这种率先示范与多个战略联动、与区域协同发展的思路,使上海自贸试验区既获得了全面深化改革动力,也进一步彰显了改革成效。(2)系统集成。一方面,上海自贸试验区继续向全国提供"可复制、可推广"的经验,如改革试验成果在空间范围内循序渐进地扩大至该省(市)乃至全国以及各领域。2017年,公布了《自由贸易试验区外资准入负面清单（2017版）》，清单项目进一步缩减到百项之内，并推广至其他10个自贸试验区（广东、天津、福建、辽宁、浙江、河南、湖北、重庆、四川、陕西）。另一方面，以金融领域创新为突破口，改革方式更加综合化。金融领域改革是上海自贸试验区的亮点、重点和难点，相关部门不仅有浦东、上海，还有国家管理部门；改革内容不仅有经济发展，还要考虑经济安全、开放与改革。该阶段，上海自贸试验区以金融核心功能区建设为契机，先后推出95个创新案例，深化金融改革，推动中国经济开放。

4. 2017年底至今：新时代改革开放新高地

2017年10月，中国共产党第十九次全国代表大会在北京召开。十九大报告明确提出，赋予自由贸易区更大改革自主权，探索建设自由贸易港。

2018年10月9日，《中国（上海）自由贸易试验区跨境服务贸易负面清单管理模式实施办法》《中国（上海）自由贸易试验区跨境服务贸易负面清单特别管理措施（负面清单）》公布并实施，旨在积极应对国际经贸格局变化、融入全球价值链，提升服务贸易国际竞争力。2018年11月，习近平总书记在首届进口博览会上宣布，上海自贸试验区扩区。上海自贸试验区建设进入新时代，进一步探索"对标国际最高水平、实施更高标准"改革开放新高地。

（二）已有的主要成果

五年来，上海自贸试验区建设紧紧围绕"制度创新"这个核心，对照"政府职能转变、扩大投资领域开放、推进贸易发展方式转变、深化金融领域开放创新、完善法制领域制度保障"五个主要目标，探索建立与国际通行规则相衔接的制度体系，服务国家战略、推动中国经济转型发展。主要成果包括以下内容。

1. 形成一批基础性制度和核心制度

第一，确立以负面清单为核心的投资管理制度。如《中国·上海自由贸易试验区外资准入负面清单》（2013版、2014版、2015版、2017版、2018版）等。

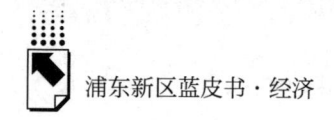

第二，确立符合高标准贸易便利化规则的贸易监管制度。如海关等口岸相关部门先后推出"先进区、后报关报检"、"批次进出、集中申报"、"采信第三方检验结果"、"单一窗口"（1.0版、2.0版、3.0版），等。

第三，确立适应更加开放环境和有效防范风险的金融创新制度。如截至2017年10月，上海自贸试验区共推出95项金融创新案例，包括金融市场、资金流动、外汇管理、自由贸易功能、机构创新等多个方面。

第四，确立以规范市场主体行为为重点的事中事后监管制度。如围绕中国（上海）自由贸易试验区市场监督管理局设立，先后推出市场评价机制、业界自治平台、第三方专业机构监督、市场退出机制、证照分离等监管方式、大部制改革和管理制度等。

2. 激发了市场创新活力和经济发展动力

上海自贸试验区建设成效的一大试金石是市场活力的激发和经济发展的推动。数据显示，上海自贸试验区建设极大地推动了上海经济发展，激发了广大市场主体的活力。

截止到2018年6月，浦东创造了上海市约35%的GDP，其中，25%的GDP来自面积为120平方公里的上海自贸试验区；浦东创造了上海市约2/3的贸易总额，其中，2/5的贸易总额来自上海自贸试验区。

截止到2018年6月，上海自贸试验区累计新设企业约5.6万户，其中，20%的新设企业为外资企业。

二 2018年上海自贸区建设推动浦东经济高质量发展的主要表现

（一）上海自贸试验区建设现状

2018年，中央、上海相继出台了与上海自贸试验区建设相关的政策法规，进一步深化制度创新。如表1所示，2018年1~7月，新出台的与上海自贸试验区相关的政策法规覆盖了政府职能转变、负面清单、贸易、改革经验复制推广等。这些法规、法则、通知或意见的出台，积极推动了上海自贸试验区进一步进行制度探索。以《国务院关于积极有效利用外资推动经济高质量发展若干措施的通知》为例，明确要求，进一步深化"放管服"改革、提升投资便利化水平；大幅度放宽市场准入、提升投资自由化水平。之后，浦东进一步加快政府职能转变，加快推进政府机构改革。

表1 2018年出台的与上海自贸试验区相关的政策

文件名	出台时间	出台部门
关于在上海市浦东新区暂时调整实施有关行政法规规定的决定，国发〔2018〕29号	2018年8月	国务院
关于成立国务院推进政府职能转变和"放管服"改革协调小组的通知，国办发〔2018〕65号	2018年7月	国务院办公厅
外商投资准入特别管理措施(负面清单)	2018年7月	发展改革委、商务部
关于物流企业承租用于大宗商品仓储设施的土地城镇土地使用税优惠政策的通知，财税〔2018〕62号	2018年6月	财政部
关于积极有效利用外资推动经济高质量发展若干措施的通知	2018年6月	国务院
关于做好自由贸易试验区第四批改革试点经验复制推广工作的通知，国发〔2018〕12号	2018年5月	国务院
关于中国(上海)自由贸易试验区平行进口汽车试点企业动态调整的通知	2018年4月	上海市商务委员会、中国(上海)自由贸易试验区管理委员会保税区管理局
关于原产地领域优化营商环境措施的通知	2018年3月	质检总局办公厅
关于进行《海关专用缴款书》打印改革试点的公告	2018年1月	海关总署、国家税务总局
关于实施贸易救济措施货物进口报关单自动计税有关事项的公告	2018年1月	海关总署
关于印发《提升跨境贸易便利化水平的措施(试行)》的通知	2018年3月	国家口岸办管理办公室

资料来源：作者根据公开资料整理。

（二）继续助推浦东形成独特的经济优势

1.助推陆家嘴金融业进一步集聚发展

在自贸区负面清单的框架下，陆家嘴已成为中国金融业开放的重要试验田和窗口。除股票、债券、保险、外汇等金融市场及银行、保险等大型金融机构集聚外，2018年的突出表现有以下方面。

第一，外资资管机构集聚。截至2018年8月，39家国际知名资管机构在陆家嘴设立了50家独资资产管理公司。全球资管规模排名前10的资管机构中，有贝莱德、领航、富达、摩根等8家已设立资管类WFOE。这些外资资管机构已积极开展或计划开展相关业务。外资资产管理机构的到来，将带来成熟的资产管理模式、投资理念、投资策略和合规风控做法，不断推动本土同行从竞争中学习发展。2018年推出的金融行业对外开放政策，将进一步优化国内资本市场的投资者结构，也将带来海外成熟的投资研究体系。

第二，融资租赁企业集聚度显著提升。截止到2018年8月，在陆家嘴地区，集聚了184家融资租赁企业，约占整个浦东新区融资租赁企业总数的1/10。国内排名前十商务部批准设立的融资租赁公司中，3家在陆家嘴（远东租赁、平安租赁、芯鑫租赁）；银监会批准设立的金融租赁公司上海有7家，其中4家在陆家嘴（交银金租、招银金租、长江联合金租、广融达金租）；融资租赁资产规模超过1000亿的融资租赁企业全国有12家，其中5家在陆家嘴（远东租赁、平安租赁、交银金租、招银金租、中航租赁）。截止到2018年6月底，在自贸区集聚的外商投资的融资租赁公司近1850家，约占全市93%。

2. 助推浦东总部经济能级提升

浦东新区是全国第一个发展总部经济的地区。目前，总部经济已成为浦东改革开放高层次、高水平的体现，也成为衡量上海配置全球资源的能力和水平的重要指标。目前，浦东新区的高能级总部经济类型有五类：跨国公司地区总部、大企业总部、区域性总部、营运总部和高成长性总部。截止到2018年8月，陆家嘴集聚世界500强企业及其分支机构近300家，认定跨国公司地区总部99家（按户管统计）。尽管受逆全球化思潮影响及国际经济形势尚未走出金融危机阴影，但在自贸试验区建设的助推下，陆家嘴地区总部企业经营状况普通较好。

3. 加快推动浦东产业结构调整

近年来，浦东在大力推动自贸试验区和科创中心两大战略联动发展过程中，加快推动浦东产业结构调整。

2018年，浦东人工智能产业发展显著。以张江人工智能岛为例。随着上海建设全球科创中心及新一代人工智能发展实施意见正式实施，浦东加快推进人工智能创新应用示范区建设。张江以"e产业（数字信息）"和"医产业（生命健康）"两大优势产业为中心，通过营商环境的打造和产业生态的营造，吸引更多企业入驻，形成集聚效应。截至2018年8月，浦东极具代表性的AI企业达到50家，其中有38家企业分布在张江，覆盖智能制造、医疗健康、云服务、语音交互、智能安防、VR/AR等不同领域。如表2所示。

表2 张江部分代表性人工智能企业

产业领域	代表性企业
智能制造	山里智能、科源电子、优爱宝智能
云服务	思谷科技、广升信息、七牛云、驻云科技
医疗健康	奥浦迈、力声特、逸思医疗、爱声科技、仁度生物、凡迪生物、森亿智能、傅利叶、领健信息
智慧交通	魔视智能、喜泊客、纵目科技
智能安防	图麟科技、银晨智能、图漾科技
VR/AR	小派科技、亮风台
语音/人机交互	元趣信息、奇手科技
服务机器人	钛米机器人、思岚科技
智慧物流	速锐科技
文本智能	达观数据
人工智能	科大智能
光场技术	叠境信息

2018年，浦东大宗商品贸易集聚和交易市场配置资源能力进一步提升。目前，浦东共有17家大宗商品现货市场，2017年交易总额超过4000亿元。截止到2018年6月，浦东新区大宗商品现货市场总交易额达2400亿元左右。市场数量与交易规模在上海各区县中保持领先，涵盖能源、化工、钢铁、有色金属、稀贵金属、农产品等行业，十余类大宗商品。与此同时，浦

东跨境电商产业的市场化程度进一步提升,如浦东最主要跨境电商平台公司——跨境通公司实行市场化。目前,浦东的跨境电商产业规模约占上海市的30%左右。

2018年,洋山港四期码头自动化装卸实质性地投入启动,大大提升了传统码头效率。2018年通过能力预期达400万标准箱,继续助推上海港集装箱吞吐量突破4000万标准箱。2018年1~7月,上海港集装箱吞吐量达2400万TEU,国内规模以上港口排名第一。

另外,许多新兴产业在浦东已形成一定规模,少数产业还形成了明显的集聚效应。例如,浦东的集成电路产业,从营业收入来看,已占上海市的60%以上。芯片设计、芯片制造、设备领域等都有品牌企业在经营。如表3所示,全球芯片设计10强中,有6家在张江设立了区域总部、研发中心等机构。除了集成电路,浦东的生物医药、文化创意产业、通信产业等,也有了明显的发展。这些新兴产业的兴起和发展,绝大部分是在上海自贸区内实现的。可见,自贸试验区建设极大地推动了浦东产业结构调整。

表3 张江集成电路产业集聚情况

领域	主要机构名称	产业水平
芯片设计	高通、博通、英伟达、超威、马威尔、展锐	全球芯片设计10强中有6家
芯片制造	中芯国际、华虹宏力、华力微电子	中芯国际、华虹宏力位列全球晶圆代工厂前10名
设备领域	应用材料、泛林、东电、科天、爱德万	全球10强中有5家

资料来源:调研所得。

三 自贸试验区建设进一步推动浦东经济高质量发展面临的主要挑战

(一)加大试点改革经验可复制、可推广力度

必须承认,上海自贸试验区进行了大量的探索,制度上也有许多突破。

但调研发现，许多制度创新在复制、推广的过程中遇到不少困难，即使在上海、浦东新区推广，也仍然存在许多障碍。如上海自贸试验区在"放管服"方面做了很多探索，截止到 2017 年底，据不完全统计，共有 97 个制度创新，在上海推广了 31 个，在全国推广了 8 个。可见，从推广来看，还有很大空间。

自贸区改革试点经验要更好地落地浦东，本报告认为必须关注以下两点：第一，对外开放如何促进对内的改革开放。浦东新区高度重视自贸试验区和科创中心联动发展，走出了一条"政府引导、市场支撑"的创新促进道路，譬如："四个中心"框架下的城市功能深化为创新中心提供要素流动便利化的支撑条件；通过跨国公司研发中心的扩大与能级提高，助推产业创新体系从"封闭"到"开放"的转型升级。应该说，"企业为主体、政府构建平台"的多元主体复合型创新体系在上海还是非常明显的，创新体系内的创新主体彼此合作也非常活跃，政府引导结合市场孵化的各类科技企业创业基地提供融资、创新项目组织和成果转化的服务也是高效的。但必须看到，浦东创新特别是草根创新仍然存在不足，这就对政府职能转变带来了挑战，也对自贸试验区建设开放型经济如何促进各类科技企业发展提出了要求。第二，放管服与科技如何结合问题。2018 年 10 月 20 日，马云推出支付宝保险项目——免费加入、兜底分摊、不再限制、理赔简单。有资料显示，当天已有 300 多万人参与。本课题暂且不评该类保险的可行性，但认为政府必须思考"监管"一事，即：在此过程中，政府是否需要监管、如何监管、如何服务？浦东作为科技创新中心战略和自贸试验区战略两大战略承载地，是否可以有所突破？诸如此类的新业态、新模式，上海自贸试验区也承担着先行先试的重任。相对而言，浦东新区的新业态和新模式较多，从这个角度讲，类似的探索，可能会更好地在浦东新区复制和推广。

（二）各职能部门形成的组合拳效应急需提高

浦东新区的商务成本高于区外，目前是一个不争的事实。对此，各级政

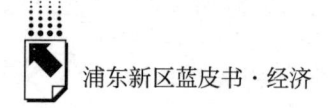

府及相关部门分别出台了不少政策。但从实施效果来看，不管是区内还是区外，浦东企业从这些政策获得的凝聚度、向心力仍有待加强。

如在总部经济发展方面。由于总部经济对人才要求相对更高，吸引、留住、集聚高层次人才是浦东总部经济发展的重要条件。相关部门也分别从政策、创新模式、空间资源、融资、人才引进、子女入学、人才公寓配套等方面给予支持。但调研显示，不少总部企业仍面临许多困难。相对应，深圳、杭州、北京等地，相关优势却比较明显。如：深圳不仅有较大的吸引企业政策力度，且距离香港较近，熟悉香港业务环境的外资资管机构可能选择深圳落地；杭州则凭借交通便利、租金成本、人员成本较低等优势，吸引部分技术研发中心；天津东疆将市级财税部分（企业所得税40%、增值税50%、个税40%）全部返给企业，并且对一些大型融资租赁公司还给予特殊照顾，政策兑现速度很快。相比较，浦东在部分政策方面并不占优，而且可能是落后的。作为全国第一个发展总部经济的区域，只有通过组合拳凸显浦东优势，浦东才能在国内激烈的竞争中，赢得未来发展生机。

如在知识产权交易市场发展方面。完善的法律法规体系是知识产权交易市场发展的基本保障。但至今，上海只有针对技术产权交易的相关依据，如《上海市产权交易管理办法》（简称《办法》）和依据该《办法》制定的《上海技术产权交易所章程》，以及《上海技术产权交易所暂行交易规则》。知识产权交易所的成立及其进行的相关业务活动缺乏"合法"的依据。

又如在跨境电子商务及航运业方面，许多调研企业反映，目前的监管创新力度不够、财政扶持力度不够、业务模式不全、公共服务有待加强。以航运业为例，调研显示，上海的航运业目前仍按吨位收税，导致税收成本较高。解决类似的问题，需要市发改委、上海海关、保税区管理局、跨境电商公共服务公司、现代产业公司等单位共同努力，进一步完善工作机制，形成合力。

（三）不均衡发展仍比较突出

经济发展不充分、不均衡，是中国经济发展面临的一大挑战，也是中国经济高质量发展需要解决的一大问题。浦东开发开放二十八年，显著提升了浦东经济整体水平；上海自贸试验区建设，进一步提高了浦东经济的国际化、市场化水平。浦东，不仅是中国经济改革开放的前沿阵地，也正朝最高标准、最高水平的发展前进。但必须看到的是，对标最高标准、最高水平的同时，浦东仍面临许多不均衡发展的现象，上海自贸试验区建设也并没有改善这种不均衡发展。突出的有以下二个不均衡。

一是城乡经济发展不均衡。尽管近几年，浦东新区提出并达到了"农村居民纯收入增速不低于城镇居民人均总收入"的发展目标，但浦东的农村发展，远不及城市发展、也不如部分兄弟省市的农村。正所谓的"大树底下好乘凉、大树底下不长草"。资料显示，近二十年来，浦东地区农民收入水平仅为居民收入水平的一半。2017年，浦东城镇居民人均总收入为60715元，但农村居民纯收入仅为30479元。本课题认为，这个现象的本质是第一产业发展地位问题。调研显示，浦东新区第一产业与第二、第三产业明显不同步增长，第一产业年增长率还呈逐年下降趋势，远低于浦东地区生产总值年增长率或工农业总产值年增长率。其中，2012年以来，浦东新区生产总值保持近两位数增长的同时，第一产业连续出现负增长。研究发现，浦东新区的农业产值连续多年仅占浦东新区产值的0.8%，但在上海市农业产值中占比达20%左右。作为国际大都市的核心功能区，浦东农业的发展定位和作用需要进一步思考。一方面，伴随上海自贸试验区的建设，总部经济、高科技产业、国际金融机构等高薪产业落户浦东，浦东城镇居民的收入差距也在扩大，另一方面，受土地资源有限、劳动力缺乏等因素影响，浦东农村发展得到政府的转移支付相对较大，但这种输血型而非造血型的乡村振兴方式，不仅不利于浦东农业的长期发展，而且是政府的一大负担，并非长久之计。

二是区域经济发展不均衡。浦东新区面积达1200平方公里，自贸试验区所覆盖的面积仅为120平方公里左右。从现状看，广大的区外经济发展远不如区内经济。以陆家嘴金融贸易区为例，目前，陆家嘴地区拥有93幢税收达亿元级的楼宇，最高税收的楼宇达40多亿，但在浦东新区的南部和东部，仍处于传统经济模式和经济形态下，产出并不高。以工业为例，自贸区建设以来，浦东新区的开发区工业实现生产、销售平稳增长，产业升级取得较好成效，运行质量有所提高。目前开发区工业占地面积23.97平方公里，约占全部工业企业占地面积总量的37%，2016年，开发区主营业务收入7256亿元，土地产出率达302.7亿元/平方公里，是新区平均水平的1.8倍。其中，自贸试验区产出率最高。资料显示，以汽车零部件制造业和计算机电子信息产品为主的自贸试验区、金桥开发区和康桥工业园区，2016年的产出率分别达到527.1亿元/平方公里、464.2亿元/平方公里和444.1亿元/平方公里，而非工业开发区土地产出率仅为92.3亿元/平方公里。

四 展望：新时代改革开放新高地

展望2019年，本报告认为，中国（上海）自由贸易试验区建设再次面临千载难逢的历史发展机遇。

（一）中央、上海和浦东各级政府高度重视上海自贸试验区建设

上海自贸试验区建设再次得到中央、上海和浦东各级政府的高度重视。

2018年11月5日，习近平总书记在首届中国国际进口博览会上宣布，扩大中国（上海）自由贸易试验区的新片区。之后，习近平总书记明确提出，上海的发展要放在中央对上海发展的战略定位上、放在经济全球化大背景下、放在全国发展的大格局下及放在国家对长三角发展的总体部署中来思考和谋划。实践显示，上海自贸试验区建设体现了国际市场发展、国家战略实施的多重需要。如，中美贸易摩擦不断的复杂环境下，欧美跨国公司对进入中国市场的需求并没有降低，上海自贸试验区建设正是中国为了顺应这种全球化潮流加速推进自贸协定谈判，以实际行动支持多边主义和自由贸易，促进地区经济增长和经济全球化的重要举措。

2018年11月14日，上海市委、市政府深入学习贯彻总书记重要讲话

精神并明确表示，要进一步增强为全国改革发展大局服务的责任感、使命感和紧迫感。浦东区2019年工作务虚会上传递出信息，浦东将全力以赴完成好自贸试验区、科创中心核心功能区建设等一系列国家战略。

（二）过去五年的工作为中国（上海）自由贸易试验区建设新时代改革开放新高地打下坚实基础

过去五年，上海自贸试验区开展的一系列改革开放工作得到了全国上下、国内国外、政府和企业的高度认可。如2018年10月24日国家主席习近平对自由贸易区建设做出重要指示指出，"上海自贸试验区挂牌5年来，认真贯彻党中央决策部署，锐意进取，勇于突破，工作取得重大进展，一大批制度创新成果推广至全国，发挥了全面深化改革的试验田作用"。这种工作成果，为下一步的建设打下了坚实基础。

根据本报告第一、第二部分的分析，本报告认为，上海自贸试验区在建设新时代改革开放新高地的目标中，以下几个方面已有坚实的基础：第一，政府职能的进一步转变，如证照分离改革的进一步完善、负面清单制度的进一步深化、贸易监管制度的进一步创新、改革系统集成的新突破等；第二，金融改革开放的进一步推进，如FT账户的进一步落实、金融市场体系的进一步完善、金融服务实体经济的功能进一步加强等；第三，自贸试验区战略与科创中心、长三角一体化战略的协同发展。

（三）新一轮技术革命推动下全球化趋势需要上海自贸试验区加快建设

2008年金融危机以来，经济全球化遇到重大挫折。中美贸易战更是把当今世界两大经济体之间的贸易蒙上了一层阴影。但经济全球化趋势是势不可挡、不可逆转的。因为当今世界正面临新一轮技术革命，以移动互联网、大数据、云计算、智能化、物联网为特征的新一轮技术革命，催生数不胜数的新经济模式、新经济业态，世界经济以前所未有的紧密度联系在一起，世界变成了地球村时，经济全球化是不可逆转。在此背景下，不仅

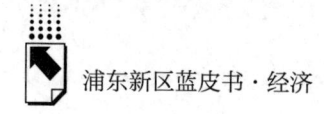

中国需要自贸试验区，世界更需要中国自贸试验区——世界需要上海自贸试验区作为中国给予的开放平台、进入中国渠道学习、适应中国经济社会环境的试验田。因此，上海加快自贸试验区建设是新一轮技术革命推动下的必然趋势。

参考文献

周振华：《全球城市：演化原理与上海2050》，上海人民出版社、格致出版社，2018。

石良平等：《上海"四个中心"创新升级研究》，上海社会科学院出版社，2016。

沈开艳等：《中国（上海）自由贸易试验区：理论分析与实践探索》，上海社会科学院出版社，2014。

高质量发展篇

High-quality Development

B.3
浦东新区制造业存在的主要问题及发展对策研究

雷新军 王鹏 任一澎[*]

摘　要： 近年来，浦东新区工业增加值占地区生产总值的比重呈现下滑趋势，守住25%的底线依然任重道远，本文对浦东制造业发展瓶颈进行了分析，认为浦东新区面临产业新的活力有待提升、成本优势不断丧失、产业发展面临不少瓶颈、政策扶持还有待优化等问题，系统梳理了国内外制造业发展的最新趋势和先进做法，进而提出了推进引领创新，抢占产业制高点，推进产业链升级，提升制造业附加值，巩固基础产业，提高产业竞争力，采取有效措施，保障产业规模，有效发挥

---

[*] 雷新军，上海社会科学院经济研究所副研究员，经济学博士，研究方向：产业经济学；王鹏，上海社会科学院硕士研究生，现任职上海城市创新经济研究中心；任一澎，上海社会科学院硕士研究生，现任职上海城市创新经济研究中心。

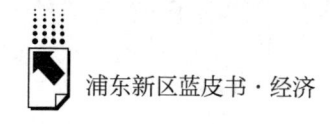

金融服务功能等建议，作为浦东制造业未来发展的参考。

关键词： 制造业　产业制高点　产业链　产业规模

浦东开发开放二十多年来，依托先行先试的制度优势和天然的区位优势，经济保持了持续较为稳定的发展，2018年1~6月浦东新区生产总值5015亿元，同比增长8.0%，1~8月实现规模以上工业产值6592亿元，同比增长3.0%。

从综合实力来看，浦东新区全国领先，2017年浦东新区占全市生产总值比重由1990年的7.7%上升到32%，工业总产值占全市工业总量的30.9%。但是在生产效率与北京海淀区以及深圳市相比稍显不足。2017年，北京市海淀区、深圳市单位面积产出高达11.73亿元/平方公里、11.24亿元/平方公里，分别是浦东的1.9倍和1.6倍，浦东新区的经济密集度和产业集聚度还有进一步提升的空间。

表1　2017年浦东新区与同类地区经济总体情况

地区	区域面积（平方公里）	GDP（亿元）	单位面积产出（亿元/平方公里）
浦东新区	1373.8	9651	7.03
北京市海淀区	430.8	5915	13.73
深圳市	1996.8	22438	11.24

资料来源：公开数据整理。

一　浦东新区制造业短板瓶颈

2012年以来，浦东新区工业增加值增速大幅放缓，由10%以上的增速下滑至5%以内，工业增加值占地区生产总值的比重从2010年的40.3%下降至 2017 年的 25.5%，下降了 14.8 个百分点。2016 年，浦东新区工业增加值占地区生产总值的比重已经下降至 23%，跌破了 25% 的底线。这些现象的背后，反映出浦东新区制造业创新活力不足、转型升级受阻等突出问题。过于依赖重大项目的带动作用，产业自身创新的能力不足，缺乏引领性创新，使得原有的产业升级路径受阻，导致产业竞争力下降。

（一）产业创新活力亟须提升

1. 引领创新能力不够

浦东要占据全球产业前沿地位，不但需要构建一个充满活力的产业体系，更需要不断涌现引领未来变革的产业。国内方面，深圳通过引领 4G 技术、无人机等新兴制造业在国际上占据了一席之地。而浦东新区的创新主要以跟随式创新为主，引领性创新十分缺乏。产业核心关键技术对外依存度较高，智能制造装备、智能网联汽车、集成电路等浦东重点发展的行业与国际先进水平的差距亟待缩小。由于缺乏自主核心技术，无法掌控产业链的高端环节，工业增加值率偏低。2010 年以来，浦东工业增加值率平均仅为 20% 左右，美国、德国等发达国家超过了 40%。

2. 主导产业竞争力不强

目前浦东新区工业增长主要依靠电子信息、汽车、成套设备、生物医药、新能源、航空航天、石油化工等七大产业，七大产业产值占全区规模以上工业总产值的比重超过 70%。但是，其中电子信息、汽车制造、成套设备、石油化工等四大传统产业占比过高，且除汽车制造业外其他三大产业盈利能力偏弱，制约了产业整体附加值和竞争力的提升。虽然生物医药等新兴产业取得一定发展，2017 年浦东新区生物医药产业产值接近 600 亿人民币，但是相比于几大传统产业，规模还有待进一步提升。由于浦东新区主导产业趋于老化，竞争力不够强，在一定程度上制约了浦东产业转型升级的推进，亟须加大创新突破力度。

3. 未形成良好的产业体系

目前浦东新区产业发展体系的构建还不够成熟，产业的区域贡献对大企业有严重的依赖。数据显示浦东新区七大重点发展行业中,大型企业产值占规模以上企业的产值的比例已经超七成。高成长性中小企业与深圳、杭州和苏州相比,数量并不占优势,科技小巨人数量仅为滨海新区的1/3,新三板挂牌企业数远远低于深圳、北京海淀、浙江杭州等兄弟地区。

4. 创新理念仍需加强

上海国企、央企依然对经济的贡献程度保持着非常高的水准,民营企业的发展相对其他竞争区域相对滞后。许多制造业企业仍停留在产品思维阶段,注意力主要集中在产品制造本身,服务附加值占比不高,线上与线下的互动融合不够,与国内外领先企业相比还有不小差距。

(二)成本优势逐步丧失

随着土地、人力等成本快速上升,浦东发展制造业的成本优势逐步丧失。早在2014年BCG就出台报告显示中国制造业对美国的成本优势已经由14%下降到4%。近年来制造业的成本依然在不断上升,使得浦东新区不仅面临欧美等发达国家制造业回流的问题,在低端制造业领域还面临着其他省市以及东南亚、印度等国的竞争。具体表现在以下三个方面。

1. 土地成本不断高企

可建设用地资源有限,再加上土地调控以及环保等因素的影响,浦东新区土地价格持续上涨。以临港地区为例,作为浦东新区土地资源相对充裕、价格相对低廉的地区,临港地区工业用地标准厂房均价已经达到全市均价的2倍左右,研发总部通用类土地价格也高于全市平均水平,临港地区土地出让价,是周边地区的3~4倍。

2. 人力负担还在增加

2017年的统计数据显示,上海制造业登记就业人员平均每月的工资收入为5816元,自2012年以来年均增长幅度为14.1%,既高于同期GDP的增长幅度,也高于全市职工社会平均工资的增速,更是远高于同期制造业产值年均增速,在制造业整体呈现下滑的趋势下,制造业人工成本还保持比较高的增速,企业经营压力较大。

3. 生活成本居高不下

世界最大的人力资源管理咨询机构 Mercer 发布的 2018 年全球城市生活成本排名中，上海进入前十名，位列第七，甚至高于北京，而浦东生活成本在上海各区涨幅排名前列，生活成本特别是购房成本已成为阻碍浦东吸引人才的首要因素。

成本优势的不断丧失，导致企业外迁现象不断出现，除传统制造业企业迁入奉贤、青浦等郊区或其他省市外，部分优质企业也遭到上海周边地区的挖"墙角"，将自己的制造基地外迁。

（三）产业发展瓶颈依然不少

1. 体制机制难以适应新产业发展要求

以智能网联汽车为例，目前智能网联汽车是汽车产业发展的热点。浦东新区依托自身的产业基础和优势，逐步实现传统汽车产业向智能网联汽车方向转变。但是尚缺乏比较完善的体制和机制架构支持产业的发展，一是智能网联汽车跨界融合问题突出，缺乏多部门协调推进机制，未形成智能网联汽车政产学研协同创新体系，行业缺乏有效协同研发机制而未形成合力。二是浦东虽然有强大的互联网产业基础，与汽车产业的结合未深入汽车智能化和网联化的决策与控制层面，无法掌握国际标准话语权的局面，汽车、通信、交通、互联网等领域的跨行业融合式技术创新体系尚未建立。此外浦东新区在智能化基础设施建设有待加强，应用场景不足，与发达国家相比仍有差距。

2. 联动发展有待完善

随着对消防、环保等管理日趋严格，浦东新区对于产业招商项目要求也越来越严格，门槛不断提高。浦东新区产业主要以园区模式为主。以张江为代表的品牌园区与中小园区出现了两极分化的情况，张江园区土地空间日渐狭小，创新性企业产业落地困难。中小产业园区能级较小，招商范围狭窄，缺乏与大企业对接的平台和机制，园区企业不能满足发展需求。二者之间虽然有联动机制，却无法实现有效对接，信息不对称现象突出。以周浦智慧产业园为例，虽然归属张江核心园范围，但是由于税收不归属张江，难以享受张江的资金扶持和招商信息资源。

3. 制造企业融资渠道有限

政府对于制造业企业的资金支持力度远远不能满足企业需求。以生物医药为例，生物医药研发周期长、成本高、风险大，早期天使投资的投资意愿不强，浦东新区商务成本增加较快，大部分起点高、科技含量高的小企业面临较大资金压力，由于浦东针对生物医药研发支持额度较小，一些外地投资趁机来挖"墙角"。以苏创投为例，通过建立产业化转化基金，帮助小企业落实产品落地前所需资金，免费提供厂房和设备，构建从"早期天使－VC－产业化－企业上市"的完整产业投资链。

4. 民营企业有待做大做强

上海历来重视外资企业和国有企业的发展，对于民间资本关注较少，浦东新区也不例外。民营企业发展过程中依然存在不少壁垒，经济活力稍显不足。从工业总产值来看，浦东新区民营企业实现的工业总产值占全区工业总产值的比重不到30%，整体竞争力不强。

（四）政策扶持仍需优化

1. 财税扶持相对集中

浦东新区经济发展主要还是依赖于大的项目和企业，导致其大部分的财税扶持资源都向大企业倾斜，大企业本身在市场竞争中就占据优势，在财税扶持方面又占据了非常大的比例，进一步拉大大企业与中小企业的差距。资金、项目、平台等资源多数掌握在政府手里，市场化配置程度都比较低，多数都投向外资企业和国有企业，对民营企业关注较少。对民营企业和中小企业缺少精准化的扶持政策，无法有效支撑其成长壮大。再加上在政策扶持、资金补助、监管审批等方面，普遍存在沟通不足、重复投入、相互矛盾、配套措施不足等问题，导致政策扶持效果往往不如预期。

2. 存量土地盘活有待加强

目前浦东新区的建设用地已经接近红线，开发空间日趋枯竭。对存量土地二次开发有效盘活成为未来浦东新区发展的重要方向。目前依然面临不少问题，一是缺乏有效政策支持，工业用地的管理模式刚性过大，加剧了实际操作难度，压缩了制造业的发展空间。二是闲置用地二次开发的阻力不小，主要是没有形成相应的约束机制，使得土地无法得到有效利用。部分企业即便已停产、转产，但因对土地增值有巨大预期，使得补偿额度难以满足企业需求，企业会对二次开发有所抵制，造成土地闲置，阻碍二次开发。

3. 人才扶持政策仍需提高

目前浦东新区对于人才的需求依然旺盛，人才行业结构性矛盾、区域结构性矛盾比较突出。虽然浦东新区在人才引进特别是外籍高端人才引进方面做了许多有益的尝试，但是需要改进和提高的地方依然很多，户口政策、子女教育、医疗、住房等方面，浦东新区面临的挑战依然不少。

二 国内外制造业发展先进经验借鉴

（一）全球制造业发展趋势

全球正在进入新一轮的技术经济周期。数字化、个性化制造、分散式生产逐渐成为潮流，互联网技术正以前所未有的广度和深度，推进生产方式、发展模式的深刻变革，全球制造业发展大体呈现以下趋势。

1. 颠覆式创新引领产业发展

与以往相对稳定的产品生命周期不同，信息化时代的迅猛发展，新技术、新模式、新业态引领的颠覆式创新，能够在非常短的时间内改变产业发展路径，重新洗牌产业格局。其中最耳熟能详的例子就是苹果手机的诞生。苹果公司通过其划时代的产品，打造了"硬件+软件"、"终端+服务"的商业模式，引领了全球智能手机的变革浪潮，自身也成长为全球最大的科技公司，2018年，苹果公司的市值更是超过了万亿美元大关。相反以诺基亚为代表的手机制造商难以适应变革，最终被收购。

2. 个性化制造日益凸显

工业革命以来规模化、集约化的生产成为主流，流水线产品以其低廉的价格、优质的质量保障占据了主流。但随着生产能力的不断提升，消费需求的日益多元，规模化流水线的工业产品已经难以满足消费者需求。信息技术与制造技术的融合，个性化定制逐渐兴起，消费者不仅是产品的接受者，还可以亲身参与产品的设计过程。3D打印就是其中的典型案例，虽然目前3D打印技术还不能完全应用于批量生产，但是其在个性化的定制领域却具有非常广阔的发展空间，工业设计、艺术品打造、精准医疗等领域都是其发展热门。

3. 新兴产业前景广阔

以人工智能、大数据运用、智能制造为代表的新兴产业占据越来越重要的地位。以人工智能为例，2016年，Alpha Go战胜人类顶级围棋高手李世石，成为人工智能发展的里程碑事件。各主要国家纷纷加紧布局，抢占未来竞争高地。其中，美国侧重于研发新型脑研究技术[1]；欧盟主攻以超级计算机技术来模拟脑功能[2]；日本则聚焦以动物为模型研究各种脑功能和脑疾病的机理[3]。新兴产业的发展不仅仅为产业带来革命性的推动，更是为人类未来进步指明了前进方向。

4. 竞争合作方式发生转变

主要表现在：一是产业融合发展程度不断加深。在新一轮产业革命的背景下，制造业与服务之间的界限逐渐模糊，二者融合发展的程度日益加深。制造业服务化程度和水平不断提高，以智能制造技术为例，在互联网技术的推动下，消费者可以直接参与到产品设计过程中，与以往研发、设计、生产、销售的单向发展完全不同，产业环节一体化趋势逐渐显现。二是竞争范式发生变化，由原来的企业间竞争向生态系统间竞争转变。行业巨头和众多

---

[1]《推进创新神经技术脑研究计划》、《国家机器人计划》、《推进创新神经技术脑研究计划》等。
[2]《欧盟人脑计划》等。
[3]《日本机器人新战略》等。

中小企业联系更加紧密,生态系统不断完善。大公司发挥产业主导作用,依托其在创新技术研发、资金投入优势全球范围内布局,大量初创型中小企业则成为产业创新的重要力量,研发制造的全球化开展帮助中小企业逐步发展,提升研发能力。

(二)国内制造业发展经验

1.注重产业体系的构建完善

国内制造业发展的优势地区,非常注重产业体系的打造。一是在产业规划过程中非常注重产业体系的搭建。如滨海新区以高端装备制造和战略性新兴产业为重点,提出要重点发展航空航天、海洋工程装备、高性能医疗器械、机器人、3D打印设备等高端装备。北京海淀区则构建"6+6"高精尖产业结构:一面抢先布局智能制造、精准医疗、大脑计划、先进汽车、纳米技术等前沿产业;一面做优做强大智造、大信息、大数据、大服务、大生态、大健康等6大主力产业。深圳则提出"7+5"现代工业体系。杭州重点发展"1+6"个产业集群,打造1个万亿级信息经济集群,以及6个千亿产业集群。

表2 浦东新区与同类地区的工业转型发展方向

地区	产业体系	具体内容
浦东新区	"8+10"现代产业体系	七大产业板块:电子信息、汽车制造、成套设备、生物医药、新能源、航空航天、石油化工
		十大重点专项:新兴金融、电子商务、旅游会展、物联网和下一代通讯、智能制造、民用航空、总部经济、高端研发、新能源、新材料
海淀区	"7+6"高精尖产业结构	七大战略性新兴产业:新一代信息技术、节能环保、新能源汽车、智能硬件、新材料、航空航天、文化和科技融合
		六大新兴产业:大智造、大信息、大数据、大服务、大生态、大健康
深圳	"7+5"现代工业体系	七大战略性新兴产业:互联网、生物、新能源、新一代信息技术、新材料、文化创意和节能环保
		五大未来产业:生命健康、航空航天、机器人、可穿戴设备和智能装备
杭州	"1+6"产业集群	万亿信息产业集群:国际电子商务中心、全国大数据和云计算中心、全国物联网产业中心、全国互联网金融中心、全国智慧物流中心、全国数字内容中心
		六大千亿产业集群:文化创意、旅游休闲、金融服务、健康、时尚、高端装备制造

资料来源:上海城市创新经济研究中心整理。

二是制定出台政策文件支持产业发展。如北京海淀区出台了《海淀区战略性新兴产业技术路线图》，对七大战略性新兴产业的技术创新、孵化器建设、公共平台建设、产业基地建设及产业政策进行了明确的规划。深圳推出支持未来产业"1+3"文件，自2014年起至2020年，市财政每年安排10亿元设立未来产业发展专项资金，用于支持产业发展。杭州则提出把大力发展信息经济、智慧经济发展作为"一号工程"。

虽然浦东新区也针对下一轮制造业发展进行了现代产业体系构建，对未来产业发展具有一定的前瞻性指导，但是在创新方面稍显不足，扶持力度与其他省市有比较明显差距。

2. 加大对新兴产业的资金扶持

其主要路径一是有效利用财政资金的主导作用。通过设立专项资金，切实发挥财政资金作用。二是充分发挥产业基金的引导作用。以集成电路为例，国家成立集成电路产业投资基金（俗称"大基金"），地方纷纷跟进成立专项扶持基金，鼓励社会风险投资和股权投资基金进入集成电路产业。截至2017年底[①]，大基金一期累计有效决策投资67个项目，项目承诺投资1188亿元，实际出资818亿元，分别占一期募资总额的86%和61%，有力推动龙头企业核心竞争力提升。数据显示，大基金实际出资部分直接带动社会融资3500多亿元，实现近1∶5的放大效应。三是注重市场化方式运用。通过政府出资的并购引导基金，以市场化方式引导资金流向产业重点领域及发展方向。

浦东新区也在不断探索融资方式创新，但在发挥政府资金的杠杆作用，更多撬动社会资金投向产业转型升级方面，还需要向其他省市学习和借鉴。

3. 优化产业发展环境

（1）注重产业促进机制建立。深圳、杭州等地通过领导小组的模式，全面统筹产业发展。深圳早在2009年就成立了由市长担任组长的新兴高技术产业发展领导小组，领导小组办公室设在市发展改革委，全面统筹协调全

---

① 国内新闻《中国集成电路》2018年4月5日。

市生物、新能源、互联网等新兴高技术产业发展工作。杭州在2014年成立信息经济和智慧经济发展工作领导小组，由市委、市政府主要领导担任组长，统筹推进全市物联网、智慧城市、云计算、互联网经济发展，办公室设在杭州市经济和信息化委员会。

（2）保障产业发展空间。出台多项政策，为产业发展提供储备用地，有效缓解产业发展的空间制约。深圳提出到2020年新增整备用地50平方公里，其中用于工业用地比例不低于30%。杭州全面推行工业用地弹性出让制度，出让年限按30年确定的，土地出让起价可以按照0.6系数确定；30年期工业用地实行"先租后让"；符合产业导向的工业用地项目，可按工业用地最低限价标准的70%确定土地出让起价。

（3）强化新型载体建设。深圳通过虚拟大学园区，引入包括清华大学、北京大学、香港大学等在内的58家国内外知名院校入驻，设立研发机构近300家。充分发挥三部、两院、一省的产学研优势，建立起一个以企业为主体、官办民助为特色的创新载体体系。通过实施政府贴息、天使投资引导、科技金融服务等，放大政府财政科技资金的杠杆作用，支持企业创新。

（4）重视人才引进培育。目前我国已经进入高质量发展阶段，各地对人才重视程度不断增加，仅2017年至2018年5月，就有三个省加上53个城市出台人才新政，累计出台吸引人才新政百余次。通过项目资助、科研经费资助、住房补贴、生活补贴等多种形式吸引人才，进一步打造良好的人才环境留住人才，构建人才发展的良好氛围，充分发挥人才作用。

三 浦东新区制造业提升竞争力的对策建议

浦东新区已经进入后工业化阶段，必须顺应全球新一轮产业革命的趋势和要求，厘清制造业产业发展思路，转变以往依靠重点项目和大企业带动的模式，紧密依托张江国家科学中心和重大创新功能性平台，充分发挥市场在产业选择和资源配置中的决定性作用，抢占全球新兴产业的制高点，巩固提升传统制造业能级，推动浦东新区制造业加速提质增效升级。坚持向注重引领性创新转变，超前把握全球产业发展新动向，抓住新兴产业成长机遇，努力创造新的产业价值链，从而形成在全球产业竞争中的先发优势，引领产业发展。坚持向生态系统发展转变。要摒弃大企业主导的思维，努力构建由主导企业和众多中小企业共同构成的创新生态系统，形成开放式互补创新网络，打造强大的集群创新能力。坚持向产业融合发展转变，树立新的产业发展思维，鼓励企业顺应技术进步和需求变化，积极推进跨界融合和一体化发展。坚持向发挥市场选择的决定性作用转变，减少行政力量对市场配置资源的干预，发挥企业在产业选择中的决定性作用，营造民营经济和中小企业蓬勃发展的环境，充分激发市场活力。

（一）加速引领创新，占据新兴产业制高点

浦东新区的产业定位应瞄准全球产业发展前沿，立足自身基础优势，聚焦高成长性新兴行业和中小企业，研究推出完整的政策扶持措施，加强营商环境打造，努力使浦东成为国内高成长性企业诞生成长的策源地。一是聚焦风口布局高成长性产业，在移动互联网、生命健康、智能装备、大数据、云计算等领域培育一批未来产业，建立产业专项资金，推动产业创新中心建立，尽早形成规模化产能。二是扶持有标杆潜质企业，在先进制造业、战略性新兴产业、生产性服务业领域引进或培育一批掌握核心技术、主业突出、拥有品牌优势的创新领军型企业。一方面通过针对性的扶持，帮助企业向行业"单打冠军"或"独角兽"发展，另一方面，围绕企业进行产业链和配套体系打造，形成协同发展趋势。三是对接国际产业创新资源，加大全球创新资源整合与利用力度。支持跨国公司在浦东设立全球研发中心、大区域研发中心和开放式创新平台，鼓励园区企业和研究机构，参与国际科技合作计划项目。四是建设国际化创业孵化体系，引进国际国内高端孵化机构，支持海内外知名孵化器在张江发展。引导跨国公司、大企业建设创业孵化基地，支持有条件的企业和机构在海外自建、收购和合作建立海外离岸孵化器。引导大学和研究院所设立孵化器，形成技术成果转化与创业孵化融合机制。五是促进跨境研发便利化，推动监管部门跨部门协作和服务流程再造，进一步

提高通关便利化程度。六是尽快出台针对新兴产业规划，把握时间窗口和产业风口，明确发展方向和重点任务，加快引进集聚一批新型创新企业，提高产业显示度和影响力。七是支持应用场景和品牌推广，大力支持关键技术核心产品开发和应用推广，支持数据资源在政府、工业、医疗、金融、营销、交通等领域的应用。推动政务数据资源在城市管理、民生服务、企业服务、综合监管等领域应用的深入开展。

（二）推进产业链升级，提升制造业附加值

浦东新区在大力推进引领性创新的同时，要针对现有制造业产业技术水平和附加值明显较低的实际，大力推进产业链条升级。推动制造业向研发设计、关键部件、生产服务、新型产品等高附加值、高技术含量环节延伸，不断提升产业附加值，形成富有竞争力的先进制造业集群。

1. 向研发设计和关键零部件环节延伸

新区要抓好技术创新，补足研发设计、关键零部件国产化等薄弱环节，整体提升制造业核心竞争力。在电子信息领域，要加快发展集成电路设计产业，提升IC装备和材料的国产化率，主动抓住5G进入标准制定战略机遇，扶持企业深度参与5G标准制定。在汽车制造领域，积极运用物联网等技术提升汽车研发设计水准，着力突破新能源汽车电池、电机和电控技术，提高汽车关键零部件国产化程度。在成套设备领域，围绕海洋装备、航空航天设备、电子信息装备等高端成套设备，加大技术改造和创新投入，促进创新成果实现规模化生产。在生物医药领域，扶持和引导浦东的研发型中小企业和科研院所引进中试产业化设施，鼓励新区生物医药企业开展海外临床研究。在航空航天领域，预先布局绿色航空、人机互动、数控加工、纳米材料等前沿技术研发和制造环节。在新能源新材料领域，加强对核心装备、核心零件的技术研发，逐步完善上下游产业链。

2. 向智能制造和信息化环节延伸

积极推动工业化和信息化深度融合，推动技术创新和模式创新相融合，推动制造业向智能化、柔性化、定制化转型。在电子信息领域，加强与本土

智能手机平台商合作或研发自主品牌智能手机，培育发展本土智能手机制造产业，带动智能手机物联网应用产业集群发展，推动虚拟现实在游戏开发、竞技体育、医学领域等方面的发展。在汽车制造领域，大力推动智能网联汽车发展，推动国内外知名互联网公司与新区汽车制造企业深度合作，开发汽车智能车载系统，在临港实施智能网联汽车深度路试。在成套设备领域，依托临港打造国际智能制造中心，推动建设集成电路、航空航天、光电子等智能制造集聚示范园区。

3. 向配套高端生产性服务业环节延伸

积极培育发展高端研发、科技中介、科技金融等生产性服务业，推动制造业企业加快向提供全方位产品和服务的综合供应商转型。在电子信息领域，加快发展物联网、云计算、大数据、区块链等智能制造相关软件系统。在汽车制造领域，重点发展汽车电商、汽车金融、汽车贸易等生产性服务环节，积极推动区域行业龙头企业搭建电商服务平台，提供相关服务。在成套设备领域，重点是发展制造型服务业，为客户提供总集成总承包、工程服务、技术服务、维修服务、系统解决方案服务、融资租赁服务等专业服务，促进生产型企业向"生产+服务"型企业转变。在生物医药领域，重点发展检测诊断、移动医疗、健康管理咨询等行业，拉长产业链条。在新能源新材料领域，探索发展绿色债券、绿色银行等新能源金融环节，引进和培育新能源金融平台。

（三）巩固基础产业，提升产业竞争力

针对浦东新区现有的七大产业进行提升和巩固，增强产业的核心竞争能力。一方面要探索建立市场化出清机制，支持发展专业化的破产机构，在上海自贸试验区率先构建形成一整套以符合市场预期为主导、以破产清算制度为通道、以行政手段为支持的高效率市场出清机制。加快淘汰低端落后产能，有效落实上海产业结构调整负面清单，完善淘汰劣势企业的办法和举措，加快研究清理低端仓储和物流用地，为产业发展腾出空间。另一方面巩固提升电子信息、汽车制造、生物医药、石油化工等优势产业，确保工业和

财税稳定增长，做大做强主导产业，攻克一批核心关键技术，提升整体技术水平，提升产业附加值。在电子信息制造领域，主动调整和转移计算机整机制造环节，培育发展集成电路设计、电子元件制造等环节。在汽车制造领域，要稳固汽车整车制造环节，积极发展汽车零部件、汽车修理和维护环节。在生物医药领域，要在稳步发展化学药品原料药的同时，加强对化学药品制剂、生物药品制造、医疗仪器制造等环节的培育提升。在石油化工领域，要巩固石油加工制造环节基础，稳定全区工业产值和利税规模；同时要抓紧发展精细化工领域的涂料颜料产品、日用化学用品、专用化学产品等环节，并对基础化学原料、合成材料制造等环节进行适度控制或外迁转移。

（四）采取有效措施，稳定产业规模

浦东新区要守住25%底线，需要采取多方措施，进一步加大招商引资力度，强化制造业重大项目用地保障，降低企业成本压力，优化人才发展环境，实现制造业产业保持规模稳定。

1. 大力引进符合导向的制造业项目

聚焦汽车制造、高端装备、生物医药、航空航天等有市场前景和比较优势的领域，制定实施重大工业项目培育工程，制定重大工业项目引进计划，完善项目落地协同推进机制，抓紧启动一批百亿元、十亿元级别的先进制造业重大项目。瞄准新区制造业现有产业链薄弱环节，分析和描绘相关产业全球分布地图和精准目录，积极开展数据招商和产业链招商，着力引进一批拥有核心技术、生产关键零部件的重大项目，促进新区重点制造业向高端产业链集群发展。制定实施新区制造业龙头企业和跨国企业培育引进计划，建立由新区领导牵头负责的专责工作小组，加大对国内外行业龙头企业、500强企业、民营上市企业等具备国际影响力、竞争力的企业集团引进力度。

2. 强化制造业项目的用地保障

严格落实上海市和新区相关规定，建立浦东工业用地增减挂钩统筹对接机制，统筹安排工业用地指标，提高土地供应。建立工业用地项目供需对接机制，将工业用地指标分解落实到园区，及时匹配项目需求。参照外地经验和新区实际，建议要进一步加强对产业用地的统筹管理，探索实施重大产业项目用地专项保障，保障重大产业项目专项用地，通过协同办公等有效方式，提高土地审批效率。强化闲置土地处置责任机制，加大历史遗留厂房处置力度，遏制建设用地供后闲置行为。

3. 降低成本减轻企业压力

针对制造业企业反应最强烈的用地和居住成本高企的问题，推出有力措施，在一定程度上缓解工业生产面临的过高成本压力。一是降低工业企业用地成本。全面实施工业用地弹性出让制度，参考杭州做法，根据新区实际情况，考虑出让年限按30年确定的，土地出让起价按0.6系数确定；30年期工业用地实行"先租后让"的，前6年租金按总地价10%确定，考核验收达标后再签订剩余年期土地出让合同并缴纳相应出让金。探索推出创新型产业用房、用地政策，对符合规划并经政府批准允许限期开发的闲置产业用地可建设创新型产业。二是降低人才居住成本。浦东新区抓紧落实上海市人才政策，研究扩大人才公寓建设规模，采取多渠道筹措房源，完善公共租赁房经营管理方式，缓解企业人才的短期居住压力。鼓励各个产业园区和用人单位向优秀科技创新创业人才实施租房补贴、购房贷款贴息。积极探索建设集创新创业、科技研发、投资基金、人才公寓、文化娱乐等功能为一体的创新综合体，为浦东人才创新创业和生活居住提供便利。

4. 优化人才发展环境

一是建立领军人才团队全链条引进培育机制，全面加大对领军人才团队的资助和扶持力度。二是建立国际人才引进柔性机制。依托上海自贸试验区海外人才离岸创新创业基地，打造海外人才引进"单一窗口"。三是建立产学研人才协同创新机制，加大联合实验室、院士专家工作站、博士后工作站等人才联合培养基地建设。四是在技术转移、股权激励、科技咨询服务等方面给予重点支持。

（五）发挥金融服务功能，优化产业环境

浦东要充分依托自身金融资源的强大优势，深入推进产融结合，参照深圳、中关村等地做法，探索设立浦东新区并购母基金，放大杠杆规模，加强对国内外研发设计、技术创新、新兴产业、优质企业的兼并收购。整合利用国有资本投融资平台和上市公司平台，鼓励民营龙头企业开展产业链垂直整合和兼并重组。推动建设张江科技金融集聚区，打造科技金融交易服务集中的特色科技金融街。探索组建浦东新区金融投资控股公司，将分散的政府各类专项资金、引导资金如创新引导基金、人才专项基金、创业扶持资金等全部统筹起来，纳入金融投资控股公司集中管理，同时加强与市场化金融机构、民营资本财团的合资合作，发展形成金融产业化集团。

参考文献

边明远、李克强：《以智能网联汽车为载体的汽车强国战略顶层设计》，《中国工程科学》2018年第2期。

孙炯：《制造业职工收入增幅高于全市平均水平》，《成才与就业》2017年10月10日。

李锋：《全球新产业革命与中国产业升级的战略选择》，《上海市经济管理干部学院学报》2016年9月15日。

王云：《脑科学成大国"必争之地"》，《中国经济报告》2016年6月1日。

谭锐：《"十二五"期间战略性新兴产业政策回顾与困境分析》，《财经智库》2018年3月10日。

《工信部：中国将加快推动核心技术突破》，《电子技术与软件工程》2018年5月15日。

记者范媛：《集成电路产业突围"作战图"》，《中国经济时报》2018年2月26日。

《上海市人民政府印发关于加快推进中国（上海）自由贸易试验区和上海张江国家自主创新示范区联动发展实施方案的通知》，《上海市人民政府公报》2015年12月20日。

《浦东新区优化提升产业结构比较研究》，2016年10月。

陈姝：《每年投入10亿扶持未来产业》，《深圳商报》2014年3月。

《中国集成电路》，2018年4月5日。

唐骏垚：《杭州一揽子新政惠及实体经济》，《浙江日报》2016年3月3日。

上海市经信委：《上海市工业区转型升级"十三五"规划的通知》。

涂竞玉：《深圳5年将新增整备用地50平方公里》，《深圳商报》2016年4月17日。

唐玮婕：《张江2020年建设人才自由港》，《文汇报》2015年10月。

B.4
陆家嘴楼宇经济发展现状及对策研究

徐美芳　李双金*

摘　要： 陆家嘴楼宇经济"因改革而生，因开放而兴"，推动了浦东开发开放。目前，陆家嘴楼宇经济体现了三个特点：上海楼宇经济的最高地、高附加值产业集聚、政府与市场共同推动的发展模式。陆家嘴楼宇经济存在的主要挑战有：商务成本居高不下、产业链仍有待完善、市场力量提升空间较大。本报告建议：坚持更高起点开放推动浦东发展、充分发挥政府与市场两种力量、切实增强金融服务实体经济能力。

关键词： 楼宇经济　产业集聚　陆家嘴

楼宇经济是现代都市发展过程中极具生命力和潜力，且较时髦的一种经济形态，已成为中国城市经济发展的一种新型经济形态。作为浦东开发开放的产物，陆家嘴楼宇经济"因改革而生，因开放而兴"，陆家嘴楼宇经济发展也推动了浦东开发开放。目前，陆家嘴楼宇经济不仅成为上海楼宇经济的排头兵，而且是浦东实现"五个中心"核心功能区及自贸区和国家科创中心两大战略的关键载体。

---

* 徐美芳，经济学博士，上海社会科学院副研究员，研究方向：金融与保险、发展经济学；李双金，经济学博士，上海社会科学院经济研究所副研究员，研究方向：制度经济学、创新理论。

一 陆家嘴楼宇经济的简况

浦东作为上海"五个中心"建设的核心功能区,已是上海"楼宇经济"的高地。其中,陆家嘴地区被誉为"站着的金融街""东方曼哈顿"。陆家嘴楼宇也充分体现了浦东的特色。

截至2018年6月,陆家嘴共有249幢商办楼宇,核心金融区小陆家嘴有45幢楼宇。总建筑面积约1300万平方米,平均出租率在95%以上。另外,在建商办楼宇约30项,地上建筑面积超过200万平方米。金茂大厦的楼宇面积达12万平方米,每平方米的最高日租金达1.5美元,目前的出租率超过90%以。

陆家嘴金融贸易区聚集了大量的中外金融机构、跨国集团地区总部及中介服务机构。代表性的机构如荷兰银行、德累斯登银行上海分行、康柏中国投资、富国基金总部、道琼斯办事处等,被誉为"站着的金融街"。截止到2018年6月,陆家嘴金融贸易区集聚了800多家银、证、保等持牌金融机构,分别约占上海市的60%和浦东新区的90%。其中,银行类机构200多家,证券类机构300多家,保险类机构约200家,其他非银行类金融机构1400多家,是目前中国内地规模最大、资本最密集的CBD。截止到2018年10月,陆家嘴金融贸易区聚集了上海证券交易所、上海期货交易所、中国金融期货交易所、上海钻石交易所等各类要素市场13家,各类总部机构300多家,跨国公司地区总部达90多家,形成了较为完善的金融市场体系。据统计,在陆家嘴落户的外资银行的资产和贷款额,均占到全国外资银行的一半以上。陆家嘴金融贸易区内,直接从事金融产业相关人员约23万名,加上其他相关性或其他产业,共计达50万白领。陆家嘴金融贸易区目前拥有的金融从业人员总量与香港基本持平。陆家嘴高档写字楼里上班的金融人才超过2万人。陆家嘴金融楼宇经济已成为浦东推动"卓越的全球城市"的重要力量。当然,上海金融业的持续稳健发展是陆家嘴金融贸易区楼宇经济的强大基石。

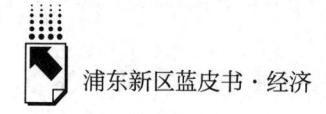

陆家嘴楼宇经济贡献巨大。截至2018年6月，税收亿元楼达93幢（10亿元以上的楼宇15幢，20亿元以上的楼宇有10幢，40亿元以上的楼宇有2幢）。2017年，陆家嘴楼宇合计产税600亿元，占浦东新区总体税收的七成。

陆家嘴金融楼宇刺激着大楼自身和周边地区的餐饮、健身、会展、旅游、休闲、购物等产业一路走红。以正大广场为例，该广场集购物、餐饮、休闲等功能于一体，总投资4.5亿美元、总面积24万平方米，被称为亚洲规模最大的"shoppingmall"。但更具影响力的现代服务业是会展旅游，从1999年《财富》论坛到2001年APEC会议，浦东的会议经济崛起，成为陆家嘴楼宇经济的一大亮点。如2009年每年一次的陆家嘴金融论坛，成为中国金融界最重要的一次金融盛会，具有广泛的国际影响力；2014年起投入使用的中国金融信息中心，不仅成为陆家嘴金融城的新地标，而且通过会议、陆家嘴金融网等软实力打造让全球金融市场听到越来越多的"中国声音"。

陆家嘴金融业的发展，还促进了陆家嘴金融文化的发展和提升。2015年，陆家嘴管委会出台了《金融城文化发展三年行动计划》，上海东方艺术中心每年提供约10万张80元档及以下票价的门票，使白领们不出金融城即可欣赏到交响、芭蕾、话剧、戏曲等中西方经典艺术。另外，陆家嘴管委会还组织了许多场白领经典艺术大讲堂，丰富白领们的精神文化生活。陆家嘴金融白领还自发地组织了"好声音"歌唱大赛、"白领午间音乐一小时"等活动。目前，陆家嘴地区已形成以陆家嘴金融文化节为代表，各类金融博物馆和文化场馆集聚的金融特色文化。总之，陆家嘴金融楼宇的发展已成为上海乃至中国的一张亮丽名片，也是中国经济转型发展的重要驱动力。

二 陆家嘴楼宇经济的特点

（一）上海楼宇经济的最高地

陆家嘴已成为上海"楼宇经济"的最高地。"如果陆家嘴是经济战场，楼宇就是我们的生产车间"，这是陆家嘴金融发展局对陆家嘴楼宇经济的评价。

1. 楼宇资源最为集中的区域

陆家嘴金融贸易区目前是上海市楼宇资源最为集中的区域,也是中国商务楼最密集的城区。

陆家嘴金融贸易区的楼宇数量和可使用面积比上海市其他区县整体数量还多,分别占浦东新区总量的92%、78%,是上海市楼宇资源最为集中的区域,也是中国商务楼最密集的城区。如表1所示,黄浦区、徐汇区和静安区的商务楼宇数量分别是182幢、85幢和81幢,分别是陆家嘴金融贸易区的79%、37%和35%。

表1 上海部分主要区县的楼宇资源情况

区县(区域)	商务楼宇(幢数)	使用面积(万平方米)
浦东新区(仅陆家嘴)	240	1300
黄浦区	182	600
徐汇区	85	370
静安区	81	430
卢湾区	66	420
长宁区	62	460

说明:基本统计口径为8层以上。陆家嘴数据为调研所得;其他区县数据为"十一五"期末,资料来源:上海交通大学MPA论文《上海中央商务区(CBD)发展政策研究》,作者:高骞。

截至2017年底,浦东甲级写字楼整体市场存量为381万平方米,其中小陆家嘴作为最核心区域,现有存量约218万平方米;竹园板块次之,约68万平方米,如表2所示。这些楼宇资源为陆家嘴楼宇经济发展提供了最基础、最有力的保障。

2. 楼宇经济贡献最显著的区域

陆家嘴金融贸易区是目前上海楼宇税收总量最多的区域。如表3所示,陆家嘴金融贸易区楼宇税收排名第十的宝钢大厦,2007年的税收约3.6亿元,比静安区楼宇税收排名第五的梅龙镇广场的税收多7000万元,是静安区楼宇税收排名第十的招商局广场223%。截至2018年6月,陆家嘴金融贸易区税收"亿元楼"达93幢。

表2 浦东新区甲级写字楼市场存量

浦东新区	面积(万平方米)	占比(%)
小陆家嘴	218	57
竹园	68	18
前滩、世博等其他板块	95	25
共计	381	100

资料来源：高力国际《建设全球城市核心区：浦东新区楼宇经济未来展望》2018年4月。

表3 2007年陆家嘴地区楼宇经济税收情况

单位：万元

区县	序号	楼宇名称	税收收入	区县	序号	楼宇名称	税收收入
浦东新区	1	世界金融大厦	114013	静安区	1	恒隆广场	124747
	2	中银大厦	104757		2	国泰君安大楼	72677
	3	浦项集团商务广场	69580		3	中华企业大厦	70743
	4	金茂大厦	67100		4	中信泰富广场	59154
	5	华能联合大厦	52655		5	梅龙镇广场	29581
	6	国家开发银行大厦	49501		6	中欣大厦	27298
	7	森茂国际大厦	45408		7	凯迪克大厦	26013
	8	浦东发展银行大厦	42414		8	上海商城	24394
	9	交银金融大厦	40300		9	嘉里中心	17078
	10	宝钢大厦	36237		10	招商局广场	16218
	合计		621964		合计		467902

资料来源：高骞：《上海中央商务区（CBD）发展政策研究》，上海交通大学MPA论文，2011。

（二）高附加值产业集聚

浦东是上海实现"建成卓越的全球城市"目标的重要载体，陆家嘴楼宇经济则将在实现该目标过程中发挥重要战略功能，所集聚的行业具有高附加值特征。

1. 金融业集聚

陆家嘴是浦东开发开放后最早发展起来的地方，也是上海浦东设立的中国唯一以"金融贸易"命名的国家级开发区。因此，金融机构（或要素市场）集聚是陆家嘴楼宇经济最突出的行业特征。

如前所述，陆家嘴是目前中国内地规模最大、资本最密集的CBD。从写字楼租赁角度分析发现，金融企业目前仍是陆家嘴甲级写字楼市场的交易主力。如高力国际报告显示，2017年，浦东新区甲级写字楼市场中，金融企业占全年交易面积的51%；专业服务业（25%）与科技、媒体及通讯企业（TMT）次之（13%）。高力国际还认为，"无论从上海与浦东新区的产业规划、政策动向与市场走势来看，作为浦东楼宇经济的主导产业，金融业在未来仍将保持高速发展的势头，且外资机构在上海写字楼市场的集聚将会加速增长。这将助力上海的全球化进程以及打造国际金融中心的目标愿景。"

2. 总部企业的载体

楼宇经济同时也是总部经济的载体，承载着提升城市在全球分工协作体系中地位的关键作用。陆家嘴楼宇经济的发展，一方面推动跨国金融企业总部、区域性金融总部及金融监管部门上海总部向陆家嘴集聚，另一方面还集聚了大量的航运企业总部及专业服务企业。这些总部企业或具有总部功能的部门，不仅成为带动浦东发展的引擎，也是未来上海建设"五个中心"以及形成全球影响力的重要支撑。

2016年以来，陆家嘴楼宇先后增加了中国信托登记有限责任公司、国家开发银行上海业务总部、普华永道商务技能培训公司、中央国债登记结算有限责任公司上海总部、上海金融法院、穆迪信用评级机构等诸多总部（上海总部）机构，极大提升了上海国际影响力和地位，增强了上海辐射世界、服务全球的世界经济引擎的功能。陆家嘴楼宇中的总部经济层级及功能不仅远远超过静安、黄浦等上海市中心楼宇经济发展较好的区县，而且在国内也处于翘楚地位，在世界上享有一定的声誉，成为助推浦东建设全球城市核心区的重要力量。

目前，陆家嘴金融城已落户总部机构300多家，其中跨国公司地区总部90家，约占浦东新区的40%、上海全市的1/5。另外，陆家嘴金融贸易区内，集聚各类金融专业服务企业700多家，法律、会计、审计、咨询等商务服务企业超过4000家。这些现代服务业与区内的90多家跨国公司地区总部互动发展。

表4　2016年以来入驻陆家嘴楼宇的总部机构（市场）

序号	机构(市场)名称	落户时间	意义
1	上海保险交易所	2016年	丰富保险市场主体同时,搭建再保险平台
2	中国信托登记有限责任公司	2016年	破解信托登记制度的缺失难题
3	国家开发银行上海业务总部	2016年6月	国内最大政策性银行的第二总部
4	普华永道商务技能培训公司	2017年10月	国内首家非学制外资职业培训机构
5	人民币跨境支付系统(CIPS)第二期	2017年	国家重要金融市场基础设施之一
6	中央国债登记结算有限责任公司上海总部	2017年12月	国家重要金融市场基础设施之一
7	上海金融法院	2018年5月	国内首家金融法院
8	穆迪信用评级机构	2018年6月	国际三大评级机构

资料来源：作者整理。

（三）政府与市场共同推动的发展模式

国际金融中心发展模式通常分为两类，一类是市场主导建设模式，以伦敦、纽约、香港为代表，一类是政府推动建设模式，以东京、新加坡、首尔为代表。上海通常被认为是政府推动型国际金融中心，即政府推动型。因此，现有研究通常认为，陆家嘴楼宇经济的今天也是政府推动的结果。但本项目认为，政府推动是陆家嘴金融贸易区发展的关键力量，但市场在陆家嘴楼宇经济发展中也起着至关重要的作用。陆家嘴楼宇经济是政府与市场共同推动发展的结果，具有鲜明的浦东特色。

1. 市场竞争日益激烈下的政府推动

纵观陆家嘴金融贸易区发展的历史可以发现，政府推动陆家嘴区域经济发展，是面临市场竞争日益激烈下开展的。如20世纪90年代初，浦东开发开放是中国经济面临西方世界对中国开发开放的质疑及中国经济发展需要的基础上实施的。当时，中央明确浦东开发开放不同于深圳，需要开拓市场。金融先行故也成为浦东开发开放的前奏和重要保障。正是在这种市场竞争背景下，政府大力推动了陆家嘴金融业发展，从而也有了今天的陆家嘴金融楼宇。政府的推动力突出表现在以下几个方面。

（1）注重产业布局统一规划、统筹管理

尽管没有专门的陆家嘴楼宇经济发展规划，但上海市和浦东新区层级上的不少文件都对陆家嘴地区产业发展作了相应的规划、实行统筹管理。如《浦东新区国民经济和社会发展第十三个五年规划纲要》明确提出围绕浦东金融核心功能区战略定位和产业特色，形成陆家嘴、世博、张江、金桥、外高桥等多个中心与相关街镇的多个组团相互补充、错位发展的"1+4+N"格局，满足金融行业、特别是新兴金融行业快速发展的需要；"十三五"期间更加突出核心功能优化提升，重点打造陆家嘴金融城、张江科技城、旅游城和航空城，进一步促进金融、科技创新、文化旅游、商务会展等功能开发和要素集聚。《上海陆家嘴金融贸易区暨上海自贸试验区陆家嘴片区发展"十三五"规划》明确指出："十三五"期间，陆家嘴金融贸易区将以金融业、航运业、现代商贸业为主导，以专业服务业、文化旅游休闲业为支撑，进一步优化完善"3+2"的现代服务业产业结构体系；上海市相关文件明确规定采取"一主三限原则"，以发展现代服务贸易业为主，重点聚焦人力资源、高端商务、文化信息、娱乐休闲、金融及其衍生产业"；对凡入驻楼宇的企业，必须经镇、区两级楼宇认定小组审核把关，只有能耗低、能极高、带动效应强、产税高的高端项目或相对成熟的企业才能获得批准入驻楼宇并享受财政奖励、补贴等优惠政策等等。正是在政府的统一规划和统筹管理下，陆家嘴地区金融楼宇发展态势良好，特色越来越明显。目前，在陆家嘴金融城内，金融机构分布呈现"一心多点"特征，"一心"就是小陆家嘴核心区，集聚了中外资银行、证券、保险、基金、信托等传统金融机构。"多点"就是在世纪大道两侧、竹园商贸区、民生路、花木等地，形成了如风险投资、股权投资、私募证券基金等新兴的金融机构。

（2）注重协调服务，营造良好生态环境

协调服务方面，市级层面，上海建立了由市商务委、发改委、经信委、建交委、规划局、房地局等部门参加的联席会议制度，还成立了副厅级现代服务业集聚区推进办公室，建立相应的协调推进机制，明确推进主体，负责审议、协调、解决在楼宇经济推进过程中的有关事项和难点问题。区级层面，浦东新区相关部门的规划互相统筹，互相推动。如《浦东新区社会治理"十三五"规划》明确新区将以党建引领基层社会治理创新，切实发挥党委在社会治理大格局中总揽全局、协调各方的领导核心作用；《上海市浦东新区旅游业发展"十三五"规划》明确指出：陆家嘴板块将重点深化都市旅游内涵……不断创新楼宇观光产品，加强整体营销，创新不同的登高主题以丰富旅游内涵。

良好生态环境方面，包括改善金融法律环境；开展金融教育培训；强化对金融机构和人才的服务等措施，优化陆家嘴区域文化氛围等。这些措施是全市甚至全国范围统筹考虑的，在陆家嘴金融贸易区的一个特点是先行先试。

（3）重视政策扶持，加强招商引资

上海市层面，首先是针对总部经济、金融服务业等中小微企业出台的财税扶持政策；其次，根据楼宇对所在地镇区域经济发展的贡献大小，分别给予纳税大户、楼宇业主和管理服务方等重奖。浦东新区层面，同样也给予相关的政策扶持。如《"十三五"期间促进楼宇经济发展财政扶持试行办法》规定，在浦东新区形成的年度经济贡献不少于1亿元人民币的商务楼宇（园区），对楼宇（园区）业主或其委托的经营管理单位给予不同档次的奖励；《浦东新区促进总部经济发展的财政扶持办法》对认定不同类型的总部进行规定，并明确根据贡献程度给予奖励。调研发现，楼宇经济和总部经济往往不可分割、互为依托，不同层面、不同类型的激励机制能共同提升浦东楼宇经济能级。

2. 公共治理架构为市场发挥力量搭建平台

政府职能转变的核心是处理好政府、市场与社会组织的关系。在上海自贸试验区建设的进一步推进过程中，为更好地适应区域转型发展的趋势和要求，浦东新区对照浦东经济金融发展的现状及目标，借鉴了伦敦金融城的做法，按照法定机构的治理要求，探索出了一条政府管理与业界共治相结合的陆家嘴金融城新型管理新模式。2016年，上海陆家嘴金融发展局正式投入运作，标志着陆家嘴金融城管理部门正式由政府机构转向企业，也意味着上海国际金融中心建设和上海自贸试验区金融开放创新向更高水平迈进——构建更具国际化特点、更符合市场化发展要求的"业界共治+法定机构"公共治理架构。

"业界共治+法定机构"公共治理架构由两个层面组成：第一个层面是陆家嘴金融城理事会。资料显示，这是一个议事决策平台，有关陆家嘴金融城发展的重大战略均由该平台讨论决定。第二个层面是陆家嘴金融城管委会（或执委会），这是一个运作执行平台，负责实施陆家嘴金融城理事会做出的重大战略和举措。调研时发现，为了更好地提供专业服务和管理，陆家嘴金融城内的社会管理和城市运行管理职能交由街道及其他部门负责。

陆家嘴金融城理事会的构成充分考虑了市场和社会主体多元化参与的需求，由三方面组成，上海市政府和浦东区政府的相关代表，"一行三会"的代表，区域内金融机构和专业服务机构的相关代表。资料显示，金融城理事会的理事成员主要来自重点企业、行业组织、楼宇业主，从行业来看，金融居多，但也涵盖了航运、专业服务业、商贸等领域。另外，业界代表占比达90%，体现了市场力量；外资机构占比30%，凸显了国际化特征。由于这些重点企业、行业组织大都坐落在陆家嘴地区相关楼宇中，因此，这些企业或行业组织本身就是楼宇经济的重要组成部分。同时，他们还与楼宇业主息息相关，在一定程度上是业主与租客、服务与被服务关系。也正因为此，陆家嘴"业界共治+法定机构"公共治理架构模式与楼宇经济密切相关。在此过程中，上海市浦东新区陆家嘴金融贸易区楼宇协会在政府与楼宇联系中发挥了主渠道和主阵地作用。

2018年3月，陆家嘴金融贸易区楼宇协会业务范围"由开展楼宇招商、稳商，完善楼宇商业配套、组织楼宇文化，开展合作、交流，培训及其他相关活动，提供咨询和中介服务变更为服务楼宇经济建设，服务综合营商环境建设、组织楼宇文化，开展合作、交流、培训及其他相关活动，提供咨询和中介服务"。主管单位由上海陆家嘴金融贸易区管理委员会变更为中国（上海）自由贸易试验区管理委员会陆家嘴管理局。众所周知，协会是市场自律的一种组织形式，随着业务范围和主管单位的调整，陆家嘴金融贸易区楼

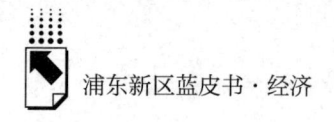

宇协会无疑将发挥更为重要的桥梁沟通作用，市场与政府之间的共同推动作用将进一步增强。

三 陆家嘴楼宇经济发展存在的主要挑战

进一步优化楼宇经济发展环境，不仅有利于陆家嘴打造楼宇经济特色，也将促进陆家嘴楼宇经济良性互动发展。

（一）商务成本居高不下

商务成本高，是上海经济发展面临的巨大挑战，这个问题同样且更加严峻地考验陆家嘴楼宇经济的发展。因为楼宇企业具有流动性强的特点，相对较高的商务成本，容易导致陆家嘴地区楼宇企业的流动。众所周知，上海主要中心城区的楼宇经济早在几年前就呈现出一派你追我赶之势。如相关资料显示，2016年，静安区亿元楼宇58幢，跨国公司总部达62家；黄浦区亿元楼宇达到63幢；虹口区亿元楼宇达到25幢，楼宇经济税收占比达34.1%。为了发展楼宇经济并提升楼宇经济能级，各区县纷纷出台扶持政策，吸引、留住楼宇企业。如财政税收支持方面，不仅仅是浦东新区出台相关扶持政策，其他区县也纷纷使出相应措施，如静安区出台《静安区关于实施积极财政政策促进经济转型发展的若干意见》提出，对为静安区产业发展布局做出显著贡献的楼宇业主给予一定的补贴；虹口区早在2015年就设立了专项资金用于楼宇经济发展，引导符合区域产业导向的优质企业向楼宇集聚；徐汇区"十三五"规划提出，优先选择"30＋"重点楼宇，通过"一楼一策"等手段，给予支持。20世纪初，巴黎在国际金融中心竞争中落后的一个原因，就是金融机构出现大量外流。因此，留住企业，融合各个企业，使无根企业产生归属感成为陆家嘴楼宇经济的工作重点之一，也是陆家嘴楼宇经济持续健康发展的最根本动力。有资料显示，2008年，陆家嘴区域曾出现部分企业因极高的商务成本而搬迁事件。

如今，陆家嘴地区凭借其区位优势及更好的政府服务正逐步改善高商务成本的不利影响，且收效明显。如 2018 年 8 月 20 日，上海金融法院在上海浦东正式成立，成为上海金融业健全完善金融审判体系、营造良好金融法治环境的重要里程碑，而且也成为中国金融业接轨国际金融业重要标志。尽管如此，商务成本居高不下，仍是陆家嘴楼宇面临的最大挑战之一。

如表 5 所示，陆家嘴地区、黄浦区外滩一条街、静安区南京西路及长宁区古北地区的代表性楼宇日租金比较显示，陆家嘴地区的上海中心大厦的日租金最高，约为 11～20 元/（平方米·天），分别比黄浦、静安、虹口、长宁高出 1～4 倍不等。因此，极高的商务成本，对入驻企业是一个难跨的门槛，也要求企业有极高的利润回报率，这对企业是一种考验，对政府的服务也提出了更高的要求，最终成为陆家嘴楼宇经济发展的一大挑战。

表 5　上海几大商务圈租金比较

大厦名称	地址	日租金
上海中心大厦	浦东新区银城中路 501 号	11～20 元/（平方米·天）
外滩金融中心	黄浦区中山东二路 600 号	10 元/（平方米·天）
梅龙镇广场	静安区南京西路 1038 号	9 元/（平方米·天）
中信广场	虹口区四川北路 859 号	5.5 元/（平方米·天）
佳都大厦	长宁区延安西路 719 号	12 元/（平方米·天）

来源：作者整理。

（二）产业链仍有待加快完善

如前所示，陆家嘴区域以金融业见长，围绕着金融业及 CBD 效应，总部经济和航运服务、金融文化也颇具特色。这种产业结构，固然有它的优势，但也存在一个重要挑战——如何服务实体经济。

资料显示，2008 年，部分非金融类企业撤离陆家嘴后，陆家嘴区域的楼宇经济并没有受到太大影响。近年来，金融机构还有进一步集聚陆家嘴区域的趋势。但金融理论和实践表明，金融业健康发展，必须要有一个健康的实体经济需求，并为这些实体经济切实提供金融服务。陆家嘴区域服务对象的减少，不利于金融业及时、深入地了解实体经济的需求，从而提供相关服务。相反，随着金融企业的集聚，金融创新一旦脱离实体经济，容易使金融在实体经济外空转，导致脱实向虚。

当然，金融科技的发展，空间距离也不是金融服务实体经济的难题，但一方面，这种金融科技的发展是需要时间的，另一方面，部分金融服务如投融资传统金融服务，可能比较方便地通过金融科技得以实现，但风险管理、新产品或新服务的创新，仍需要金融业与实体经济的互动，面对面的沟通也必不可少。

综上，本报告认为，产业链不完整制约陆家嘴楼宇发挥更大的作用。

（三）市场力量有待进一步提升

如果说基础设施建设是CBD建设的硬件，CBD建设体制机制改革则是软实力的体现。陆家嘴功能区管辖方式在全国已率先实现了创新，且取得有目共睹的成绩。如为完善陆家嘴地区的体制环境，更好地推进金融、贸易、航运等领域制度创新和对外开放，发挥陆家嘴金融城在促进上海"五个中心"核心功能区建设中的积极作用，2016年，上海陆家嘴金融城发展局成立，标志着陆家嘴金融城管理部门正式由政府机构转向企业，陆家嘴楼宇经济发展的体制机制得到实质性的改革。2018年3月，上海陆家嘴金融城发展局设立"楼宇办"，陆家嘴楼宇经济发展环境建设将更上一层楼。

但调研发现，不管是陆家嘴金融城发展局还是"楼宇办"，仍带有较强烈的政府色彩。如行业协会作用有限，楼宇办的工作重点仍然是招商、引资、稳商，等等。

四 对策建议

浦东"楼宇经济"发展，必须考虑上海产业结构和空间布局的特点，如现代服务业往中心城区集聚，还要顾及上海土地资源稀缺的城市特点。基于此，本报告建议如下。

（一）坚持更高起点开放推动浦东发展

产业高端化发展是我国经济转型发展的必须要求。陆家嘴楼宇经济的发展，一开始就定位于面向世界，高起点发挥后发优势。如今，浦东开发开放走过28个年头，必须坚持更高起点上加速浦东发展。

1. 坚持对标国际化

陆家嘴金融贸易区的发展一个重要标签是国际化，因此对标国际化是陆家嘴楼宇经济发展的一大优势和亮点。首先，坚持对标"五个中心"核心功能区的要求定位。浦东是上海建设"五个中心"的核心功能区，"五个中心"的目标之一均是打造"国际化"标准，如"上海国际金融中心"建设。其次，除硬件条件外，还要坚持软实力国际化，尤其是人才的国际化和法治服务的国际化。如2010年，陆家嘴开始打造"人才金港"，以期吸引具有国际视野的金融人才，类似的人才国际化战略必须坚持。2018年8月20日，上海金融法院在上海浦东正式成立，成为上海金融业健全完善金融审判体系、营造良好金融法治环境的重要里程碑，而且也成为中国金融业接轨国际金融业重要标志，但法院的实际运行还需拭目以待。本报告提出必须坚持法治服务国际化。

2. 坚持对标全球城市标准

全球城市具有四个特征：一是具有辐射世界、服务全球的世界经济引擎的城市功能；二是具备高品质的城市家居环境；三是具有全方位的国际话语权、包括文化的国际影响力和低碳生态的国际示范性；四是呈现城市区域的都市特征空间形态，如跨国公司和国际机构总部集聚地、世界金融和贸易中心、区域交通信息枢纽、国际文化交流中心、独特人文精神。2017年版上海城市发展规划明确提出"建设卓越的全球城市"战略目标后，陆家嘴楼宇经济再次成为浦东建设全球城市核心区主要力量。因此，浦东必须坚持对标全球城市标准。

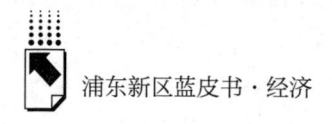

（二）充分发挥政府和市场两种力量

楼宇经济发展不仅需要良好的政策环境，而且还需要世界一流的硬件条件和人性化的服务理念，更需要充分发挥市场力量。本报告建议，陆家嘴区域通过以下四大举措为楼宇经济发展打下了坚实基础。

1. 进一步理顺政府和市场界线

陆家嘴地区良好的基础设施是陆家嘴楼宇经济发展的重要支撑之一，也是陆家嘴金融贸易区引巢筑凤的最基本保障。CBD通常存在交通出行需求大、机动化出行比重大等特点。陆家嘴地区还面临越江交通问题。对此，政府大力支持和推进交通设施建设。目前，小陆家嘴地区1.7平方公里上，立体交通发达，明珠环及人行天桥有效地促进人流与车流的分流，除了南浦大桥、杨浦大桥外，延安隧道、复兴中路隧道、龙耀路隧道和翔殷路隧道把浦江两岸更加紧密地联系在一起，银城中路地道和陆家嘴环路地道进一步促进了小陆家嘴内部的快速交通。必须承认，陆家嘴区域已拥有了良好的基础设施。但对陆家嘴楼宇经济而言，CBD建设体制机制改革更为重要。建议上海陆家嘴金融城发展局能够更加独立，不仅成为连接政府和市场的纽带，而且能真正按市场规律运行，更好地进行人流、物流、信息流、资金流四大要素的环境建设，协调好公共事务。

2. 提升柔性化服务水平

陆家嘴金融贸易区为楼宇经济提供的服务有以下两个亮点：第一，打造共同理念。调研发现，相关部门正努力打造社区文化，令企业产生认同感。他们认为，当楼宇经济发展到最高层次时是价值发展观的统一，当金融城的发展方向和企业发展方向一致时，有了共同理念，企业就更愿意留下来，更好、更协调、更统一地发展楼宇经济。第二，充分发挥楼宇党群一体化工作机制作用。为适应党建责任制、区域化大党建、群团改革等要求，陆家嘴楼宇在全市较早地建立了楼宇三方联席联动机制和楼宇党群一体化机制，把加强楼宇中两新领域党群工作阵地作为重要载体，通过"党建带妇建"、工会和共青团的力量，对楼宇中的白领、金领提供更加贴心、细腻的工作和生活服务。如，资料显示，陆家嘴地区目前有101个市场示范"妇女之家"。在这里，女性白领可以免费喝咖啡、聊天、听课、倾诉、寻求维权帮助等等。通过类似的平台，陆家嘴白领增强了对陆家嘴楼宇发展的参与感、获得感以及认可度和满意度。

从现状来看，为楼宇经济提供更高端的服务，如教育、法治服务，陆家嘴楼宇是走在了全市前列。这种服务，是一种国际化标准的服务。另外，陆家嘴金融城探索"业界共治+法定机构"的治理模式，本身就是对标国际通行规则——伦敦城的经验，以提升陆家嘴金融城在全球金融市场和资源配置中的影响力。这是由陆家嘴楼宇的发展路径决定的。

（三）切实增强金融服务实体经济能力

十九大报告提出"增强金融服务实体经济能力"，陆家嘴楼宇经济以金融业为特色和亮点，必须增强服务实体经济能力。

1. 进一步提升陆家嘴金融业品牌优势

根据陆家嘴金融企业在品牌、投行、资产及同业业务方面专业化经营优势，在明确目标市场基础上，细化目标客户，在加深与区域内同业客户合作黏度前提下，通过陆家嘴金融贸易区经济发展中心、上海金融发展局、楼宇党群组织等渠道，以开展白领音乐会、健身跑步比赛等活动，实现陆家嘴金融业品牌建设。

2. 进一步加强金融业和实体经济融合发展

根据 Arthur Meidan 观点，金融服务具有无形性、不可分性、高度个体化性、服务范围广泛性、风险性、需求波动性等特点。因此，金融服务营销有别于有形产品营销以及一般服务营销，与实体经济实现融合发展，是金融业自身发展的必要条件。建议依托陆家嘴金融贸易服务区、金融协会等渠道，通过拜访、讲座、联谊、活动合作等形式加强联系实体经济；建议依托各金融企业党委、工青妇等组织架构与陆家嘴部分楼宇党群组织的联系，进一步获悉陆家嘴楼宇白领们的金融需求，争取通过参与相关工青妇活动，与部分有潜在需求的白领建立良好的信任关系。

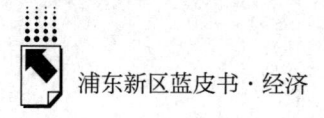

参考文献

高骞：《上海中央商务区（CBD）发展政策研究》，上海交通大学 MPA 论文，2011。
高力国际：《建设全球城市核心区：浦东新区楼宇经济未来展望》，2018。
陆家嘴金融发展局网站。

B.5
浦东新区商业发展现状及未来路径

吴津 刘雪莲*

摘　要： 浦东充分发挥中央全面深化改革开放、中国（上海）自由贸易试验区建设和"一带一路"建设等机遇，通过供给侧结构性改革和扩大内需为商业带来更多消费潜力，区域合作深化发展有效延长商业的辐射半径，以及日益完善的营商环境和硬件设施等叠加的有利因素给商贸业发展带来巨大支撑，浦东商业将在提升城市功能、经济转型升级、保障市民生活方面发挥更重要作用，国际贸易中心核心功能区的聚集辐射影响力得到进一步增强。

关键词： 浦东　商业　改革开放

作为联结生产与消费的中间环节，商贸业是城市功能的重要组成部分，也是浦东发挥活力、提升品质、增强民生幸福感的重要体现。围绕高水平改革开放、高质量发展、高品质生活、高素质队伍四高战略的实施，浦东充分发挥中央全面深化改革和中国（上海）自由贸易试验区建设等机遇，以供给侧结构性改革为主线，以提能级、强功能、补短板、促开放为重点，着力促进商贸转型升级，提升浦东新区商贸业发展的质量、能级和品位，优化商贸业布局和结构，促使浦东新区商贸业在提升城市功能、经济转型升级、保

---

* 吴津，硕士，中共上海市浦东新区区委党校，副教授，主要研究方向为国际经济法；刘雪莲，硕士，浦东新区商务委商贸处副处长，主要研究方向为商业经济。

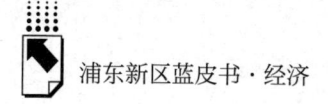

障市民生活方面发挥更重要作用，为浦东新区建成具有全球标志性的大都市核心区、国际贸易中心核心功能区，及为提升上海城市能级和核心竞争力提供重要支撑。

一 浦东商业发展的政策背景

2016年浦东新区商贸业发展"十三五"规划提出，"十三五"期间浦东商贸业发展将着力于存量转型升级、增量有控制的发展，创新商业模式，提升竞争能力，力争建成上海和全国重要的商业消费中心和商贸业创新中心。

2017年12月，上海市委书记李强要求："在新时代坐标中坚定追求卓越的发展取向，着力构筑上海发展的战略优势，全力打响上海服务、上海制造、上海购物、上海文化四大品牌"。2018年4月，上海发布《关于全力打响上海"四大品牌"率先推动高质量发展的若干意见》，提出要全力打响"上海购物"品牌，利用中国国际进口博览会举行的重大机遇，积极推动消费结构的升级，以支持品质消费、时尚消费、服务消费为发力点，以汇聚丰富的消费品牌、创造便利的消费环境、打造特色的知名商圈为抓手，繁荣都市商业，以加快需求的满足、需求的创造和需求的引领，促成具有国际影响力的全球消费城市的早日建成。

浦东主动顺应消费升级大趋势，对标全球最高标准，在《浦东新区率先打响"上海购物"品牌专项行动方案》中确立发展目标，即围绕上海打造承载全球城市核心功能的中央活动区和浦东建设国际著名消费城市核心承载区的目标，着力提高浦东消费贡献度、集聚度和便利度。国际零售商集聚度和国际知名品牌集聚度全市领先，商业增加值、就业贡献稳步提高，品质消费、时尚消费和服务消费规模稳步增长。

2018年11月5～10日首届中国国际进口博览会在上海召开，这次博览会不仅成为货物和服务交易的重要平台，而且成为一个国际合作的综合性公共平台，以展示国家形象、探讨全球性重大问题等，成为中国坚定支持贸易自由化、便利化，向全球扩大市场开放，加强全球"利益融合"的重大举措。

在此背景下，浦东新区需要以更开阔的国际视野迎接即将到来的变化与挑战。

二 浦东商业发展情况

（一）具体情况

近年来，浦东商业持续保持较快增长势头，商业经济规模和增速都居于全市前列。

"十二五"期间，浦东新区商品销售额从2011年的1.05万亿元增长到2015年的2.98万亿元，增长近2倍，年平均增速17.1%，从突破1万亿到迈入近3万亿大关用时仅5年，占全市比重由2011年的23%提高至2015年的32%，社会消费品零售额从2011年的1204亿元增长到2015年的1884亿元，年均增速11.3%，占全市比重始终保持在19%左右。

2017年至2018年上半年，浦东商业发展态势良好，在商业流通规模和商业消费市场等领域，批发贸易、零售消费市场、商业投资缓中有升总体平稳。2017年实现商品销售总额36454亿元，同比增长12.7%；实现社会消费品零售总额2201亿元，增长8.1%，分别略高和持平于全市平均水平，占上海市比重为18.6%。实现批发零售业增加值1470亿元，占新区GDP总值的15.2%。2018年上半年实现商品销售额19442亿元，增长9.5%，高于全市1.7个百分点，商品销售总额保持稳中增幅趋缓的态势；社会消费品零售总额受电商龙头企业合并后撤离零售额外流的影响，实现1103亿元，增长5.2%，低于全市2.5个百分点。商贸行业就业人数超过40万人，是浦东新区的支柱产业之一。继续保持全市最大消费区县的地位，增幅为中心城区之首。

1. 商品流通市场

浦东新区2017年商品销售总额为36454亿元，增长12.7%，比全市高

0.7个百分点，比上年同期高4.2个百分点，占上海市比重达32.2%，是全市商品销售额的主要增长点。从全年走势看，季度增幅平稳，且均高于上年同期水平。具体表现如下。

作为支柱的大宗商品类增幅明显。2017年，新区包括金属材料类、化工材料类、石油制品类和煤炭制品类在内的大宗商品实现商品销售总额20348亿元，占新区商品销售总额的55.8%，作为占据半壁江山的大宗商品，同比增长为18.4%，比上年同期提高11.0个百分点，带动新区商品销售总额增幅9.8个百分点，比2016年同期水平有较大提高。

各细分领域下降类别占比下降。从商品类别看，2017年商品销售的23个细分领域中，出现降幅的类别占比下降，共4类，分别为通信器材类、文化办公用品类、家用电器和电子音像制品类以及书报杂志类，销售额共560亿元，下降16.7%，占销售总额的1.5%（2016年下降2.5%，占比2.6%），比重下降、降幅扩大。占新区商品销售额比重较大的机电产品设备类、汽车类、化妆品类等增幅均有不同程度的增加，分别增长19.1%、11.1%和27.5%。2017年各领域的共同发展，带动新区商品销售总额的稳中有升。

大规模商贸企业对新区销售额增速贡献明显。浦东新区2017年百亿元以上贸易企业有58户，全年销售额为19186亿元，为商品销售总额的52.6%，增长22.5%，带动新区商品销售总额增幅达10.9个百分点（2016年占比45.4%，增长13.1%，拉动增幅5.7个百分点）。其中，规模最大的前10家贸易企业完成销售额总计8445亿元，占商品销售总额的23.2%，同比增长22.0%，拉动新区销售额增长4.7个百分点，对新区销售额的总体贡献高于2016年①。

2018年上半年，商品流通规模进一步扩大，受大宗商品、通信器材类等主力商品销售增长的带动，实现商品销售总额19442亿元，同比增长

---

① 《去年浦东实现商品销售超3.6万亿元》，东方网，2018年3月12日，http://city.eastday.com/gk/20180312/u1a13740161.html，最后访问日期：2018年11月30日。

9.5%，增速较2017年同期回落3.5个百分点，但增速高于全市1.7个百分点。

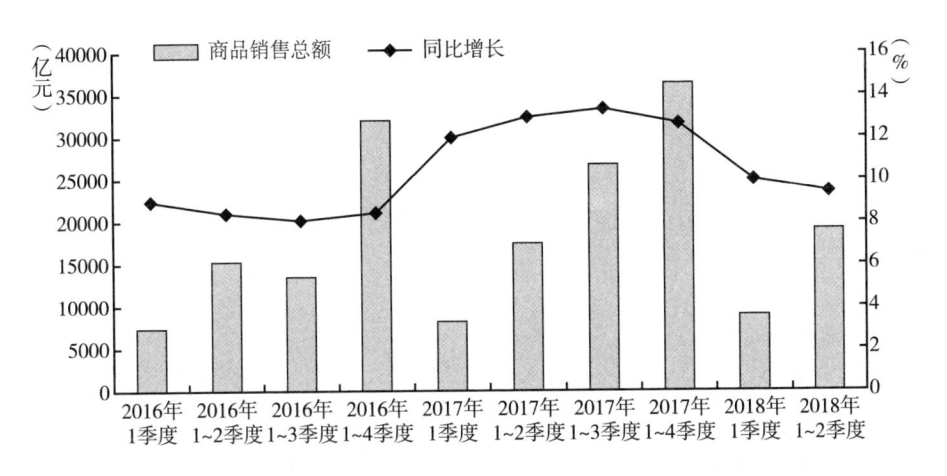

图1　2016~2018年上半年浦东新区商品销售总额及增长率

资料来源：《浦东统计月报》（2018年1~6月）。

2. 消费品市场

2017年，新区消费品市场增速平稳，实现社会消费品零售总额2201亿元，增长8.1%，与全市持平。增速比上年同期下降0.1个百分点，从全年增幅走势看，2017年增幅水平总体略高于2016年，前三季度呈递增态势，四季度受一号店外迁合并影响，增幅回落。其中社会消费品零售总额0.6个百分点的增幅是由迪士尼正式开园后在餐饮、住宿、零售等方面的增量拉动的；汽车类、生活必须类以及新兴零售业态的发展，共同拉动新区消费品市场全年保持稳定发展。随着新业态、新模式的不断涌现，融合重构催生"新零售"，浦东在电子商务、商业综合体等领域表现突出。

汽车类和生活必须类成为新区社零增长的主要拉动点。2017年，汽车类商品零售情况良好，零售额为604亿元，是社会消费品零售总额的27.4%，全年增速为8.3%，比2016年低0.7个百分点，比社会消费品零售总额平均增速高出0.2个百分点，带动社会消费品零售总额2.3个百分点。重点零售汽车企业实现零售额485亿元，同比增幅12.6%。二手车市场和高档品牌车零售是主要增长点，二手车市场增幅12.6%。

2017年，涉及居民生活必需的粮油食品、服装鞋帽、化妆品、日用品在内的四大类合计零售总额为748亿元，增长8.4%，高出社会消费品零售总额0.3个百分点，占社会消费品零售总额34.0%，带动社会消费品零售总额2.9个百分点。其中，服装鞋帽、化妆品类的商品零售额增势较好，分别增长11.3%、19.6%，均高出新区社零总额平均增速。

住宿餐饮业稳增长，连锁餐饮受欢迎程度不一，网络零售成一大亮点。分行业看，2017年新区批发和零售业完成零售额1980亿元，同比增长7.9%，其中住宿餐饮业零售总额为221亿元，增长同比为9.1%。住宿餐饮业与去年相比，增速略有回升，与零售业相比，住宿餐饮业发展稳定，高出新区社会消费品零售总额平均增速1.0个百分点。连锁餐饮业是餐饮业的主要增长点，因其品牌的知名度、美誉度和普及度得到消费者认同而迅速发展，不过发展速度各有不同，如肯德基、星巴克、必胜客、麦当劳、避风塘等连锁餐饮业增长明显，而速堡餐饮、锦江国际食品、俏江南餐饮等却有不同程度下降，农信餐饮、荷特宝配餐等作为大众餐饮增幅明显。值得一提的是，2017年住宿餐饮业在网络零售方面也亮点频现，互联网作为新的消费模式，拉动新区餐饮通过网络零售实现消费的平稳增长。金茂大厦全年通过网络零售实现消费超过2.46亿元，比去年增长3.2%；锦江汤臣实现消费达到0.51亿元，增长2.1%；香格里拉酒店实现消费达到0.39亿元，增长幅度为70.4%。住宿餐饮业中同时加入网络零售的企业有53%的企业实现正增长。

新兴零售业态较快发展。商业综合体和网上零售已成为新兴零售业态的代表，继续对以传统百货、大卖场为主的传统实体零售业带来一定的冲击。传统零售消费市场，2017年在家得利超市接大客户订单的拉动下，大卖场超市实现零售额145.59亿元，同比增长7.7%。扣除家得利因素，其他大卖场超市零售额123.11亿元，下降7.9%（家得利超市被海航集团收购后接一次性内部办公用品采购22亿元，致使2017年超市零售额达22.48亿元，增长13.6倍，净增加20.94亿元，占大卖场超市15.4%，拉动新区社零总额1.0个百分点)。综合百货在日上免税行快速增长的拉动下实现零售额146.35亿元,同比增长21.6%。其中,日上免税行零售额86.98亿元,增长37.3%,占综合百货59.4%,拉动社零总额1.2个百分点。从增速变化剔除偶然因素来看,传统业态特别是大卖场超市增长乏力,综合百货在个别企业的带动下扭转了负增长态势。

商业综合体已经成为浦东商业的重要组成部分。集餐饮、购物、娱乐、教育等为一体的商业综合体给浦东商业带来无穷的新活力。在小陆家嘴、联洋、世博、张江等多个区块带动下,2017年零售总额为270.77亿元,增长16.7%,社会消费品零售总额平均增幅超过8.6个百分点。其中以国际一线奢侈品牌组成的国金中心、功能完善和定位精准的张江长泰广场和汇智国际、购物特色显著的祝桥奥特莱斯等,在十强综合体中营业趋势良好,表现抢眼。

由于2017年1号店外迁合并等因素影响(1号店零售总额为88亿元,同比下降32.2%,占网上零售49.2%,拉低社零总额2.0个百分点),网上零售总额为178亿元,与2016年基本持平。但表现抢眼的特斯拉网络平台实现了零售总额42亿元,同比增长96.0%;支付宝的盒马鲜生作为O2O资

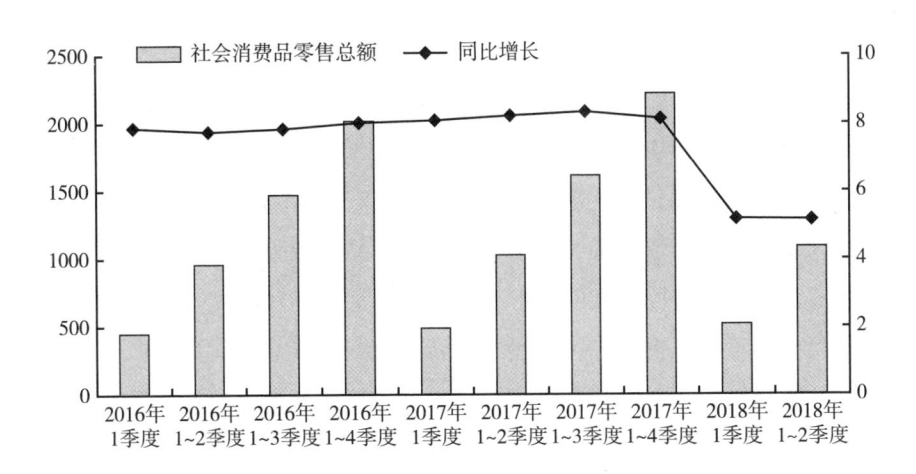

图2 2016~2018年上半年浦东新区社会消费品零售总额及增长率

资料来源:浦东统计月报(2018年1~6月)。

本热捧的佼佼者，其打造的"超市-餐饮-生活方式体验"线上线下一体化服务新零售模式突飞猛进，实现零售总额达到17.50亿元，增幅为7.5倍，零售业体量已和周浦万达广场十分接近。

2018年上半年，受电商龙头企业合并后撤离零售额外流的影响，浦东消费品市场增速回落并出现低于全市平均水平的态势，实体零售转型升级特征进一步显现，线上线下融合的新零售格局正在形成，消费市场呈现发展稳定、持续创新和调整结构阶段。社会消费品零售总额达到1103亿元，同比增长5.2%，增速较去年同期回落3.1个百分点，占全市社零总额的18.0%，增速低于全市2.5个百分点。而生活必需类的增长以及新兴零售业态的良好发展保障了浦东社零平稳增长。

（二）主要特点

1.贸易主体量质齐升，资源配置功能增强

一是贸易企业数量不断扩张，能级加速提升。2017年破百亿销售额的贸易企业为58户，比2011年增加34家，全年完成销售额达19186亿元，占新区总量52.6%，增长22.5%，拉动新区商品销售总额增幅达10.9个百分点[1]。商品主要集中在金属、汽车、石化、机电等领域。

二是大宗商品交易市场国际化进程加速。浦东新区共有大宗商品交易市场18家（含8家国际版大宗商品现货市场），其中亿元以上平台有9个，2017年交易额达20348亿元，在上海各区县保持领先。

三是农产品市场建设更富实效。以中心农产品市场为示范，标准化农产品市场为基础，大卖场、限时菜场、网上农产品市场为补充，生鲜菜店和直接配送等多种形式共同发展的农产品市场体系加快构建和完善。上海农产品中心批发市场发挥线下优势，搭建农产品网上交易平台。同时，"沿长江城市农产品流通企业联盟"成立，推进了长江经济带农产品流通体系建设。

---

[1] 浦东新区：《区发改委发布2017年浦东商业情况分析》，上海浦东门户网站，2018年3月12日，http://www.pudong.gov.cn/shpd/news/20180312/006001_82ba3f3e-d974-45e7-92e0-1e174993184d.htm，最后访问日期：2018年10月7日。

2. 传统消费模式向网络购物、境外消费转变

近年来浦东已培育出一批各具特色的互联网企业，特别是在大宗商品电商、第三方支付、生活服务电商等板块成绩斐然。具体表现如下。

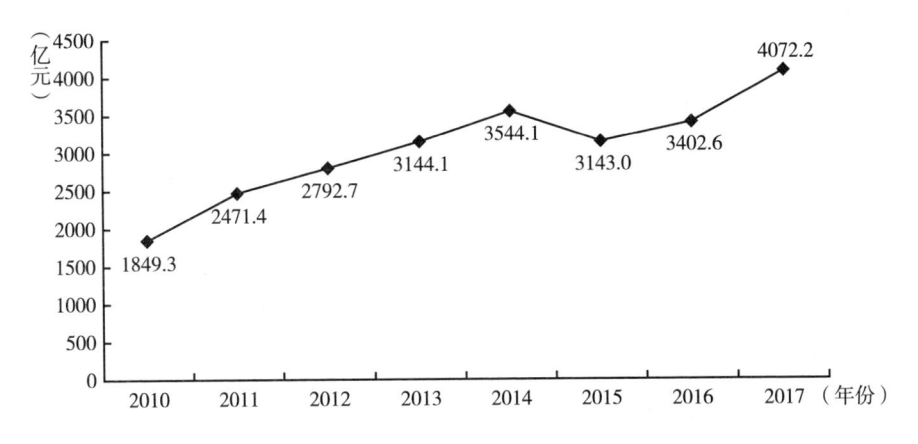

图3 2010~2017年浦东新区电子商务交易额

资料来源：调研所得。

首先，成为全市电子商务业态最为丰富的地区之一。2017年，浦东新区实现电子商务交易额4072.2亿元，同比上升19.7%，占全市比重16.8%；其中，B2B交易额为2892.6亿元，同比上升18.1%，占全市比重17.1%；网络购物（B2C/C2C）交易额为1179.6亿元，同比上升23.8%，占全市比重16.1%（商品类网络购物交易额为660.8亿元，同比上升15.6%；服务类网络购物交易额为518.2亿元，同比增长36.2%）。此外，支付宝、通联、快钱等第三方支付龙头也都在浦东集聚。

其次，成为上海跨境电商发展最活跃、最有潜力的区域。2017年跨境电商进口订单达到1643.7万单，所涉金额36亿元，同比增长为45.2%和66.3%。其中535.4万单为直购进口模式，所涉金额16.2亿元，同比增长144.8%和89.6%；1108.3万单为网购保税进口模式订单，所涉金额19.8亿元，分别同比增长为21.4%和51.1%。浦东洋山、机场等区域是保税交易的主要区域，浦东机场是上海直邮业务的主要基地。

再次，成为市级电子商务示范企业全市最多的地区。从总体上看，浦东电子商务企业约占上海市总量的40%，交易额约占20%，2016~2017年上海市电子商务示范企业浦东企业占全市比重23%，居全市首位。2017~2018年国家级电子商务示范企业3家（天天果园、西域机电、盒马鲜生，上海市共20家），国际级电子商务示范园区1家（上海市共4家），且在第三方支付、创新性电子商务发展等领域各具特色。

3. 商业布局逐步优化，浦东实体商业转型升级取得实质性进展

中心商业圈一批地标性商业项目启动，SN1地块、世纪大都会、上海中心、上海船厂地块等项目开工建设；地区商业中心向南部和中部的布局逐步落地，临港生活广场、森兰商都开业；产业园区商业配套日渐完善，陆家嘴金融城楼宇商业必备业态覆盖率达到100%，绿地东海岸财富广场、长泰广场、汇智国际、绿洲康城综合体开业；社区商业建设取得新进展，三林上海城、万嘉商业广场、三姆会员店、绿地施湾等项目开业新增社区商业面积近20万平方米，大型居住区配套商业竣工面积超过5万平方米。此外，佛罗伦萨小镇、长泰广场、迪士尼旗舰店、森兰商都等项目相继开业，迪士尼小镇、奕欧来购物村、世纪大都会即将开业。85%的国际知名高端品牌已进驻浦东，新设离境退税定点商店34家，国际化程度进一步提升。

一是围绕建设高端购物中心，打造地区商业中心，提升浦东商业辐射力。包括尚悦湾、上海滩中心、前滩太古广场等在内的近30个"十三五"期间将开业的重点商业项目，商业建筑面积约200万平方米，推进了川沙百联购物中心、丁香国际广场、览海国际正式开业，推进世纪汇、上海中心、陆家嘴中心、尚悦湾、洋泾商业中心、唐镇阳光城等商场的招商工作，协调服务相关竣工、招商、开业事宜。推进LALAPORT项目正式开工，启动日本相关品牌商招商服务工作。

二是建设城市商业综合体，打造高端社区商业中心，提升社区商业服务水平。积极推进社区商业跨越发展，生鲜食品个性化定制配送、O2O融合社区服务等社区商业新模式纷纷涌现。

创新发展社区商业。由三井集团建设的金桥LALAPORT项目，利用大

数据技术，把中国人在日本最喜欢吃的 50 个餐饮、最喜欢购买的 2000 种杂货、最喜欢的服装品牌引进到浦东；利用 ip 定位技术，分析周边 3 公里所有人群的消费习惯，引进他们喜欢的业态，这个项目建成后将会成为浦东社区商业的新亮点。

提升改造社区商业，三林上海城项目由印力集团上海团队联袂国际设计团队 HASSELL 全面改造，将三林的庙会文化与美食市集结合，把三林的剪纸、龙狮等元素运用在室内空间设计中打造主题化场景，加上儿童教育和娱乐、文创书店、健身会所及浦东首家 SphereX 球幕以及 4DX 特效影院，打造一个全新的三林印象汇。

推进社区商业专业化运作。目前很多社区商业的资产掌握在镇相关机构，通过鼓励镇政府引入专业化的机构，提升社区商业服务水平。如周浦镇把大型居住区的商业资产委托给专业化运作的海印集团，这也是社区商业可总结复制的一种成功模式。

三是建设特色商业，打造两个稀缺性商业资源构建的商业亮点，提升浦东吸引力。针对在国际国内有成功的案例、有足够的资金实力和整体持有运营能力、有丰富商业资源，甚至拥有稀缺性商业资源，并充分调配这些资源的"三有"著名企业开展战略招商。

4. 创新政府管理手段和模式，为转型升级提供保障

积极发挥政府的引导和管理作用，在政策设计、统计口径等方面有所突破，为加快商业转型升级提供支持和保障。

一是完善《浦东新区促进商贸业发展财政扶持办法》及实施细则，充分发挥政策引领作用，吸引优质的商业零售和服务企业入驻浦东，推动商圈提升能级、产业园区产城融合和社区商业便利化。引导采用新业态、新模式、新技术的企业集聚重点商圈或奖励存量企业调整转型。

二是研究改进现有商业统计方法。实体商业转型过程中，服务类业态比重增加，而除餐饮之外的其他服务类业态消费未能在社会消费品零售总额中体现，2017 年，浦东新区商务委会同浦东新区统计局启动对浦东消费市场总规模指标体系的研究，测算浦东服务性消费总额，并打破传统社会消费品

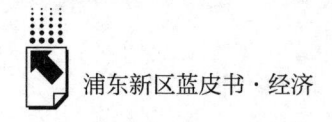

零售总额的指标统计方式，探索性提出了消费领域的新指标——社会消费总额，在全国率先推出"2016浦东消费指数"。

三是依托上海自贸区改革，进一步推动政府职能转变。2017年3月，在浦东新区证照分离改革进程中，浦东率先在全国推进进口非特殊用途化妆品备案试点，将审批调整为备案，时间从原来的3个月至半年，缩减为5天，大大压缩了审批周期，为企业节约更多时间成本，并有助于增强化妆品企业在上海的集聚度，而国内消费者也能在最短时间内体验最新款的非特化妆品，实现与国际同步。

三 浦东商业发展面临的挑战

浦东新区商业发展取得了较大的成绩，但对标国际化大都市和深化发展的客观要求，还存在一定的差距和问题。

（一）商业增长有所放缓，发展新动力不足

"十二五"后期，浦东商业从高增速向中低速换挡，对经济增长的贡献相对减弱。商品销售额和社会消费品零售额增速均从"十二五"初期的两位数回落至个位数。2015年，浦东流通市场的商品销售总额29838亿元，增长8%，较2011年下降19个百分点。批零增加值增长仅为6.9%，首次低于GDP增速，对GDP增长贡献率12.5%，为历年最低。2016年商品销售额和社会消费品零售额增长与GDP持平，但没有超过两位数，分别为8.5%和8.2%。2017年流通市场的商品销售总额超过两位数，为12.7%，超过GDP近4个百分点，但社会消费品零售额增速没有突破。批零增加值增长自2016~2018年上半年一直低于GDP增速。浦东流通市场和消费市场的后续发展都必须寻求新动力，提高品质及发展能级。

（二）商业发展综合实力有待提升

流通成本较高，社会物流总成本占GDP比重为15%，虽低于全国水平，

但仍约为美国等发达国家的一倍。商业运作的环境还不成熟，一般来说商业地产长期运营和良性发展的重要条件，是商业地产投资者能够秉持长期投资的理念，并与运营者目标相匹配。但实践中由于产业发展和投资基金间的需求常常不匹配，资方对运营方不信任，导致商业运作的短视现象，从而影响商业的后续发展。

本土明星企业有所缺失，品牌的集聚度不足，对国际知名零售商的吸引力有待增强。尤其是适合中产阶层消费的中高档品牌不足中国香港、新加坡的1/3，更不足东京的1/10。和国际顶层商圈相比，浦东的一些商圈，在基础设施、公共环境配套、高端消费生态环境的打造以及重视消费者的需求等还有较大距离。

北部中心城区与中部、南部地区发展仍不均衡，社区商业短板突出。浦东新区南部地区和北部地区商贸业发展差距大，商业设施集中布局在北部中心城区，七条上海社区商业示范街南部地区没有一条。相对于市级商业、地区级商业，社区商业由于点分散、业多元、事太细，管理运营往往处于被忽视的位置，社区商业的服务水平有待提高。

（三）电子商务发展瓶颈有待破解

龙头企业不多，同质化竞争激烈。对比国内其他省市区域，浦东新区缺失千亿级、百亿级的龙头企业。在电子商务的发展中，全球电子商务龙头企业的地位越来越重要，且已经形成"赢家通吃"的格局，抓住电商龙头企业就抓住了电商发展的"牛鼻子"。而浦东跨境电商在国内仍属第二梯队，尚缺乏电子商务的龙头企业。统计显示，全球电商交易额排名前十的电商企业的中国总部均不在浦东。新区的第三方支付领域，业务交叉比例高，同业竞争日趋白热化。推动高质量跨越式发展也面临各种挑战，如进一步提升行业核心竞争力、破解同业竞争带来的内耗、加强行业内部整合与并购等。

发展集聚度不高，竞争力不足。浦东对于互联网巨头的集聚能力有待提升。这两年北京崛起了小米、美团、京东等企业，广州诞生微信、唯品会等，杭州则是产生了阿里周边生态链，上海普陀则诞生了饿了么等生活服务企业，多年来，浦东吸引和培育了不少国内知名电商企业，然而近些年，浦东电商企业流失情况严重，部分国内知名电商企业以"被收购"或"流失"告终。包括ebay、钢联、沪江网、钻石小鸟、易迅等众多知名企业陆续将企业注册和办公地点迁出浦东。2015年，东方钢铁纳入欧冶集团体系，并将主要业务转移至宝山，从而导致浦东电商年度B2B交易额以及总交易额出现大幅度下滑。2016年，浦东新区的电商领军企业1号店被京东收购后从浦东迁至嘉定。深究其背后原因，无论是周边区县和省市给出更具吸引力的配套政策，还是诱人的资本号召，归根结底，还是在于浦东没有形成行业巨头牵头下的电商生态圈。众多被收购的电商企业往往优而不强，成为资本集团收购对象，例如易迅、1号店等企业，被收购后失去话语权。

（四）商业发展的机制保障仍需完善

随着商贸业发展阶段和市场成熟度的变化，浦东新区商贸业的发展需要在原有政府推进商业发展机制的基础上不断完善，形成新的推进商业发展的组织机制，政务、法律、社会服务等营商环境仍需与国际接轨。如针对电子商务特殊场景的监管缺少制度创新。对于电商企业的行政监管，如果按照传统实体企业进行统一监管，则有可能会出现企业不适应、业务无法高效开展的情况。比如浦东电商企业1药网，作为药品诊疗平台，其药品流通许可证却因监管问题没办法在浦东办下来，只好用其在广州的许可证来开展相关电商业务。公司迫切希望在市药监监管部门的大力支持下，申请批发和零售的药品经营许可证，进而能在上海市地区建设批零一体仓。再比如，诸多生鲜电商企业都会遇到的前置仓的相关问题。一方面，对于活品生鲜，客户往往要求将活品进行处理后再进行配送，然而，活品宰杀需要办理食品流通证，而前置仓办理按程序会遇到证难办、效率低的问题。另一方面，生鲜前置仓往往会配置冷冻柜，而一些区域出于安全考虑，会对前置仓的布点持排斥态度。

四 促进浦东商业发展的对策建议

（一）聚焦重点，促进商贸业四大领域发展

1. 做强商贸批发，构建大宗商品市场体系

从近年发展看，浦东商贸业发展的重点依旧是有色金属、钢铁、化工等大宗商品交易。要推动自贸试验区大宗商品国际现货交易市场建设，培育形成一批千亿、万亿规模的世界级交易所。打造具有全球影响力的"上海（陆家嘴）价格"，在陆家嘴建设大宗商品交易总部，加快促成一批大宗商品资源配置和交易平台的发展。强化大宗市场公共服务，实现物流、商流、加工制造等功能要素的集成式管理，促进交易市场与仓储、物流、融资、支付、检测和认证等服务机构形成生产性服务业集群。加强区域市场联动，支持浦东大宗商品交易市场在全国范围内实行兼并扩张，建立分支机构，实现发展壮大。

2. 做专商业零售，把握"商品+服务"趋势

促进优质商品和服务集聚。加快推动国内外著名消费品牌的汇聚、本土品牌商品的培育，高品牌价值的商业企业的引进。以中国国际进口博览会为契机进行战略招商，打造一个国际新产品和新品牌进入国内市场的首秀集聚地。鼓励发展国际品牌全球总部、研发创新中心、销售中心和采购中心，全面梳理中高端消费品知名品牌，通过专业中介机构对未进入上海市场的品牌开展精准招商，实现在浦东新区买全国、买全球。

提高商业企业"商品+服务"的核心竞争力。积极支持企业开展商品设计研发，培育高素质的买手队伍、自有品牌和定牌商品。鼓励企业创新体验式、高科技、定制化的新业态新模式，实现跨界跨业融合，以体验型购物中心、品牌集成店、个人定制商店等具有市场潜力的体验化业态为抓手，为消费者提供更多个性化商品和服务。

推进商业设施转型。提升大型商业综合体的发展能级，加快业态创新、

功能优化和形态更新。对既有商业设施加强调整转型、持续更新,对新增商业用地供给的有效性和精准度予以提高。

3. 做精新兴业态,提升体验经济和电子商务发展水平

上海市电子商务"十三五"规划指出,"到2030年,上海要建设成为高端要素集聚、产业生态完善、创新应用广泛、服务功能突出、规则话语权强、具有全球影响力的电子商务中心城市"。① 在此背景下,浦东新区需要以更开阔的国际视野迎接即将到来的变化与挑战,抓紧培育和吸纳优质互联网企业,确保浦东"十三五"期间在电子商务领域形成新的经济增长点。

推动线下线上融合发展,创造"购物+社交+休闲+X"的体验经济时代商业业态创新。以先进信息技术应用为基础,以提升消费体验为出发点,推进wifi全覆盖,各类APP、二维码、大数据挖掘、线下商场与线上店铺联动;强化互联网金融支撑,如网上支付、手机支付、近场支付等第三方支付;强化信息技术对商业转型的驱动,不仅应用于广告营销、交易销售环节,还应用于分销、物流、生产制造等供应链协调;以商业体为载体,以体验经济为核心,深度融合"购物+社交+休闲+X"等功能,提升原有商业集客能力。

创新电子商务应用,激励电子商务创业。推动服务业领域电子商务发展,深化新兴领域如智能消费等应用。探索在浦东设立新零售孵化基地,利用重点商圈内购物中心物业资源为基地、新区人才政策和自贸试验区创新优势,推动新业态在浦东部分购物中心低成本试点孵化。

4. 做大社区商业,从不同人群需求出发补齐短板

根据上海智慧社区建设要求,探索社区商业新模式,将电子商务平台融入集成网络终端,对线上线下资源充分整合,提升智能化水平,推动社区生活、休闲和消费便利度的提升。充分考虑社区不同群体的休闲、社交和娱乐需求,打造社区商业的多层级和多样化。如随着中老年人口的不断增加,应开发和提供适合老年人生活的各类专业化家庭服务、公益性社区服务和定制

---

① 《上海市电子商务"十三五"规划》。

上门服务。随着科创人才的聚居，应探索兴办融创业、生活和休闲于一体的新兴社区商业，为吸引人才的扎根创造良好社会氛围和环境。

（二）提质增效，深化供给侧结构性改革

1. 业态结构：优化"四新"商业业态模式，培育商业新增长点

打造网络购物产业集群。促进以互联网、信息化为基础的无店铺销售、3D网上商城等电子商务应用，借助1号店等网络购物龙头企业，提升商业的服务半径；鼓励、支持各类电商、网络平台和定制服务等新业态发展，抢占行业发展制高点，增强行业发展的竞争力；打造为线上线下共同服务的配套产业集群，包括第三方支付、供应链管理、大数据挖掘、数字化营销等。

积极发展跨境电子商务、保税展示交易、进口商品直销等新业态。加大对具有行业领先优势的第三方跨境电子交易平台企业的引进和培育，给予跨境电商企业有力的支持。

推进商业体验服务等各类新兴业态应用。鼓励发展高端特色精品百货、品牌集成店、主题概念店、会员制商店等体验型业态，探索发展体验型购物中心、品牌集成店、主题概念店、买手制精品百货、会员制商店、个人定制商店等具有市场潜力的体验化新型业态。建设便利化、综合化的社区商业体系，拓展精细化定制服务模式等新兴社区服务模式。

2. 能级结构：增加商贸业国际化元素，提高商业能级

增加商业国际化比重。引进国际消费相关活动，引入国际产品，包括重奢品、轻奢品、国际设计师品牌产品等，营造国际化氛围。吸引一批具有国际知名度的全球品牌服务商集聚发展，把浦东打造成为全球品牌云集、国际企业集聚的高端商贸发展地区，形成强大的国际吸引力。

推动商贸业高品质发展。以各类商业中心和贸易中心核心功能区为依托，着力打造具有国际国内美誉度的商街、商圈，提高商贸业品质和内涵，形成浦东的商贸业品牌特色，增强国际竞争力。

建设开放创新的现代市场体系。深入实施国内贸易流通体制改革和发展综合试点，大力发展联通国内外的大宗商品、消费品和农产品市场，增强价

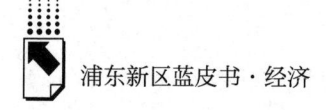

格发现和服务增值能力。健全立体化网络流通基础设施，建立完善市场信用体系，建设开放创新的现代市场体系。

3. 平台结构：提升一批平台能级，增强国际消费品集散功能

全力配合办好中国国际进口博览会。推动浦东企业设立"上海国际进出口商品展示交易平台"，纳入全市对接体系，形成"6天+365天"一站式进口交易服务平台。配合提供展会后商品展示场所，加强线上线下融合，配合推动展会后相关商品流转至新区相关场所继续展示，延续进口博览会的成果。推动展商与电商平台、零售商、进口服务商、贸易综合服务商对接，拓展销售渠道，更加精准地实现进口商品的供需配对。提升一批专业贸易平台能级。促进跨境电子商务体制创新，发挥上海口岸功能优势，加大保税展示交易，提升进口商品直销力度，推动进口消费品市场供给的高质量、高性价比。

4. 主体结构：激发活力，引进培育一批有竞争力的商贸业主体

培育一批有竞争力的商贸龙头企业。培育一批有竞争力的商贸龙头企业和产业互联网领军者，促进电子商务在国际贸易、高端服务业等领域的运用。如推动有条件的贸易商、制造企业内部贸易平台等通过拓展服务领域，转型升级成为具有总集成服务能力的专业化平台；激发大宗商品资讯平台，拓宽在线交易服务功能，由大宗商品交易市场向电商综合服务平台转型升级。

吸引国内外商贸龙头企业落户浦东。通过扶持政策吸引国内外商贸业龙头企业落户浦东，帮助和指导企业结合自身基础、业务特色、市场需求与竞争状况，制定和实施科学的发展战略并做大做强，支持其跨地区、跨行业、跨所有制整合资源。同时，加快电子商务园发展、发挥电子商务拓市场、促消费、带就业、稳增长的作用，推动"大众创业、万众创新"。

（三）创新引领，形成商贸业发展新增长点

1. 增强商贸业技术创新能力，积极创新服务模式

一是引导和支持商贸业企业加大研发创新，提升技术创新能力，提高创新效率，用科技能力增强核心竞争力。二是促进商贸业企业通过跨界联动创

新服务模式，整合产业要素资源，对接市场需求，实现业态和模式创新，形成产业新增长点。

2. 推进商贸业与信息技术相互渗透，建设智慧商圈

一是推进信息技术在商贸业发展中的应用。提升实体商业现代化水平，以先进信息技术应用为基础，强化互联网金融支撑，打造适应O2O转型趋势的线下商业载体，优化线下商业载体形态。二是创新建设智慧商圈。强化重点商业区域信息基础设施建设，广泛应用智能交通引导、移动支付体系、商圈VIP移动服务平台等技术，建设在线化、数据化、透明化的智能型商圈。积极打造形成商圈智能化、营销精准化、创新大众化的新型商业生态，强化特色商业中心、特色商业街和社区商业中心，完善体验配套环境。

3. 推进产业跨界融合，促进商旅文体展多种业态和功能融合发展

引导特色产品和服务集聚，引导中小特色创意创新企业集聚，突出时尚元素和旅游观光、文化创意的结合，建设主题鲜明的文化创意、商旅休闲、体验消费、特色演艺等特色商圈。关注并挖掘文化消费、信息消费、体育消费等新兴热点消费，推动商业与科技研发、文化创意的融合。着力引进高端高品质的商务会展、文化艺术、休闲娱乐、体育竞技等各种国际知名活动和重大项目，进一步集聚商流、人流、资金流和信息流，形成产业集群集聚发展。

（四）扩大开放，拓展商贸业企业发展空间

1. 积极承接国际高端商贸业转移

引导和鼓励外资企业投资商贸业新兴领域，支持企业承接海外高端服务外包，增强浦东商贸业企业的国际化管理理念、国际网络渠道和服务模式，提高国际化水平。加快发展平台经济、促进新型贸易平台发展，提高资源配置效率，推动国际贸易中心建设，提高浦东商贸辐射力和影响力。

2. 支持企业开展多形式多领域的跨国合作

加速商务服务业、批发、零售业对外投资，创新国际营销模式，建设境

外营销网络，加快建设"一带一路"国别（地区）商品中心，推动国别中心商品与进口商品直销中心线上线下的互联互通，积极探索国别中心走进陆家嘴等市中心区域，把自贸试验区建设成为"一带一路"沿线国家优质消费品进入中国市场的桥头堡。

3.办好具有国际影响力的商贸业品牌活动

发挥浦东新区联通国内外市场的功能，通过承办上海购物节等各类主题活动，创新营销，集聚国内外特色商品，发展面向国际游客的商业。丰富购物退税产品品种，增加外语服务人员，减少外国游客购物语言障碍，营造良好的线下营商环境和消费体验。

（五）深入推进供给侧改革，营造国际化法治化市场化营商环境

降低新零售准入门槛，对无法准确界定监管标准的新业态新模式，建立跨部门协调机制，研究提出解决方案并形成创新的制度化安排。

配合推进跨境电子商务公共服务平台建设，促进电商企业与平台对接，加快浦东上海跨境电子商务发展。充分发挥外高桥保税区、外高桥保税物流园区、洋山保税港区和浦东机场综合保税区等4个上海市跨境电子商务示范园区的作用，积极探索完善"产地直达"、"前店后库"、"保税出口"、"进口直销"等业务模式，形成多元化的跨境电商发展新格局。

深入推进贸易便利化，加强与海关、国检等部门合作，配合推进国际贸易"单一窗口"建设，不断提高非特化妆品、平行进口汽车、进境水果指定口岸、保税展示等进口通关效率，通过提升贸易服务功能增强商贸资源集聚度。

制定支持政策。制定促进商贸发展专项政策，重点支持商业、贸易领域重大任务和重要创新，包括支持高能级主体及"互联网+"新模式新业态、支持进出口贸易平台和公共服务平台、支持形成具有"买全球、卖全球"特征的知名商品品牌和零售商品品牌的引进和培育、支持行业服务技能培训等。

参考文献

《浦东新区商贸业发展"十三五"规划》，2016年12月。
历年《上海浦东新区统计年鉴》。
《浦东新区统计月报》，2015年12月至2018年7月。

B.6
浦东新区现代农业发展现状及问题研究

徐美芳　刘玉博　王鹏翀*

摘　要： 浦东新区不仅正全力推进上海自贸试验区和国家科创中心两大国家战略联动发展，努力建设上海"五个中心"的先行先试区，而且始终坚持探索促进浦东自身发展、探索浦东特色城乡一体化之路。浦东新区现代农业呈现以下四个特点：在市区两个层面地位"差异"较大，农业科技水平处于全国领先水平，新型农业经营主体得到培育，强农支农惠农力度大、机制新。存在的主要问题有：劳动力后备资源不足，农业生产成本偏高，农业科技水平表现不平衡。对此，本报告建议：浦东新区政府继续加大支持力度、积极探索本地大学支持农业发展的平台建设，进一步健全市场体系并推动农业创新创业。

关键词： 现代农业　农业经营主体　农业科技

作为中国改革开放的前沿阵地和上海现代化建设的典型代表，浦东新区不仅正全力推进上海自贸试验区和国家科创中心两大国家战略联动发展，努力建设上海"五个中心"的先行先试区，而且始终坚持探索促进浦东自身

---

* 徐美芳，经济学博士，上海社会科学院，副研究员，研究方向：金融与保险，发展经济学；刘玉博，经济学博士，上海社会科学院经济研究所，助理研究员，研究方向：人口与资源；王鹏翀，上海社科院在读硕士，攻读方向：金融学。

发展、探索浦东特色城乡一体化之路。

作为国家战略承载地、全国改革开放排头兵中的排头兵、创新发展先行者中的先行者，浦东理应率先成为上海郊区乡村今后上海经济社会发展的亮点。推动现代农业发展是改造传统农业、推动城乡一体化的重要举措。2009年，孙桥被列为国家现代农业示范区；2015年，孙桥国家现代农业示范区在全国现代农业示范区考核中名列第一。目前，浦东正加快推进整建制创建国家现代农业示范区建设。基于此，本报告拟深入分析浦东现代农业发展现状和问题，并提出若干针对性建议。

一　浦东新区现代农业发展现状评估

（一）浦东新区现代农业整体现状评估

1. 浦东新区现代农业资源是丰富的

（1）劳动力资源方面。浦东新区现有24个镇、365个村，152万农村常住人口。2016年，全区农业生产人员为10.26万人，男女比例约为48∶52。从年龄结构看，55岁及以上占比最大，为59.8%；从教育水平看，以初中及以下教育水平为主，为84.9%；从行业划分来看，从事种植业的劳动力占比高达92.6%[1]。

（2）农田资源方面。浦东新区现有基本农田30.5万亩，约占上海市的20%。其中高标准农田15万亩，家庭农场经营面积8.2万亩。浦东农业产业体系相对齐全，结构比较合理。截至2017年底，浦东新区共有13万亩粮田、5万亩经济果林、4万亩的西瓜和甜瓜生产基地、2万亩花卉和其他高效经济作物、8.3万亩常年蔬菜面积和1.4万亩水产养殖鱼塘面积。

（3）农业制度方面。浦东新区农业体制机制改革始终走在全国前列。2009年，孙桥被列为国家现代农业示范区，2015年在全国现代农业示范区

---

[1] 资料来源：《浦东统计年鉴》（2017）。

考核中名列第一。目前,正加快推进整建制创建国家现代农业示范区建设。

2. 浦东新区现代农业发展的成效是有目共睹的

2017年,浦东新区农村居民人均可支配收入为30479元,增幅为9.3%,比上海市平均水平高出约5000元,比崇明县高出约30%,农民收入增幅和绝对值位于全国和全市前列。如表1所示。另外,2016年,浦东新区居民人均可支配收入达55776元,仅次于闵行区居民人均可支配收入,位列全市第二。需要说明的是,浦东新区农村居民的人数远远超过闵行区。因为从统计口径看,目前闵行区居民也没有农村户口的居民。所以从这个角度看,浦东新区居民的平均收入略低于闵行,是完全可以理解的。

表1 上海市9个郊区居民人均可支配收入比较

序号	区	(2016年度郊区居民)绝对值(元)	(2017年度农村居民)绝对值(元)
1	闵行区	55851	—
2	宝山区	53371	—
3	嘉定区	44876	—
4	浦东新区	55776	30479
5	金山区	35602	26099
6	松江区	43517	—
7	青浦区	39614	26187
8	奉贤区	36680	25565
9	崇明区	30503	21003

资料来源:上海各区县社会经济发展报告。

从纵向看,2010~2017年,浦东新区的农村居民纯收入连续8年实现约两位数增长,近4年来,浦东新区农村居民收入的增长率快于城镇居民人均总收入增长率,保持了农村居民收入"两高"的目标(如表2所示)。从这个统计看,浦东新区现代农业发展有效地推动了农民收入的增长。

2017年,浦东新区实现农业总产值50亿元,其中,种植业、林业、牧业和渔业产值的比重分别为58%、3%、19.6%和12.8%。

表2 2002~2017年浦东新区居民收入

年份	浦东新区农村居民纯收入	增长率（%）	浦东城镇居民人均总收入	增长率（%）
2002	7517		15034	
2003	8077	7.4	16400	8.5
2004	8777	16.8	16980	12.9
2005	10445	19	20990	23.6
2006	11713	12.1	23625	12.6
2007	10914	-6.8	21442	-9.2
2008	12246	12.2	24273	13.2
2009	12397	1.2	24794	2.1
2010	13898	12.1	32309	30.3
2011	15900	14.4	36800	13.9
2012	17600	10.7	40900	11.1
2013	19488	10.7	45276	10.7
2014	21768	11.7	49713	9.8
2015	25100	15.3	53900	8.4
2016	27888	11.1	55776	3.5
2017	30479	9.3	60715	8.9

资料来源：历年《浦东年鉴》。

3. 浦东新区现代农业发展速度远低于浦东区域经济发展水平

不可否认，纵向看，近20年来，浦东新区农业增长速度远低于浦东经济发展水平。第一产业与第二、第三产业明显不同步增长，且年增长率呈逐年下降趋势，远低于浦东地区生产总值年增长率或工农业总产值年增长率。2012年以来，浦东地区生产总值保持近两位数增长的同时，第一产业连续出现负增长。从农业生产总值和工农业生产总值的角度看，也同样如此，增长率相差近10个百分点。如图1所示

另外，如表2所示，2002~2017年，浦东新区农村居民人均可支配收入仅为居民可支配收入的一半。即使考虑农村部分产品没有进入市场流通领域，农村居民收入有被低估的可能。浦东新区的农民人均可支配收入仍远低于城市居民。因此，推动浦东新区城乡一体化的任务仍然非常艰巨，需要浦东新区进一步改造传统农业，走现代农业之路。

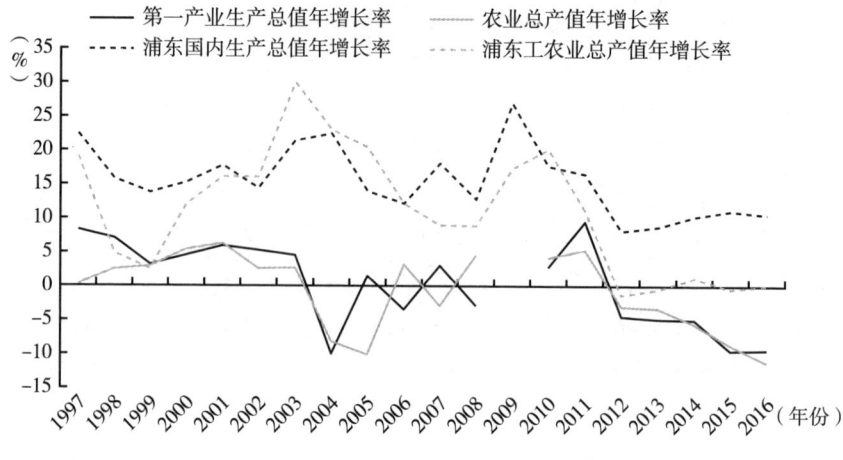

图1　近20年浦东新区（第一）产业产值年增长率趋势

说明：2009年，浦东、南汇合并，故年鉴中无此数据。
资料来源：《浦东新区统计年鉴》概况、《上海统计年鉴2017》及相应数据计算。

（二）分类地区调研分析

1. 周浦镇现代农业发展

周浦镇作为非农业镇，即城市化地区，是浦东新区城市化水平最高的村镇代表。尽管农业在全镇经济总量中占比不高，但凭借其良好的区位优势，在规划布局、农产品品牌建设等方面在全区具有领先地位。

（1）收入来源多元化

对于农民来说，尽管还保留有农民的身份，但是由于所处在区域都已经城市化了，所以不仅有来自农业领域的收入，而且还充分享受各种拆迁补偿的优惠政策。

第一，农业收入。周浦镇现有10个行政村，从事农业生产的主要集中在周浦瓦屑地区4个村（棋杆村、界浜村、瓦南村、北庄村）和沈西村。其余的5个村（姚桥村、里仁村、牛桥村、周南村、红桥村）农村土地以过渡性种植为主。就农田具体种植分布构成来看，粮食面积4398亩，常年菜田面积1167亩，果林面积2495亩，西甜瓜面积1188亩，水产养殖面积1000亩。从经营主体来看，禽散养户889户，羊散养户18户，鸽散养户1

户，持证水产养殖户 8 户，2 亩以上果树种植户 311 户，草莓种植户 6 户，西甜瓜种植户 52 户，蔬菜种植户 132 户，农资经营单位 10 户。

全镇 2017 年度农业总产值 9086 万元，增长态势平稳。这个区域的农田尽管还保留有农田的指标，但是都是作为绿化林地的配套，而且产业发展主要是以旅游农业、生态农业为主；村集体经济收入相当雄厚，还有比较多的剩余，可以用于投资理财。

第二，财产性收入。由于该地区城市化水平高，房屋出租收入成为该镇农民主要收入来源。调研显示，部分农民家庭的年房屋出租收入高达数十万。资料显示，2016 年，浦东新区农民收入结构中，房屋出租收入为最主要的财产性收入来源。

（2）经营方式组织化程度较高

截至 2018 年 7 月，全镇合作社正常经营 28 家。其中规模较大的有平棋葡萄合作社，产值 700 万，规模 495 亩；花海（界浜蔬果专业合作社）产值 860 万，规模 409 亩。家庭农场数 20 家，水稻总面积 3048.8 亩。

这些组织化经营主体，不仅提升了周浦镇现代农业生产效率，而且提升了浦东农产品品牌影响力和优势。截止到 2018 年 8 月，全镇共有无公害认证企业 9 个，认证品种主要为粮食、蔬菜和果品，认证总量 21996 吨；绿色认证企业 1 个，为上海平棋葡萄种植专业合作社种植的葡萄，认证总量 45 吨。目前有 3 个单位 5 个产品正在进行绿色认证的申报工作，将完成绿色认证 2644 吨，以 2016 年周浦镇主要农产品产量 15771 吨计算，全镇的绿色农产品比例将达到 16.8%。与此同时，周浦在全区优势不断凸显，"拳头产品"不断增多。如周浦镇平棋葡萄专业合作社、上海雪锦绿色农业发展中心、明涵果蔬专业合作社连续 10 年参加浦东新区农业博览会，平棋葡萄、明涵水生作物（藕）深受市民喜爱。2018 年平棋葡萄专业合作社的"平棋葡萄"品牌被评为"十大农产品品牌"，上海雪锦绿色农业发展中心的"水蜜桃"被评为"最受市民欢迎的浦东农产品"。

（3）都市农业功能不断拓展

都市农业功能不断拓展。例如周浦花海是休闲农业旅游项目的典型范例，整个项目一期占地面积500亩，位于迪士尼乐园西南侧的周浦镇界浜村，东距S2沪芦高速800米，西至申江路，北至周邓公路，距离迪士尼乐园仅1.5公里。周浦花海生态现已被评为AAA级景点，项目以农业、农村、农民为基础，积极开发农业农村多种功能，促进一二三产业融合发展，已基本形成了集生产种植、农科研发、生态观光、科普教育、休闲旅游等多种功能的综合性都市型现代农业项目。该项目自建设运营以来，得到了市、区领导和有关部门的肯定，为农村增美、农业增效、农民增收、市民增乐及周浦镇增光添彩发挥了作用，也得到了广大市民百姓广泛赞誉。2017年度接待客流139513人，营业收入519万元，解决老百姓就业125人。

(4) 瓶颈集中在人才、经营管理水平和政策支持

调研访谈时发现，尽管周浦镇农业发展势头良好，但在农业转型发展推进中也凸显出一些瓶颈问题亟须破解。

一是农业人力资源建设亟待加强。同全区面上情况高度一致的是，首先周浦新型农业经营主体对社会人才的吸引力不足，人才流入意愿不强，尤其是管理、技术、营销、电商等各方面的专业人才匮乏。其次农业经营主体从业者老龄化倾向明显，学历普遍较低。年轻人普遍缺乏从事农业生产的意愿与技能，素质偏低的老龄主体将难以适应现代都市农业的发展要求。再次外来农民成为雇工群体或下游产业群体，影响新型农业经营主体稳定发展，缺乏长远发展后劲。

二是农业规模化经营难以突破。目前全镇土地流转率约为70%，由于农村土地确权确地的现状，容易流转的土地基本已全部流转，未流转的土地难以进一步推进流转，导致结果是经营主体的规模难以进一步扩大，尤其是一些经营状况较好的合作社苦于规模限制，无法进一步扩大营收和更新生产。与此同时，对于那些没有流转出来的土地，由于分布零碎，规模微小，家庭式生产，导致农产品安全监管难度加大。

三是政府管理体制机制亟须优化。调研时发现区相关职能部门的协调机制不畅通，导致农业的相关优惠政策实际效应有所消减和弱化。如相关农业建设项目审批时相关职能部门要求的不一致，影响项目顺利推进和建设。同时，访

谈时不少合作社和家庭农场主提出相关职能部门对项目扶持的聚焦和力度不够。

四是相关政策有待调整。调研中访谈对象反映高度集中的问题聚焦在当前农业生产用地的政策上，由于土地属性和大规划的原因，农业生产用地缺乏灵活性和区域差别定位，使得很多农业项目都面临亏损，一些优质的农业项目难以维持与经营，结果使得农业难以发挥本身的造血功能。

2. 大团镇现代农业发展

作为纯农业区代表，大团镇镇区设6个居民委员会，下设16个行政村、166个村民小组。大团镇土地肥沃，海洋性气候明显，多熟、优质、高产的农作物较多；大团镇地处浦东远郊，工业化程度相对较低；但大团镇是文化古镇，古宅园、古桥、民间文艺形式多样，是浦东典型的农业为主的发展区域。现代农业特征如下。

（1）收入来源具有明显的二元经济结构

浦东新区的纯农业区主要集中在原来的南汇地区，距离中心城市相对较远。罗尔斯二元经济理论指导下，农村劳动力转移到城市是提高农民收入的主要途径。调研显示，该镇普通农户家庭的主要收入来源一是农民外出务工。当然，由于城市化水平有限，农田保护结果相对较好。从而使该镇农业种植面积较大，不仅有谷物种植，还有果树、蔬菜等经济作物。如表3所示，截止到2018年8月，大团镇拥有谷物种植面积13044亩，约占浦东新区的10%。从事种植业和养殖业的劳动力分别为1970人和40人，人均单产分别达25万元/人和41.85万元/人。

表3 大团镇农业基本情况

项目	劳动力（人）	单产（万元/人）	分类	面积（亩）	产值（万元）
种植业	1970	25	谷物	13044	2356
			果树（桃子和葡萄）	10420	11259
			西甜瓜	3661	5211
			蔬菜	3317	30775
养殖业	40	41.85	鱼类	500	750
			虾类	220	924

资料来源：调研所得。

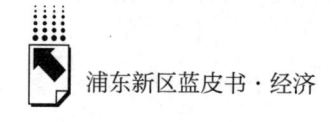

（2）经营管理水平相对较高

大团镇积极发展合作社。截至2018年8月，大团镇合作社数量约190家。其中，1家有机认证企业，4家绿色认证合作社，以及40家无公害认证合作社。但带头人年龄普遍偏大，以男性居多，多为初中水平，二代多数不参与农业劳作。农民合作社的产值占比约为15%，产业种类以水稻、瓜果为主。

大团镇目前已经建成了3个千亩现代农业示范基地，加上正在建设的王厅桃海、邵金现代农业生态园等，正初步形成以有机种植、桃产业、高标准粮田等为主体，融休闲观光农业为一体的规模型农业基地；另有申凤、多利等一批农副产品品牌，集聚了一大批现代农业创客。

（3）主要问题是劳动力缺乏和销售渠道不畅通

调研显示，作为纯农业区，大团镇现代农业生产面临的挑战并不少。突出表现为以下两点。

一是缺少劳动力和合作社继承人。90年代后期，离土不离乡，一部分年轻人留在本地，但是随着2002年工业向园区集中，年轻人留不住。劳动力老化，从事农业的大多为50岁以上、甚至70岁以上的老人，后继无人，令人担忧。与此同时，因合作社二代多数不参与农业劳作，合作社带头人年龄逐年增加等因素，合作社发展潜力受到制约。大多数合作社带头人以维持现状为目标。

二是市场流通渠道不畅通。大团镇的农业品牌数量不少，但农产品产业优势囿于销售渠道缺失而没有很好地发挥，不仅外地消费者鲜有知道大团桃子、葡萄，上海本地消费者也多仅闻其名。调研发现，除了果蔬保鲜期较短外，缺乏深度加工也是一个重要原因。

另外，政策设计缺乏细则和针对性，农业废弃物需要进一步解决。如农机补贴政策在执行中因为采购模式单一固定化，无法真正惠及农户；农业保险不能真正为农户解忧，几近于无；地膜、薄膜、果树枝条等的处理问题。

3.浦东农发集团的发展现状

浦东农发集团成立于2013年4月，定位于专业化、市场化的"三农"

服务综合平台，目标是提升新区"三农"服务能级和推动现代农业产业发展，承担浦东"三农"的集成服务、现代农业的投资运营和新区农业专项资金"拨改投"的市场化投资管理等功能。

经过5年的发展，农发集团探索出了一条"以农为业、以土为本、依托科技、转型发展"的发展之路。调研显示，农发集团通过发展农业技术和科技创新服务业及农业流通服务业、农业种源产业实现"三农"的集成服务。如孙桥现代农业科技创新中心，着力吸引了一批国内外一流的农业产业团队和农业总部，成为中国农业和世界农业对接的桥梁和纽带，国内外高新农业技术实现产业化的创新孵化服务平台。又如，农发集团下的上海农业科技种子有限公司，占有全国40%的市场份额；上海孙桥现代温室种子种苗有限公司，目前拥有2.5公顷法国育苗温室，育苗基地近200亩，在业内具有较高的声誉。截至2018年5月，浦发集团累计完成十多个省份20多个现代农业园区的规划，在农业组培、工厂化育苗、设施栽培蔬菜等10多个专项技术领域，累计面向全国培训农业技术人员3万人次以上。

调研发现，农发集团的投资经营有了较高的回报。截止到2018年6月，集团资产总额约31.2亿元、负债约4.8亿元，净资产约26.4亿元，托管供销社总资产9.8亿元，净资产约4亿元。集团下属各类子公司26家，总投资规模16.8亿元。集团公司拟注入的国有农用地约为2.99万亩。包括滨海区域25400亩、南汇区域1032亩，其他零星分布地块约3000亩。另外浦东农发集团已基本形成农业服务区域开发业和现代绿色种养业两大主业板块。以滨海实业发展有限公司为例，原为新区国资委直属企业，注册资本4亿元，总资产约4.1亿元，负责滨海旅游度假区的开发建设。

另外，浦东农发集团积极响应科创中心和自贸区建设两大国家战略。一方面，依托上海孙桥现代农业科创中心，致力于集聚世界最前沿的农业科技资源，实现成果高效示范和快速辐射，加快农业生产的结构调整和发展方式转变，助推农业现代化，另一方面，农发集团加大与光大实业、新希望等集团合作，利用产业银行、供应链金融、保险对冲等新兴金融手段，吸引更多的产业资本和社会资金投入农业，做强做优农业产业。

二 浦东新区现代农业发展特点和主要问题分析

（一）浦东新区现代农业的主要特点

1. 在市区两个层面地位"差异"较大

在浦东新区层面，农业产值微不足道，在浦东新区总产值中的占比仍在继续下降。如图2所示，近20年来，浦东新区第一产业的占比一直低于1%，近年来更是接近0.3%左右。如2016年，浦东第一产业生产总值占三产总体产值的比重仅为0.28%。从农业产值占工农业总产值的比重看，同样如此。如2016年，浦东新区农业生产总值占浦东工农业总产值的比重仅为0.56%，几乎可以忽略不计。

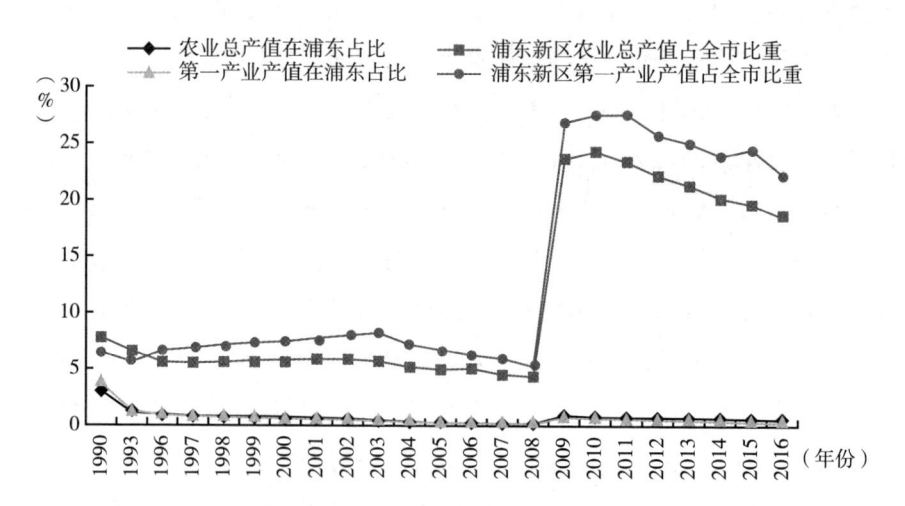

图2 近20年浦东新区第一产业及农业总产值占比及在全市的占比趋势

资料来源：《浦东新区统计年鉴》概况、《上海统计年鉴2017》及相应数据计算。

在上海市层面，浦东新区的农业生产总值占全上海农业生产总值的比重明显要高于前述统计指标，尤其是2008年浦东与南汇合并后，浦东新区的农业在全市的地位更加重要。如2008年以前，浦东新区农业生产占比在全市的占比通常在5%~6%左右，2009年浦东新区农业生产在全市的占比超过20%。2016年，浦东新区第一产业产值和农业生产总值占全市的比重分别达22%和18.5%。如图2所示。可见，浦东农业的地位在区级和市级两级层面存在较大差异。

2. 农业科技处于全国领先水平

主要表现在以下三个方面：第一，科技人员落实到位。2016年，全年在水稻、西甜瓜、蔬菜、桃、水产、信息6个专业条线上聘请专家11人，对应配备12名区级专家助理，落实技术指导员76人，每万名劳动力拥有农技人员数量达9人[①]。

第二，"三品"战略为导向。浦东新区的现代都市农业以"三高"（高端、高科技、高附加值）农业为发展定位，以"三品"（品牌、品质、品种）战略为导向，形成了"5+6+1"的载体布局，目前浦东新区全区已经形成了8424西瓜、南汇水蜜桃、南汇翠冠梨等在区内外有较高知名度和市场竞争力的特色农产品品牌，曹路镇创建成为国家级农业标准化示范镇。种源农业、循环农业、设施农业、工厂化农业在示范基地得到集聚，并形成示范效应，推动传统农业向现代农业转型发展。

第三，以孙桥现代农业科创中心为平台。2017年9月，以孙桥现代农业科创中心为代表，致力于打造成为都市现代农业的标杆、现代农业示范区的引擎、服务全国农业的典范、"一带一路"的纽带、国际农业交流合作的平台。孙桥现代农业科创中心目前是上海三个现代农业科创中心之一。中国农科院与新区签订《上海浦东孙桥现代农业科技创新中心战略合作框架协议》。2016年，浦东国家现代农业示范区建设综合得分达93分以上，24项指标中有16项达到全面实现农业现代化水平，新增的亩均化肥使用减量、亩均农药使用减量、不规范畜禽养殖场整治、田间窝棚整治等10项指标全部达到设定的目标值[②]。

① 《浦东统计年鉴（2017）》。

② 调研所得。

第四，以科技化、信息化、标准化为抓手。新区推进农用地资源管理系统、涉农补贴资金监管平台、农村集体"三资"监管平台、农委资金行政审批系统、农民增收管理系统、iPudong free 农村地区网络及农委 OA 系统等行政管理项目建设，实现各级农业行政管理高效透明。创新"农民一点通"载体形式，搭建"浦东惠农通"微信公众号平台，通过手机号的实名绑定，实现村民对本村新闻资讯的了解、本人涉农补贴的查询、本村"三资"情况的查询、就业平台信息的共享等。例如。浦东新区共发布区级信息 1900余条，各村累计发布本村信息 56 万条，热点信息维护 4.6 万条，点击率达到 185.4 万次。精准"惠农通"短信专业服务，全年共发送农业科技服务信息 580 批次，共计 70 万条。更为重要的是，浦东新区以多种灵活方式、多种渠道，开展农产品网上营销，进一步推动了浦东农产品电子商务建设。桃咏合作社，全年销售瓜果预售券 6 万余张，直接节约成本 12 万余元[①]。

3. 新型农业经营主体加快培育

浦东新区以构建新型经营体系为重点，着力培育集约化、专业化、现代化的农业经营主体。截至 2016 年底，19 家农业企业获评市级农业产业化龙头企业，3 家企业续评国家级农业产业化龙头企业，5 家农业企业在新三板上市。18 家农民合作社被评为市级示范合作社，1 家农民合作社新增为国家级示范社（总数 17 家）。截止到 2017 年底，经济型、粮食种植型、粮经型家庭农场 536 家，全区 50% 的粮田实现了由家庭农场经营。目前，浦东新区共有 889 家农民合作社，约占全市的 28%。这些农民合作社，带动约 1.49 万劳动力就业，覆盖了全区 40%~45% 农业生产区域，初步形成"涉农企业+农民合作社+家庭农场（农户）"、"镇农投公司+家庭农场"、"农民合作社+家庭农场（农户）"等新型农业经营主体联合发展模式[②]。

4. 强农支农惠农力度大机制新

从全国层面看，浦东新区强农支农力度较大。

---

① 《浦东统计年鉴（2017）》。

② 调研所得。

公开资料显示，浦东新区强农支农项目种类多、资金规模大，体现了国际性大都市在工业化、城市化达到一定程度后对农业、农村的有力反哺。如表4所示，2017年浦东新区科技转化与推广服务、农业生产支持补贴、产业化经营科目、农业保险保费的补贴分别达648万元、38292.22万元、463万元和6437万元，远远超过国内其他省市的相关补贴力度。

表4 2017年部分农业补贴项目比较（浦东新区与苏州市）

项目	浦东新区	苏州市
科技转化与推广服务(万元)	648	813
农业生产支持补贴(万元)	38292.22	0.49
产业化经营科目(万元)	463	1
农业保险保费(万元)	6437	222(病虫害)
基本农田(万亩)	30	254

资料来源：《上海市浦东新区农业委员会（本部）2017年度单位决算》和2017年度苏州市农业委员会部门决算公开。

研究发现，浦东新区实施强农支农力度大的另一个表现是补贴项目种类较多。如表5所示，仅公开资料就显示，2017年，浦东新区分别实施了农业标准化、农产品认证和品牌建设、农产品营销体系及品牌建设、国内捕捞渔船油价补助等项目，补贴总额达3040万元。

表5 2017年浦东新区部分强农支农项目

项目名称		均补贴约(万元)	合计(万元)
国内捕捞渔船油价补助项目		5	227.6075
农产品营销体系及品牌建设补贴项目	营销补贴	96	1734
	参展补贴	12	221
农业标准化项目		5	55
农产品认证和品牌建设项目		18.9	793.9625
粮食作物补贴项目		0.6	9.3
合 计			3040

资料来源：根据浦东农网公开资料整理。

从上海层面看,浦东新区强农支农机制较新。浦东新区不断创新强农支农机制,在全市范围内起到表率作用。表现一,2016年,浦东新区在全市率先对农业财政补贴实施市、区级支农资金整合,并以项目配套形式吸引社会资本参与农业投资。如表5所示,2017年起,浦东新区农业生产补贴以各类项目为载体,整合了市、区级财政补贴资金;表现二,补贴机制多样化。如表6所示,(1)按比例补贴。如,《浦东新区现代农业发展专项项目和资金管理办法(征求意见稿)》规定,"财政扶持资金不超过项目总投资的45%";(2)按项目直接补贴。如农业机械购置补贴,按购置的设备类型补贴30万、100万不等;农业标准化、特色农产品项目,按立项或评估级别补贴;(3)与银行、保险合作,通过普惠金融方式补贴。如贷款财政贴息方案、农业保险保费补贴。总之,浦东新区在全市范围内率先形成了"财政资金引导、社会多元参与、经营主体负责"的农业领域投资模式,并通过与银行、保险等机构合作,充分发挥金融对"三农"支持作用。

表6 浦东新区多种农业补贴机制

项目	出台时间	补贴对象和方式
浦东新区现代农业发展专项项目和资金管理办法(征求意见稿)	2018年9月	目标:主要用于推进农业规模化经营、标准化生产、品牌化营销体系建设及拓展农业综合功能,提升农业社会化服务水平等项目支出。 方式:财政扶持资金不超过项目总投资的45%,补贴总额不超过300万元。
浦东新区农业生态与安全补贴政策实施细则	2017年1月1日起施行,有效期4年	农业生产资源保护补贴、农业生态环境改善补贴、资源循环利用补贴
上海市农民专业合作社和家庭农场贷款财政贴息	2007年起实施,2018年8月汇总	对象:各合作社、家庭农场 方式:中国人民银行发布的金融机构同期同档次贷款基准利率的60%,贴费比例为上述贴息周期中贷款担保费率(即担保额的0.5%)的80%。
《上海市2015~2017年度农业机械购置补贴实施方案》	2015~2017年	对象:农民和农业生产经营组织。对拖拉机、联合收割机、粮食烘干机、保鲜冷藏库、购买或重置 方式:个人不超过30万元,农业生产经营组织不超过100万元

续表

项目	出台时间	补贴对象和方式
浦东新区农产品营销体系及品牌建设补贴实施细则	2016年至2020年12月31日止	对象:农业企业、区级达标以上合作社和家庭农场 方式:营销补贴累计每年不超过30万元,会展补贴累计不超过20万元
2017年农产品认证和品牌建设补贴	2017年	无公害农产品认证补贴:单个获证主体奖补上限3万元、绿色食品认证补贴:单个获证主体奖补不超过20万元
2017年浦东新区农业标准化项目补贴	2017年	立项后每年补贴5万,补贴3年
2017年浦东新区特色农产品品牌整合补贴	2017年	被评为A级、B级、C级和D级的成员单位,每箱补贴分别为15元、13.1元、12元和10元

资料来源:作者根据公开资料整理。

(二)浦东新区现代农业发展存在的主要问题

1.劳动力后备资源不足

第一,从业人员总量规模下降。调研发现,本地年轻人普遍缺乏从事农业生产的意愿与技能,新生代农业人口萎缩。同时,还出现外来农民工数量下降趋势,家庭农场、合作社等经营主体均反映面临招工难问题。从业人员总量规模下降,严重影响新型农业经营主体稳定发展。

第二,农业从业人员年龄结构不合理。如前所述,农业经营主体从业者老龄化倾向明显,浦东新区家庭农场经营者50~59岁占比达42.3%,为最多。39岁及以下的青壮年仅占16.7%,60岁及以上占13.3%。农业从业人员老龄化趋势,不仅导致劳动生产率下降,也难适应现代农业的发展要求。

第三,缺乏高端人才。现代农业发展,不仅需要体力也需要脑力,需要高端人才。调研发现,浦东农业人才流入意愿相对不强,引入人才流失较多,尤其是管理、技术、营销、电商等各方面的高端专业人才。如前所述,浦东多数农场主因年龄偏大,教育水平不高。农业经营主体的研发水平不高，技术革新难以有实质性突破，同质化竞争严重，缺乏长远发展后劲。

2. 农业生产成本较高

第一，浦东农业用工成本上升。在劳动力成本刚性上涨、通货膨胀等因素的影响下，农用生产资料的价格也在持续上涨，使农业的比较效益更加弱化。2018年4月，上海再次提高最低工资标准为2300元/月，小时最低工资标准为20元，这必然会带动农业用工劳动力成本的上升，使工业制造农业生产资料的产品价格进一步提升。

第二，浦东用地成本极高。一是流转费用偏高。新型农业经营主体的一个重要条件是土地得以顺利流转，且费用合理。调研发现，浦东新区土地流转不仅存在机制上不完善地方，例如确权确地制度不统一，而且流转费用偏高。以浦东大团镇为例，调研显示，目前该镇果树的流转费用高达8000元/棵。二是土地老化现象严重，修复成本较高。目前，浦东新区的部分地区遇到"树老、地老"集中爆发的现象，土地老化需要修复，但土地、果树等生产资料的修复成本是较高的。两者叠加导致浦东当前的用地成本极高。

第三，经营管理不够细致，难以通过管理出效益。理论上，提升农业耕作机械化、种植专业化、生产规模化、农技服务社会化水平是应对农业用地减少、农业用工用地成本提高的根本举措。但目前浦东农业生产方式相对于其他产业而言，仍处于相对落后的水平。一是相对分散经营的生产模式，与当前集约化生产的发展方向尚有距离。二是合作社成员规模相对较小，甚至低于全市平均水平。2016年，浦东新区农民合作社成员规模平均约17人/个，上海市农民合作社的平均规模为20人/个（按64421人/3202个计算）。三是政府及各种经济组织和服务功能还没有充分发挥、中介服务不够发达、社会化服务成本较高，影响了产业的合理布局。

3. 农业科技发展不平衡

一方面，浦东现代农业科技水平较高，不仅走在全市前列，而且还走在全国前列。宏观层面，2015年，孙桥现代农业示范区在全国现代农业示范区考核中名列第一，2016年上海浦东孙桥现代农业科技创新中心正式成立，浦东于2010~2015年在全市率先完成基本农田区域内村庄基础设施建设。微观层面，浦东新区拥有科技水平极高的现代农业企业，如始创于1987年的上海祥欣畜禽有限公司是国内领先的具有全球影响力的专业化种猪育种公司，是首批国家生猪核心育种场、首批国家动物疫病净化场、全国两家国家级种公猪站之一，拥有国际上最大的猪冷冻精液产业化生产基地、最大的美系杜洛克种猪育种基地，每年全国10%的上市猪含有祥欣基因。2017年6月世界观赏园艺产业重头企业保尔卓美园艺（上海）有限公司落户浦东，其现代化种苗生产温室在国内居于同业领先地位，并实现生产的高度自动化——涵盖播种、补苗、灌溉与施肥等生产的全流程。桃咏桃业专业合作社、红刚青扁豆生产专业合作社等现代农业专业合作社也成为高科技、强品牌的代表。

另一方面，浦东传统农业仍大量存在，它们使用传统种子、传统经营模式、传统生产模式。调研显示，孙桥现代农业科创中心的技术并不能很好地惠及浦东农业、农民。究其原因，一方面浦东耕地面积较少，不能为种源提供足够的规模农田，导致投入与产出不成比例；另一方面，浦东当地农民年龄普遍较大，接受新事物能力和意愿较低。

三 政策建议

立足优势抓好乡村振兴，强化规划引领、彰显品牌特色、优化人居环境、突出富民为本，用改革的办法推动乡村振兴战略落地落实，努力开创浦东新区"三农"工作的新局面。

1. 积极推动浦东农业高质量发展

实现农业高质量是推动现代农业发展的必由之路。浦东新区现代农业要实现进一步发展，必须走高质量发展之路。除了人才、技术和管理之外，农业高质量发展需要顶层设计。一方面，明确农业在浦东新区经济社会发展中的地位和意义，使现代农业特别是现代都市农业成为浦东经济实现"五个中心"核心功能区及自贸试验区和国家级科创中心两大战略的组成部分；另一方面，明确浦东农业在上海市、全国的地位和意义，进一步提升浦东农业科技水平及在全国的影响力。

2. 继续加大政府支持力度，创造良好外部环境

各个国家的都市农业发展都离不开政府的大力扶持。如日本各级政府对都市农业给予保护政策，对从业的市民不仅给予补贴，还在资金、技术上给予大力扶持，为都市农业的快速发展创造一个良好的外部环境。德国政府有完善的保险制度，医疗、退休、工伤等保险覆盖到每个农民，从而德国农民可以老有所养，无后顾之忧。对农业专业学生有很多优惠政策，比如得到低息政府贷款买地或租地来建立自己的农场和农业企业，在创办农场的第一年，可以得到政府的资金补贴和随后几年的减免税收待遇等。建议浦东新区政府继续加大对农业发展的支持力度，不仅是财政直接支持，而且要带动更多的社会资本投向农村。

3. 积极探索本地大学生支持农业发展的平台建设，切实提高农业科技水平

德国、日本、荷兰的主要优势是依托高科技、高产值发展。比如荷兰对科技发展极为重视，农业科研是全国教育和研究中的重要领域，经费占到国家总预算的1/5，远远超过其他部门。建议浦东新区加快推进农业科研、推广和教育"三位一体"，有效整合了资源，为农业科技发展提供了便利。其中，积极争取本地大学生通过信息、资金、技术等渠道支持家乡农业发展，为他们搭建和提供服务家乡现代农业发展的平台。

4. 进一步推动农业创新创业，实现农业复合功能

日本、荷兰、德国的创新方式很多，在多种创意形式上，实现了农业的复合功能。如在产品生产、加工、销售的各环节加大科技创新力度，创意农产品包装，吸引游客，增加消费量。建议浦东新区以文化为产品内涵推动农业、农产品品牌建设，不断融入时代精神，反映时代面貌，让消费者在旅游观光的同时了解产品文化，感受乡村文化。经营模式上因地制宜建立特色主题农场、休闲观光园、自耕自种农场、健康养生园模式，拉近人与人之间的距离，改变沟通方式，等等。

参考文献

西奥多·W. 舒尔茨:《改造传统农业》,商务印书馆,2006。
浦东新区政府网站。
农发集团网站。
《浦东年鉴(2003~2017)》。

B.7
浦东人才高原高峰的理论与实证分析

熊玉清　徐全勇*

摘　要： 全球金融危机以来，新一轮科技革命深入发展，全球人才呈现新的流动加快、流动方式多样化、虚拟化的特点，全球城市人才向发展中国家城市流动已经成为一个重要的趋势，中国成为全球人才的一个重要目的地，这是浦东建设全球人才高原高峰的重要背景。全球各大都市都非常重视全球人才中心、人才枢纽的建设，其中纽约市已成功实现从全球的资本中心向全球人才创新中心的转变。浦东人才高原高峰建设是立足人才的全球视野，打造成为全球有一定影响力的人才集聚与扩散中心、国际人才创新创业的重要目的地、国际人才交流重要中心，建设全球人才网络体系的重要节点，成为上海与长江三角洲人才网络体系的制高点。浦东人才建设成就显著，但是距离全球人才高原高峰还有一定的差距，浦东人才的国际化程度与集聚力还不够，创新引领作用不显著、人才政策有细碎化趋势，人才的国际视野逐步形成，但是落实手段方法不够系统全面、与国际接轨人才体制机制还有差距，人才的治理体系尚不完善等等，最后本文对浦东国际人才高原高峰建设提出了系统的建议。

关键词： 人才　高原　高峰　上海浦东

---

* 熊玉清，中共浦东新区区委党校副教授，主要研究方向为经济学、社会学；徐全勇，经济学博士，中共浦东新区区委党校教学处副处长、副教授，研究方向为开放经济。

一 浦东人才高原高峰的国际背景分析

1. 国际人才流动与集聚呈现新态势

二战以后,全球人才流动的最显著特点是发展中国家人才源源不断流向发达国家和地区,特别是向发达国家的大城市集聚,被称为人才的"逆向流动",从而加剧了全球经济社会的不均衡性。但是,自从20世纪90年代以来,特别是2008年全球金融危机以来,传统的资本主义国家经济一蹶不振,而发展中国家经济却保持了较快的发展,与此同时,新一轮技术革命稳步拓展,全球人才流动空间态势发生了显著的变化——越来越多的高水平人才选择有职业发展前途的地区作为终身发展的地方,其中选择回到母国或其他国家寻求更好的职业是人才流动的一个重要趋势。例如,爱尔兰已经从一个传统的人才输出国转变为典型的侨民人才回归国。波兰随着国家经济政治的稳定,生活水平的改善以及国内研发活动的增加,高素质劳动力外流数量逐渐减少,回国创业的人才则在增多。人才流动由从发展中国家流向发达国家的传统模式,转向双向或多向的复杂流动模式。

人才流动的这种新模式的主要特点体现为:首先,全球人才持续流向发达国家的大势仍然没有改变,城市特别是全球城市仍然是承接全球人才流动的主要载体,因此全球人才"南北"和"南南"流向仍将持续。其次,全球城市人才向发展中国家城市流动,特别是向发展中国家的大势集聚的潮流越来越大,成为全球高端人才流动的一个重要现象。

2. 经济发展格局与态势的调整成为人才流动的根本原因

世界经济的重心正不断东移已经持续多年,随着中国及东亚其他国家经济持续稳定发展,亚太地区的崛起已经成为不可逆转的趋势,预计到2050年全球经济重心将在印度和中国等东亚国家。根据《亚洲2050:实现亚洲世纪》的预测,到2050年亚洲占全球GDP的比例将有望从现在的27%扩大到52%。其中,中国所占比例为20%,印度能达到16%,超过美国

（12%）。其他研究机构的预测结果也大体相同，其大致的结论是新兴市场国家的地位快速崛起，并将超越发达国家的经济总量，例如，预计到2035年，"金砖4国+金钻11国"GDP总量将超越七大工业发达国家。在所有影响人才流动的诸多因素中，经济因素无疑是最根本的因素，因此经济发展格局与态势的调整是全球高端人才流动的根本原因。

3. 新一轮技术革命带来人才流动速度加快与流动多样化

当前，全球正处在新科技持续深入发展的过程中，新技术、新模式将不断涌现，其中基于互联网技术的深入发展，人工智能技术的叠加，不但为人才创新创业提供了更多的机遇，而且对人才流动的方式也产生了深刻的影响。一是人才的含义在改变，一方面人才的知识含量在增加，另一方面生产价值链每一个环节对人才技能的需求更加特殊，各种特殊人才将涌现。二是人才的流动方式发生了变化，流动更加便捷、复杂。全球信息技术的发展，虚拟空间不仅为人才流动提供了通道与手段，人才流动速度加快，并且价值链重组优化频率加快，人才之间的合作与移动方式多样化。三是影响人才流动的因素将发生变化。随着新技术革命的深入发展，传统影响人才流动因素的地区差异在趋同，对人才流动的影响下降。而原来对人才流动作用不显著的因素，在新的条件下其作用可能凸显出来，例如，围绕某项技术的公共平台建设以及相关的软硬件整体建设，将带来该领域全球高端人才的集聚；基于单个领域创新文化积淀深厚的地区可能成为该领域人才集聚的高地等等。总之，新一轮技术与前期技术革命有着新的特点，技术发展呈现出全面性、多样性、融合性，并且科学、技术和产业三大革命的交叉融合，它一方面使传统的技术和人才强国可以获得强者更强的机遇，另一方面使发展中国家可以利用后发优势，直接越过技术发展的某些阶段，或者抓住弯道超车的机遇，从而成为新兴的技术与人才强国。

4. 中国与上海已经成为人才流动的现实目的地

理论上，大多数学者认为，当一国的人均GDP达到4000美元以上，产业技术资本密集达60%以上，第三产业贡献率达64%以上，人才将出现大幅度回流。中国与上海已经成为人才流动的现实目的地，究其原因，第一是在中国有较好的职业发展前景，随着我国政治稳定，经济持续稳定发展，特别是实施创新驱动发展战略以来，人才在我国创新创业的机遇突增，对人才的吸引力显著增强。其次，经济发展带来的人才从业收入持续稳定增加，改变了中国与发达国家人才收入差距大的现象，对全球人才的吸引力显著增强。根据2015年硅谷的《中国正在吸引来自硅谷的高管》报告，中国科技企业高管薪酬与硅谷高管的薪酬差距越来越小，例如，中国初级工程师税前年薪大约为5万美元左右，而硅谷则为9.5万美元左右，总监以上的管理层年薪都在20万美元左右。我国逐渐成为国际科技人才的向往之地，国际科技人才集聚的态势逐年在加强。在这个大背景下，作为正在建设全球科技创新中心的上海已表现出独特的对全球人才的吸引力，在"外籍人才眼中最具吸引力的十大城市"评选中，上海连续8年排名第一。因此顺应大势，建设浦东全球人才高原高峰是人才发展的战略选择。

二 国际大都市人才中心的基本特点分析

1. 创新创业高效性与全球引领性

由于国际大都市具有发达的经济基础、强大的基础设施、高度集聚的教育与科研机构等等，高端人才充分利用这些条件开展创新创业，创新创业的成效较高，因此国际大都市人才中心成为全球新技术、新产品、新模式、新理念的发源地，成为创新的中心地。当代全球创新中心对全球的控制力、影响力已经超越传统大都市对以货物商品、资本为对象的国际贸易中心、国际金融中心阶段，而是建立在以知识、技术、高端人才、关键人才为对象的全球控制中心，从而占据全球价值链、创新链的核心环节与关键部位，成为全球经济技术发展的主导者。

2. 全球人才的高度集聚性

人才中心对人才的吸引力最根本的原因在于其拥有较高的创新绩效，另外大都市地区拥有良好的基础设施与教育，丰富的文化生活条件，优越的人文生态环境等等。由于创新与人才两者都具有集聚效应和溢出效应，两者的叠加,使得人才中心具有一定自我强化作用与自生作用,加强了人才中心集聚作用。因此一旦一个城市人才集聚到一定人才门槛数量,人才的集聚作用将发挥自我强化作用,进一步加快人才中心地位的提升,向全球人才中心发展。

3. 面向全球人才的开放性与集散性

全球人才中心、创新中心的存在与发展不是孤立的,是以服务和带动一定的区域经济技术的发展而存在,区域经济、产业与技术的发展推动了创新中心的发展,人才中心与服务区域之间在开放的、动态的相互作用中形成良性互动发展。人才中心与创新中心的规模越大、等级越高,其服务与影响的区域范围越大,当代全球技术发展呈现多样化、渗透化,技术与人才的流动加快,全球创新中心与人才中心的影响范围不断扩大,影响力不断增强。因此全球人才中心的人才政策具有高度开放性,一方面加大人才政策松绑,加大人才流动与集聚,另一方面对人才的扩散采取容忍的态度。

4. 全球人才中心的节点性与网络性

人才中心是人才集聚的一个个节点,这些节点既有规模较小的专业性人才中心,例如许多以专业性产业集群存在,在全国乃至全球有一定的影响力,集聚了大量的某一领域的专业性人才。也有规模较大的综合性人才中心,例如纽约、伦敦等。这些不同等级、不同规模的人才中心通过贸易联系、资本联系、产业链条关系、技术链条关系以及人才网络关系,相互联系相互作用,形成了全球人才中心的等级规模体系与人才网络结构。浦东建设全球性人才高原高峰就是要嵌入全球人才网络关系,实现人才中心的规模扩大与等级跃迁。

三 浦东建设国际人才高原高峰的必要性分析

1. 浦东继续担当国家改革开放的排头兵的需要

浦东开发开放的初始定位就是我国改革开放的先行区与试验区,1992

年党的十四大明确提出,要"以上海浦东开发开放为龙头,进一步开放长江沿岸城市,尽快把上海建成国际经济、金融、贸易中心之一,带动长江三角洲和整个长江流域地区经济的新飞跃"。2013年中国(上海)自由贸易试验区的设立是我国持续深入推进开放战略的重大举措,浦东继续担当了我国改革开放先行者的角色。十九大报告提出"创新是引领发展的第一动力,是建设现代化经济体系的战略支撑"。习近平总书记在两院院士大会上进一步强调"创新驱动实质是人才驱动,强调人才是创新的第一资源,不断改善人才发展环境、激发人才创造活力,大力培养造就一大批具有全球视野和国际水平的战略科技人才、科技领军人才、青年科技人才和高水平创新团队"。在迈向世界科技强国的过程中,浦东科技基础雄厚,人才高地初步形成,身处对外开放前沿,浦东必须进一步深化人才体制机制的创新,打造人才高原高峰,带动人才强国的发展。

2. 推进"五个中心"核心功能区建设的需要

浦东金融、贸易、航运、科技中心核心功能区的建设都是立足于国内坚实的经济基础,着眼于全球经济视野,为推动我国成为金融强国、贸易强国、航运强国、科技强国等发挥领头羊的作用,为我国在全球的激烈竞争中谋求一席之地。因此浦东成为"五个中心"核心功能区,需要在金融、贸易、航运、科技等各个方面全面推进硬实力、软实力建设,提升相关产业的国际竞争力,与此同时,要发挥"五个中心"相互之间的融合促进作用。但是,无论是"硬实力、软实力,归根到底要靠人才实力",因此,浦东金融、贸易、航运、科技中心要具备国际实力与全球影响力,必须大力推进全球的金融人才、贸易人才、航运人才、科技人才的高原高峰建设,并且要发挥"五个中心"核心功能区人才之间的正溢出作用,形成重点产业人才之间相互促进、相互作用的局面,成为全球金融、贸易、航运、科技人才网络的重要节点或者人才中心。

3. 提升上海全球城市国际竞争力的需要

上海在20世纪90年代提出"四个中心"的建设,经过多年的建设,上海"五个中心"的核心功能逐渐增强,城市能级也大幅提升,例如上海港口吞吐量、进出口总量在全球城市中具有突出地位。在上海进一步提升城市国际竞争力的过程中，必须进一步集聚和配置全球高端资源要素的能力，成为全球资金、信息、人才、货物、科技等要素流动的重要枢纽节点；必须发展上海城市全球网络连接度，成为全球高端要素与机构网络体系中的重要枢纽。要实现这个目标，既可以通过现有机构的数量与规模扩张联系范围，增加连接点，从而促进全球网络平台来实现，也可以外部机构的引入，增强与全球网络的嵌入度，提升网络节点的全球地位来实现。在这些要素节点与网络体系中，人才是各类高端要素与全球网络的重要载体与渗入因素。在上海具有全球影响力的科技创新中心建设中，要建设具有全球影响力、辐射力的区域创新系统，包括顶级的创新企业、创新资金、产业基础、创新服务、创新文化等等，这些要素都与人才黏合在一起，有的是由人才要素主导的，因此建设人才的高原高峰与上海城市国际竞争力提升是相互渗透相互促进的。

4. 推进浦东"四高"战略的实现路径

浦东新区区委、区政府提出浦东新区今后发展的"四高"战略——高水平改革开放、高质量发展、高品质生活、高素质队伍，是落实中央和市委要求的重要举措，是浦东当前和今后一个时期发展的战略方向。浦东新区的"四高"战略是要以改革作为制度支撑，以质量作为核心要义，以群众获得感作为终极追求，以干部队伍作为根本保障，全面增强浦东未来发展的吸引力、创造力和竞争力。

浦东"四高"战略要实现高水平的对外开放与高质量的发展，必须要集聚高层次、高素质人才来实现，特别是知识经济的发展，依附于高水平人才身上的缄默知识是不可转移的、难以模仿的，高质量发展和高水平的对外开放必须集聚一批国际高端人才。高品质的生活更加增强了浦东的人才吸引力，高素质的干部队伍本身就是高层次人才中的一类人才，同时高素质的干部队伍能够促进浦东率先打造"治理能力先行区"，提高浦东人才治理体系的能力，进一步促进浦东人才集聚。因此加快人才高原高峰建设是推进浦东"四高"战略的实现路径。

四 浦东国际人才高原高峰的理论阐释

1. 浦东国际人才高原高峰的内涵

浦东全球人才高原高峰是依据浦东"五个中心"的核心功能区的经济社会发展实际,特别是上海具有国际影响力的科技创新中心的功能区的含际,结合浦东人才高地初步形成的现状,运用全球人才中心、人才枢纽与全球城市等理论,继续发挥浦东改革开放前沿的作用,贯彻落实"人才是创新的第一资源"的战略,大力推进人才的体制机制创新,推动浦东成为全球有一定影响力的人才集聚与扩散中心、国际人才创新创业的重要目的地、国际人才交流的重要中心,全球人才网络体系的重要节点,成为上海与长江三角洲人才网络体系的制高点。要立足国内人才,着眼全球人才,加大人才政策对外开放力度,建立具有全球竞争力的人才创新创业的体制机制,持续建设国际一流的人才发展环境,搭建全球高端人才创业创新的平台,提升人才创新创业的全球竞争力、吸引力,为"五个中心"核心功能区提供人才支撑,为上海提升国际竞争力发挥高端人才资源配置作用,为建设人才强国发挥排头兵作用。其中,浦东人才高原侧重于强调人才的集聚规模与人才中心的带动与辐射能力特征,人才高峰强调高端人才的创新引领作用,两者是相互依托、相互融合的。

2. 人才高原高峰的度量指标体系

浦东人才高原高峰是一个综合的概念,将其置于全球人才网络与地区网络结构中,从不同的角度去衡量人才高原高峰的地位,更能够清晰理解其涵义。借鉴相关的研究成果,我们构建浦东人才高原高峰的度量与其有关的指标,可以分解为如下:(一)在全球人才网路体系中地位与作用。将浦东人才高原高峰置于全球人才节点网络体系中,考察浦东人才高原高峰在全球人才网络体系中的地位与人才网络联系强度,可以用社会网络体系理论中的节点中心性、联系密度等指标衡量。(二)创新引导力。可以用专利数量、新产品数量与质量、研发比重、牵头创制的国际标准数量等指标衡量。(三)

全球人才聚合力。可以用杰出人才数量，人才的绝对数量和相对数量，留学归国人才与外籍人才数量等指标衡量。（四）环境的吸引力。可以用一流大学与科研机构、风险资本的集聚，创新创业机构的集聚，全球城市生活质量排名，500强企业数量等指标衡量。（五）带动力和辐射力。可以用人才流动数量、人才市场的规模与质量、新技术与新产品的辐射、新规则新政策的扩散与复制数量等指标衡量。

3. 人才高原高峰的等级与结构层次体系

浦东人才高原高峰的等级层次体系包括内部等级层次体系与外部等级层次体系。（一）浦东是人才高原高峰的外部等级层次体系。浦东人才高原高峰在全球、国家或者长三角地区人才网络节点中的地位与层级，反映浦东人才高原高峰嵌入全球人才网络、全国人才网络的程度及其影响力。第一是将浦东人才高原高峰放置于全球人才网络体系中，与国际人才高地、人才中心的比较，浦东人才集聚总量、人才结构、人才创新创业的效果、人才中心辐射与影响力等方面所处的地位与联系强度。第二是将浦东人才高原高峰放置于国内人才网络体系中，浦东人才高原高峰所处的地位与集聚辐射作用强度。第三是浦东人才高原高峰在长三角（包括上海市）所处的地位与联系强度。（二）浦东人才高原高峰的内部结构层次体系。第一是人才高原高峰行业分布结构。主要是浦东重点产业人才在整个浦东人才中的层次结构。主要是"五个中心"核心功能的产业人才在整个人才中的地位，例如金融人才、贸易人才、航运人才、信息产业人才、生物医药产业人才以及战略新兴产业人才等与其他产业人才分布的数量比例和质量高低关系。第二是人才高原高峰的区域结构。张江、陆家嘴、临港等浦东人才集聚中心在浦东人才中所处的中心地位及其与浦东其他地区人才分布的关系。还有人才高原高峰的年龄结构、素质结构、国别结构等关系。

五 浦东国际人才高原高峰建设的问题分析

浦东自开发开放以来就非常重视人才工作，依据浦东外向型经济的特点、改革开放前沿的地位，浦东持之以恒推进人才工作，在人才的引进、创业、培养、使用、居留与服务等方面都进行了艰苦的探索与实践，力求打造与浦东经济地位相适应的人才高地，特别是上海提出建设具有国际影响力的科技创新中心以来，2015年、2017年、2018年相应出台了《浦东新区深化人才工作体制机制改革促进人才创新创业的总体方案》（浦东人才"14条"）、《浦东新区关于提高海外人才通行和工作便利度的九条措施》（海外人才"9条"）、《浦东新区关于支持人才创新创业促进人才发展的若干意见》（浦东人才发展"35条"），并召开了新区人才工作大会，全面推进人才体制机制创新，海外人才集聚的局面初步显现。

到2017年浦东大专及以上学历和中级及以上职称人才资源约137万，人才率达到47%。在浦东工作、学习、生活的外籍人士有近10万人，其中境外从业人员约3.6万人。引进诺贝尔奖获得者5人；与浦东建立工作关系的海内外院士90人。引进13批中央"千人计划"专家219人，上海7批"千人计划"专家279人，6批浦东"百人计划"专家70人，初步形成具有国际国内重要影响力的人才高地。但是与浦东"五个中心"核心区的地位还有差距，在全球人才网络中的节点地位还不够高。

1. 人才的国际化程度与集聚力还不够，创新引领作用不显著

浦东经过多年的努力，海外创新创业留学人员的数量和质量有了很大提高，并由此产生了展讯、微创、易趣等一批以留学人员为主体的明星企业，但是其创新成果与创新产品的全球影响力不大。浦东外籍人才与国内人才已经有了一定的数量，但与全球其他人才中心相比，人才国际化程度与影响力还有较大差距。与中关村比，其拥有680多名两院院士，其主导创制的国际标准有299项，国内标准有5844项（2016年），产生了百度、联想、奇虎360等一批具有行业国际影响力的企业。硅谷2015年集聚了72位诺贝尔奖获得者，7位沃尔夫奖得主，3位菲尔兹奖得主，18位图灵奖得住，4位普利策奖得主，37.4%的居民在国外出生，58%的科学工程大学学历从业人员出生在国外。外籍人员、人才的比例较低，在浦东工作、学习、生活外籍人士有近10万人，其中境外从业人员约3.6万人，外籍人口占浦东总人口不

到2%（纽约为37%，香港为8.2%，2014年）。从人才的全球服务来看，建立自由贸易试验区以来，开放了外资人才服务机构业务，外资人才服务机构集聚较多，但是人才机构的业务单一，专业化和国际化程度比较低，服务层次不高，没有发挥从全球进行人才收录、引进、培养高端人才的作用。

2. 人才政策有细碎化趋势，单项政策创新的效用存在边际递减现象

将人才政策置于国家的体制背景下进行考察，我们发现我国人才体制机制的演进与发达国家有着显著的差异：当前我国主要是通过国家与地方的人才计划与人才政策逐项推进人才体制机制的创新，人才政策短期效应较好，人才政策的体系性较差。国外发达国家主要通过国家层面的立法形成国家战略，地方政府依次运用地方法律法规手段加以完善，在长期的发展过程中形成了较为完善的人才法律法规体系与政策系统，人才体制机制的稳定性体系性较强，政策体系的长期效用较好。这种不同的人才体制机制是适应各自国情的，问题是在我国人才立法滞后的情况下，人才政策的逐项推进必然产生单项政策的边际效用递减，单项政策之间的相容性也容易产生问题。例如，当政府着力解决人才创新创业融资问题，往往涉及金融、产业管制与市场准入等问题，往往使创业融资政策的效用不能够充分发挥。特别是在新一轮"抢人"大战中，各地政府拼资金优惠、拼扶持力度，其后果是不可避免地走入单项政策的"囚徒困境"。由于人才政策本身涉及面广，各项政策交错复杂，因此，在持续推进单项人才政策完善的基础上，需要新政策设计思路，即需要加强政策的整体设计与整体创新，并推进人才工作的立法与政策规范，逐步形成与市场体系相适应的、公开透明，并且具有区域特色的人才综合制度体系。在当前体制下比较适合的办法是，以人才管理的有关大部制为范围加强人才重点领域的政策整体创新，逐步突破人才的整体体制。

3. 人才的国际视野逐步形成，但是落实手段方法不够系统全面

浦东是代表国家参与全球竞争的领头羊地位，浦东"十二五"期间就确立了坚持将"国际化"、"高端化"作为浦东人才工作的定位，"十三五"期间随着建设上海科创中心的核心功能区任务的确立，以及"双自联动"的战略实施，浦东提出努力打造具有全球影响力的"国际人才自由港"和

"大众创业策源地",争取成为中国对外开放度最高、拥有较强全球资源配置能力的国际化人才高地。总体来看,浦东人才的国际视野已经形成,全球招揽人才也初具成效。但是落实全球人才战略的手段不够多,方法不够系统。中关村与前海地区已经获批国家"人才管理改革试验区",国家有关部门将一些人才体制机制创新试验置于其中,产生了较好的效果。例如前海地区"对港澳高层次人才实施15%的个人所得税,对港澳现代服务的鼓励类产业减按15%企业所得税"。国家出入境管理部门不但赋予了中关村在高层次人才的出入境政策试验,而且公安部多个处室在中关村设立现场办公点,为招揽全球高端人才与海外人才进行政策试验与提供服务。从全球人才招引来看,浦东并没有形成对全球高端人才数据库系统,更没有形成全球高端人才集聚浦东创业系统手段,以及浦东人才与企业走出国境创业的服务体系,因此浦东人才高地与全球人才网络联系发育不完善。相比之下,中关村已经在(硅谷、华盛顿、东京、多伦多、伦敦等12个国家和地区)设立办事处,形成了海外人才网络,这些办事处的职能已经实现了从管委会的派出机构向公司制转变,对人才的服务职能已从人才引进向中关村人才"出"和"入"国境创新创业的综合服务转变。

4. 与国际接轨人才体制机制还有差距,人才的治理体系尚不完善

从浦东的开放进程上看,自由贸易试验区与科创中心的建设过程中,在海外高层次人才出入境制度进行了有益的探索。浦东与国际人才中心相比人才的体制机制从单向政策来讲某些方面尚有差距,例如在创新创业融资方面,虽然融资渠道已经多样化,但总体水平与硅谷、中关村有一定差距;在人才出入境便捷程度上,货物、服务、资本等要素的国际自由化程度显著地高于人才的出入境自由程度,人才与货物、资本的国际流动步伐显著地不同步,不匹配,不能适应"五个中心"核心功能区的要求。更重要的是人才政策的体系的系统性与协调性方面的总体效率上的差距,单项、单部门的人才政策较多;苑围于地方政府权力的政策多,中央与地方政府权力协同创新少;经济政策较多、社会文化政策少。

在人才的管理体制上,党管人才的体制较好地发挥了对人才多方政策的

领导与协调作用，但人才工作体系上存在着职能分散、服务分割等问题，不适应新技术、新业态的发展要求。在人才的多方利益主体中，人才的各类社会组织发展滞后，人才的行业组织、区域组织、人才联盟、人才协会的自主自律、社会评估、监督管理等在当前的人才工作没有得到发挥。因此一方面人才政策的强制类工具（例如，法律法规、直接提供、财政拨款）居于主要地位，市场类工具（例如凭单制、政府补贴）次之，信息传导类工具（例如引导、宣传教育）和自愿类工具（志愿公益组织、社区）的人才政策工具较少，限制了人才政策的效果发挥。特别是许多国家性的人才社会组织，例如人才的国际性联盟，国际性论坛，国际性会议等是全球人才网络的重要连接方式，成为后起人才中心嵌入全球人才网络的重要渠道。

5. 人才高原高峰的理论建设滞后，人才观念与高原高峰尚不适应

浦东建设国际人才高原高峰是根据浦东"五个中心"核心功能区的实际，是为了提升上海国际竞争力而提出的人才战略，需要进一步加强国际人才高原高峰的理论建设与实证分析。浦东国际人才高原高峰是为了更好地发挥上海国际大都市的带动与辐射作用，既是人才的集聚中心，同时是人才的扩散中心，既是吸引人才创新创业的高地，也是浦东创新创业人才进行国际化、区域化经营的发源地。现有的存在一些不适应的理念：第一，对待人才风险缺乏全面认识，人才政策的制定与实施较谨慎。例如深圳市一如既往地对 A 类、B 类、C 类人才，仅仅奖励补贴分别达 300 万元、200 万元、160 万元，宝安区再配套 1∶1 的补贴。虽然这些引进人才在实际中能够带来显著创新效果的比例不够 10%，但是这些人才集聚后的长期和整体效果是有目共睹的。浦东的一些人才政策缺乏风险分析，因此显得较为谨慎。第二，重视人才招引，轻视人才培养与发展。国内学者郑代良归纳了人才队伍建设的两种模式：曼联与皇马模式，即曼联注重培养自己的二线球员，成才再通过转会卖出，结果该球队战绩卓著且收益非凡；而皇马则采用豪华国际明星阵容，同样战绩非凡[①]。重视人才全球招引的

---

① 郑代良、章小东：《中美两国高层次人才政策的比较研究》，《中国人力资源开发》2015 年第 11 期，第 72~78 页。

同时，更加重视人才引进后的培养，这是美国在高层次人才策略方面的显著特点，早在20世纪80年代美国就提出了以提升美国人的科学素质为主要目标的教育创新计划，此后没有哪一届政府不重视国内人才培养，形成了无可比拟的国内人才培养体系。浦东在引进人才后缺乏系统的、专业的培养体系，浦东在人才培养体制上、政府投入上与国际上的差距不小于人才引进上的差距。第三，重视浦东内部区域人才集聚总量，忽视了人才集聚扩散规律。浦东人才高原高峰是嵌入国内外人才网络体系中的一个重要节点，既是为上海和浦东服务的，也是为长三角地区服务的。因此既要重视国际人才的引进，也要重视长三角人才向浦东集聚；既要鼓励人才向浦东的流入，也不要失意于人才向长三角地区扩散，人才中心是开放的互动系统，有人才的扩散，必有人才的集聚，两者的作用结果关键是看人才中心的地位与影响力。因此要以开放的心态，建立浦东与长三角地区人才与创新的共享机制，在长三角人才与浦东（上海）人才的互动中实现互通互荣。第四，重视经济因素的作用，轻视社会因素的作用。城市的自然人文环境因素在吸引人才方面的作用往往被许多政策制定者忽视，其实随着经济社会的发展，人们生活水平的提高，人才对城市的人文自然环境的要求越来越高，因此人居环境影响人才集聚的重要因素。城市的人文自然环境的塑造非一日之功，是长期积累的结果。浦东开发开放以来，区域人才生活的自然人文环境建设与大规模开发活动还有些不同步。

六 浦东国际人才高原高峰的思路与政策储备的建议

1. 确立目标，分步推进

浦东国际人才高原高峰建设要着眼于全球，立足于全国，站稳长三角层面进行谋划与推进，是具有区域性、开放性、国际性特点人才中心，是提升上海城市国际竞争力的支撑，是与浦东"五个中心"核心功能区协同发展的人才过程。通过人才体制机制、产业发展基础、人才创新创业引领性、人居环境的优化与重点领域的人才关联度等全面推进，建设成为全球人才网络体系中的重要节点，成为具有一定的全球人才全球辐射力、人才创新创业带动力、人才流动与集聚影响力的高原高峰。

第一阶段：人才高原高峰持续集聚阶段（5年左右）。这一阶段属于人才高原高峰的基本框架形成阶段。在浦东人才高地的基础上，围绕"五个中心"核心功能区的全球高端人才的集聚，着眼于全球，大力推进高原高峰人才出入境、就业创业、生活居留的制度创新，构建遵循国际惯例，与全球人才枢纽相适应，具有中国特色及上海特点的现代人才制度体系。浦东作为国际人才高原高峰初具规模，人才规模稳步增加，金融、航运、贸易、科技创新人才和国际高层次人才集群显现，全球人才聚合力初步显现，留学归国人才与外籍人才数量与比例大幅度提升，全球创新引导力显现，新产品、新专利数量与质量大幅度增加，牵头创制的国际标准达到一定数量。

第二阶段：人才高原高峰的混合阶段（10年左右）。这一阶段属于人才高原高峰过渡阶段，主要表现为人才集聚与人才辐射功能并重阶段，人才高原高峰国际国内辐射与带动作用逐渐显著。浦东人才高原高峰与国内区域之间的双向流动加快，全球人才流动的通道逐步健全，浦东与全球人才网络的联系增强，全球人才影响力辐射力增强，知名国际交流平台、论坛的地位增大，专业人才市场的国际交易功能增大，"五个中心"核心功能区的全球地位提升，经济社会发展与人才的协同性增加。

第三个阶段：人才高原高峰的功能提升阶段（15~20年左右）。这一阶段属于人才高原高峰国际影响力增大阶段。主要表现为浦东人才高原高峰的全球人才网络体系不断完善，浦东人才高原高峰节点规模与其他全球城市相当，全球聚合力显著扩大，全球创新引导力显著，无论是专利数量、新产品数量，还是牵头创制的国际标准数量都显著增加，出现若干领域的重大科技创新，成为全球有影响力的创新策源地与人才集聚扩散地。同时，与国际惯例相适应的人才规则体系与我国国家制度体系形成了完善的结合，并形成了独具特色的人才高原高峰制度体系。在我国创新型国家建设中的排头兵作用显著发挥，在全球人才的规则体系创新中占据一席之地。

2. 继续发挥自贸区的优势，力求单项人才政策与人才链条政策同步推进

与我国渐进式改革模式相适应，人才政策的改革创新尚处于单项政策创新为主的阶段，但是单项政策创新的边际递减作用开始显现。人才政策需要加强整体设计与整体突破阶段。在我国人才立法工作整体滞后的情况下，建议继续发挥自贸区的优势，在持续全面推进单项人才政策创新的同时，加强局部人才政策链条的整体设计，提请国家相关部门放权试验。既可以是产业领域的人才政策链条，例如金融领域的高端人才的引进、就业创业、收入、出入境、居留等一揽子人才政策设计，建设国家金融人才改革创新试验区。再比如，张江生物医药产业与信息产业人才政策进行总体设计，探索建设生物医药人才链条的综合改革创新试验区，以及信息产业人才链条的综合改革创新区。也可以人才政策相关职能整合形成的人才政策链条，例如针对国家大部制的设立，将高端人才出入境的政策进行整体设计，力争有关部门将人才出入境政策试验在浦东进行整体试验。还可以是人才政策与产业的薄弱领域的整体设计，例如中关村与深圳都在力争建设人才服务业产业园，浦东拥有自贸区的优势，完全可以申报国际人才服务业改革开放先行区。

3. 进一步完善体制机制，推进人才治理体系建设

在继续完善党管人才的管理体制，坚持"一把手"带头抓第一资源的党管人才的工作格局。首先，完善体制内人才管理体系，形成区委、区政府、开发区、街镇等人才管理职责与分工，形成人才政策链条、创新链条每一个环节都有服务主体和服务内容的机制。借鉴深圳宝安区在市人才政策基础上区政府1:1叠加的做法，北京通州区在中关村政策基础上再叠加通州区的政策，鼓励街镇、开发区在区人才政策基础上叠加自身的人才政策与支持。其次，率先探索适合我国国情的人才治理体系的建设。在自贸区的体制下，要加快人才的各类社会组织的发展。通过财政支持与社会力量相结合的办法，大力发展各类人才协会，人才联盟等区域性和行业性组织，健全人才社会组织的内部规则，界定党委、政府、企业、社会组织之间的规则体系，率先建立区域人才治理体系发挥党委与政府在人才治理体系中的主导作用，提升人才治理能力的现代化。再次，要发挥各类社会组织在人才工作中的自

律、协商、信息沟通、资格认证、国际交流等作用。加强各类社会组织在人才信息传导类政策（例如引导、宣传教育）和自愿类（志愿公益组织、社区）的人才政策制定中的作用，重视强制类、市场类、信息传导类和自愿类人才政策的相互搭配使用。

4.进一步推进全球人才网络建设，加大高峰人才引进

第一，针对浦东"五个中心"核心功能区的重点产业、重大科学装置，构建重点领域的全球人才信息库或者绘制全球重点领域的人才分布图，及时分析全球高端人才的动态，为全球高端人才引进奠定基础。第二，逐步推进浦东全球人才服务网络建设。借鉴中关村经验，在全球重点人才集聚区域设立人才联系工作站，全面负责海外人才的信息收集、引进海外人才、浦东高端人才的国际化经营服务等综合工作（不仅仅注重人才的引进工作）。第三，发展人才联系的各类国际性组织机构，举办各类国际性人才活动，增强浦东人才高原高峰与全球人才网络的多种联系。加大引进国际人才组织与机构，联合浦东的企业与组织，举办各类大型学术论坛、会议，增加人才的国际联系。第四，继续完善提升离岸创业基地建设，增强浦东创新创业的海内外联系。

5.进一步加大人才创新空间的建设，提升人文生态环境

第一，继续提升浦东的创新空间建设的水平，形成人人都有创新创业的机会。浦东的创新空间、创客空间已经有了较高的水平，下一步首先要加大外资民营资本参与创新空间建设的力度，着力引进外国大学机构、国内大学研究机构在浦东设立创业基地。其次，增加专业性创业空间建设，围绕浦东重大科学装置，设立专业性的成果转化基地；鼓励若干镇根据条件创新专业性的创新空间、创业基地。再次，利用现有制造业基础，加快制造业基地向创新创业基地的转化。第二，继续提升浦东的生态环境，营造适合国际人才宜居的环境。整体上要继续提升浦东的生态环境，微观上打造多种类型的外籍人口居住的空间。第三，结合浦东文化高地的建设，提升满足不同类型人才文化需求的软硬件水平。

6. 加大人才创新创业的微观组织形式改革，完善人才的激励机制

第一，继续深化科研人员成果转化的激励机制的建设，调动人才的积极性。第二，加大人才创新创业的微观组织形式的改革，灵活适应创新活动的需要。借鉴深圳"四不像"的经验，适应新经济模式发展的需求，推进不受行政级别、事业编制、岗位设置、工资总额限制的微观组织发展。第三、继续加快科研成果转化制度建设。落实科研成果转化净收入70%以上用于奖励个人和团队，继续完善科研成果使用权、处置权、收益权下放，引导科研成果市场定价机制的形成，完善科研成果的股权、期权激励机制。第四，探索高峰科研人才的全权负责制。

7. 联动长三角人才，推动区域人才合理集聚扩散

第一、发挥浦东大型科研装置与重点产业优势，促进长三角人才共同研发与创新，推动联合攻关重大技术创新，积极参与"长三角科技发展战略研究联盟"建设。第二、积极参与上海与长三角人才跨区域的人才市场建设。第三、积极参与长三角人才中介联盟的建设，推动浦东成为国内人才交流的门户建设。第四，推动并积极参与长三角创新共同体建设。借鉴《中关村京津冀人才一体化发展规划（2017~2030）》《中关村国家自主创新示范区京津冀协同创新共同体建设行动计划（2016~2018）》的经验，推进张江高科技园区与长三角其他高科技园区协同创新共同体建设，积极参与长三角人才一体化建设。第五，积极探索浦东非生产性人口的户籍向长三角宜居小镇迁移的办法，为人才流入腾出户籍。全球性的国际大都市对人口的吸引力是毋庸置疑的，但是纽约等国际大都市人口集聚压力并没有形成灾难性的后果，究其原因这些国际大都市形成了人口流入与流出的"双高"现象，因此建议积极探索浦东非生产性人口的户籍向长三角宜居小镇迁移的办法，为人才流入腾出户籍。

参考文献

肖林：《上海2050——崛起中的全球城市》，格致出版社、上海人民出版社，2016

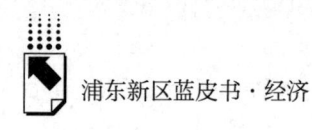

年12月。

盛垒等：《从资本驱动到创新驱动——纽约全球科创中心的崛起及对上海的启示》，《城市发展研究》2015年第10期，第92~101页。

汪怿：《构建全球人才枢纽：原因、内涵与策略》，《科学发展》2013年第12期，第89~99页。

何勇等：《未来30年全球城市人才流动与集聚的趋势预测》，《中国人力资源开发》2015年第11期，第75~80页。

B.8 浦东新区与中关村、深圳地区人才政策比较*

张 波**

摘 要： 城市人才能级决定人才政策取向。基于同能级原则，本文选取上海、北京与深圳的核心战略地——浦东新区、中关村与深圳地区为样本，基于最新人才政策内容，详细比较了人才引进政策、体制机制创新、人才培养政策和人才发展政策四个方面。结论认为，三地人才政策各有特色，浦东新区人才政策表现为"全"、中关村表现为"高"、深圳地区则表现为"实"和"活"。运用SWOT分析模型，指出三地区人才发展的内在优势、劣势、外部机会和挑战都相对鲜明，并阐述了浦东新区人才政策的SWOT状况。最后，从人才体制机制创新、人才政策体系、人才平台培育、科技与金融联动、人才区域融合和公共服务等六个方面提出对策建议，以期进一步优化浦东新区人才政策体系。

关键词： 浦东新区 中关村 深圳 人才政策

---

* 项目资助：上海哲学社会科学规划课题"推动上海高端人才空间集聚及制度创新研究"（项目编号：2016EGL002）和上海市委党校系统2017年基础理论课题。
** 张波，上海市浦东新区行政学院讲师，浦东区情研究中心特聘研究员，华东师范大学人口研究所博士生，研究方向：人口经济学、人口社会学等。

城市人才能级决定人才政策，这是制定人才政策的基本原则。在《2018全球人才竞争力指数》中，全球前100名中中国内陆有6个城市上榜，其中北京、上海、深圳人才竞争指数排名较高[1]。同时，由于人才政策比较并不涉及人才的具体数量指标，更多地从政策角度去分析三地区人才政策的异同点，所以本次比较并不局限于北京、上海和深圳，而是把政策比较的范围扩展至上海浦东、北京中关村与深圳前海地区。

一 人才引进政策比较

由表1可见，三地区都出台了相应的人才计划，从人才能级来看，第一层级为世界级、国家级领军人才，这是三地区人才争夺的主要对象；第二个层级为地区引进海内外高端人才制定的人才计划，三地区均制定了引才工程，北京和上海在10年间出台了4个计划，深圳在8年间出台了3个，这表明各地区引才政策出台频率较高；第三层级为区级人才引进计划，在三地区各城区基本出台了自己的引才工程。

表1 三地区主要人才引进计划

层级类型	浦东新区	北京中关村	深圳地区
第一层级	中央千人计划、国家特支计划、百千万人才工程、万人计划、两院院士、国家科学奖获得者等		
第二层级	2008年:雏鹰归巢计划 2010年:千人计划 2015年:浦江人才 2018年:高峰人才计划	2008年:高聚工程 2009年:海聚工程 2016年:顶尖科学家和团队引进计划 2018年:紧缺人才引进	2009年:杰出人才 2011年:孔雀计划 2017年:十大人才工程
第三层级	2011年:百人计划 2017年:张江人才、首席科学家500计划等	通州2016年:灯塔计划、运河计划； 昌平2017年:昌聚工程	坪山2014年:聚龙计划 大鹏2014年:鹏程计划 宝安2014年:凤凰工程

---

[1] 由欧洲工商管理学院（INSEAD）与其合作伙伴联合发布《2018全球人才竞争力指数》（2018 GTCI），排名前20名的多为欧美国家城市，亚太区的东京排在第12位、首尔排在第18位、悉尼排在第20位。在前100名中，中国大陆的北京（第55位）、杭州（第66位）、上海（第70位）、深圳（73位）、广州（77位）和天津（第83位）分别上榜。

（一）引进高端人才特征

三地区高端人才政策对象具有相似性，其特征主要包括海外经历、紧缺急需领域、创新创业人才、熟悉国际规则、世界一流、杰出头衔等定性指标，但还是存在差异：一是北京人才范畴相对较广，不仅涉及创新创业人才，还有其他风险投资家、科技中介人才，甚至自由职业者等；二是北京和深圳更加偏重人才团队引进，比如北京"海聚工程"明确提出研发团队和科技创业团队、深圳2011年提出未来5年引进50个海外高层次人才团队；三是深圳在重点引进人才目录、人才引进评价机制等方面较为公开和透明。

表2 三地区高端人才特征比较

城市名称	高端人才基本特征
上海浦东	紧缺急需、具有海外丰富从业经历、通晓国际规则和惯例、掌握核心技术、带动产业发展的海外高层次创新创业人才，知名奖项获得者或高层次人才计划入选者；知名专家、学者、杰出人才、专业人才；企业杰出人才、专业人才；其他有特殊专长并为本市紧缺急需的特殊人才；留学人才等
北京中关村	由战略科学家领衔的研发团队、由科技领军人才领衔的科技创业团队、战略科学家、科技创新人才、创业未来之星、风险投资家与科技中介人才；最新包括科技创新人才及科技创新服务人才、文化创意人才、体育人才、金融人才、教育、科学研究和医疗卫生健康等专业的人才以及自由职业者等
深圳地区	较高专业素养和丰富海外工作经验、掌握先进科学技术、熟悉国际市场运作的海外高层次创新创业人才、世界一流科学家、产业领袖、管理大师、文化艺术大师等杰出专家

（二）引进人才产业领域

由表3所示，从引进人才产业领域分布来看，三地区表现出两个特点：一是引进人才紧密结合自身产业优势进行布置；二是基本都涵盖了符合未来产业规划的高新技术产业。但比较来说，上海高端人才政策覆盖范围较广，产业领域更加丰富。但问题是，上海现有的科技基础是否能够支撑起这么多前沿领域，同时需要合理布置新兴产业的空间布局，进而形成产业的"集聚效应"。

表3 三地区引进高端人才产业领域分布

城市名称	高端人才产业领域
上海浦东	生命科学与生物医药、集成电路和计算科学、宇宙起源与天体观测、光子科学与技术、脑科学和人工智能、航天航空、船舶与海洋工程、量子科学、高端装备与智能制造、新能源、新材料、物联网、大数据等重点领域
北京中关村	新一代信息技术、生物、节能环保、新材料、新能源汽车、新能源、航空航天、高端装备制造、信息科学、生命科学、环境科学、材料科学等
深圳地区	高新技术、金融、物流、文化等支柱产业发展，培育新能源、互联网、生物、新材料等战略性新兴产业为重点

（三）引进人才激励政策

在人才激励方面，一是在激励力度上，深圳力度最大，北京次之，浦东新区在人才奖励力度上较弱；二是在激励机制上，上海、北京把创新创业团队贡献、优秀人才个人业绩贡献纳入奖励指标，但上海未出细则；三是在激励方式上，深圳对引进人才和团队进行激励，同时对培养和引进人才的单位进行激励，注重对具有成长潜力、但未入选人才计划的团队进行奖励，实施了分级别奖励，对国内外人才划分成三个能级并给予不同数额的激励。此外，在深圳前海地区，最大激励政策是"双15%"税收优惠，即对认定的境外高端人才和紧缺人才在前海地区企业依工资薪金缴纳的个人所得税超过15%部分给予财政补贴；对设在前海深港现代服务业合作区符合《企业所得税》优惠目录的企业按15%税率征企业所得税。

（四）引进人才服务政策

由表4可知，三地区在高端人才特别是海外人才服务方面都出台了一系列便利化、信息化、专业化的制度，总体上具有以下几个特点：第一，设立专门的人才服务部门，浦东建立海外人才局，北京成立高端人才服务办公室等；第二，利用网络信息平台为人才提供便利化的公共服务，比如上海建立人才公共服务平台、服务专窗、深圳实施"一卡通"制度等；第三，为高端人才提供户籍、教育、医疗和住房服务，妥善解决人才后顾之忧。

表4 三地区人才主要公共服务政策

服务类型	浦东新区	中关村	深圳地区
落户政策	高端人才无限制	博士以上无限制	本科以上无限制
住房政策	未来3年推出15万套以上人才住房;临港地区分A、B、C类人才分别给1500、1000、800元住房补贴	主要为人才提供公共租赁住房,辅之以配建共有产权房和发放租房补贴	计划未来5年提供不少于1万套租赁住房;给予大学和海归每人本科1.5万元、硕士2.5万元、博士3万元;提出未来六成住房为政策性支持住房和公共租赁住房
教育政策	扩大学校含国际学校数量、妥善解决各类人才子女教育需求。	配置优质教育资源尽量优先满足人才子女入学	实施公办中小学入学积分制,在积分权重上纳入人才社会贡献度;试点开设专门招收外籍人员子女国际部
医疗服务	引进外资医疗机构、建立第三方国际医疗保险服务平台、扩展可计算可提供国际医疗保险结算医疗服务机制	构建国际化人才医疗保障体系,畅通实施高端人才就医"绿色通道"	实施分级医疗保障制度,针对杰出人才、国家级、地方领军级人才一级海外A、B类人才与后备级、海外C类人才分别实施1~3级医疗保健服务;鼓励医院加入国际医疗保险直付网络系统
公共服务	设立海外人才局;"一网通办、一次办成"、"一事一议、按需支持"、建设人才公共服务大数据平台、开设上海市高峰人才(浦东)服务专窗等	绘制海外人才分布图;建立海外人才工作站;建立外籍人才一站式服务平台;推动国际人才社会融入;建设外籍人员健康服务证办理站点;设立针对在京外籍高层次人才的保险产品	实施高端人才服务"一卡通"制度、建设人才基础数据信息库和综合服务平台、市区党政领导班子成员联系专家制度、为外籍人才提供预约诊疗和外语服务

但是,三地区还是有自己的特色,一些地方做法值得借鉴:其一,上海在国际人才服务方面,包括国际教育机构设立、国际教育学制、国际医疗机构以及社会保险结算制度、国际社区建设等;其二,北京在海外人才引进方面,包括绘制海外人才分布图、建立海外人才工作站甚至海外人才社会融入等;其三,深圳对大学和海归人才依据不同学历进行房屋补贴制度,这是吸引基础性人才的重要举措;其四,深圳为不同层次人才提供不同类型的医疗保健待遇、把人才贡献率纳入公办中小学入学积分,以及深圳领导班子联系专家制度等。同时,我们认为,在人才服务方面,政策是基础,服务是关

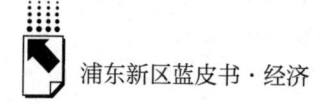

键,要提升高端人才服务的感受度,不仅需要完善的政策,更需要提高服务人员的综合素质。

二 人才体制机制创新比较

人才体制机制创新是三地区人才政策非常重要的内容。事实上,三地区均有人才体制机制创新先行先试权,其中北京中关村是国家级人才特区,而且很多国家级部门在中关村设置联络人员,制度创新较为便捷;上海张江是自由贸易试验区承载地,可以通过自贸区先行先试权进行制度创新;深圳前海是国家人才特区、自由贸易试验区和深港现代服务业合作区,不仅拥有制度先行先试权,而且还拥有其他地方所没有的特殊人才激励政策,比如双15%税收优惠、深港澳职称互认制度。其中,北京、上海出台人才体制机制改革创新政策最多,深圳最少,这表明北京和上海人才政策非常注重体制机制创新。

(一)人才出入境与居留制度

三地区在海外人才出入境与居留制度方面,很多审批权限基本属于部委,但由于北京、上海的国家城市战略定位,很多制度创新均出自北京中关村和上海自贸区,但是由于这些制度的可复制推广,三地区出入境与居留制度并无较大差别。但据调查反映,深圳市虽属于单列市,但附属于广东省,在审批流程、涉及范围上均慢于北京与上海;但是在港澳人员进出方面,深圳前海由于建立深港现代合作贸易区,较上海、北京方便快捷。

第一,在永久居留申请制度上,北京中关村、上海自贸区对符合认定标准的外籍高层次人才及其配偶、未成年子女申请永久居留直通车;北京中关村试点对中国籍高层次人才的外籍配偶及未成年子女申请永久居留直通车;上海浦东试点自贸区顶尖科研团队外籍核心成员申请永久居留新政,同时具有博士学历,或在自贸区连续工作满4年、每年境内实际居住累计不少于6个月的外籍华人,可申请在华永久居留;北京中关村和深圳前海对创业团队中的外籍成员以及自贸区企业选派的外籍技术人才实施永久居留积分制。

第二，在永久居留证权限上，北京中关村试点取得永久居留资格的外籍人才，在中关村内开展担任新型科研机构法定代表人、承担国家科技计划项目，允许符合一定条件的外籍专家作为候选人被提名政府科学技术奖、领衔承担北京市科技计划项目，并可提名市级科学技术奖项；上海浦东试点试行持在华永久居留证的外籍高层次人才，在自贸区注册科技企业享受中国籍公民同等待遇。

第三，在外籍人才出入境和居留政策上，三地区基本做法都是公安部批准的延长短期签证、简化签证手续等做法，北京中关村试点外籍知名专家学者及中关村企业海外分支机构外籍员工换发入境有效期不超过 5 年、停留期不超过 180 天的多次入境有效 F 字签证，允许中关村内外籍高层次人才科研辅助人员办理与其外国人工作许可证期限一致的工作类居留许可，对来京外籍人才随迁外籍子女来华就读提供出入境便利，延长来京开展商务洽谈、探亲以及开展科技交流活动的出入境时间，最长可签发 5 年、并多次出入境有效；上海浦东外籍人才在自贸区工作权限方面，试点外籍人才在自贸区兼职创新创业，探索实施外籍有重大创新技术的高层次人才以技术入股形式来浦东创业。此外，上海、深圳探索区域人才免签政策，推动上海口岸和长三角地区外国人过境免签政策。

第四，在外籍留学生和境外学生上，上海浦东支持上海高校在读外籍留学生在自贸区兼职创业，支持外国留学生在我国高等院校应届毕业后直接在上海创新创业，为全球外籍优秀毕业生创新创业提供长期居留、永久居留便利；北京和深圳出台了相应政策，基本沿袭上海对外籍留学生和境外学生政策。同时，北京还试点中关村重点企业博士后工作站独立招收博士后科研人员，扩大外籍博士后招收规模。

第五，在特殊出入境和海外人才政策上，北京中关村针对区域内技术性较强的管理部门专门设置海外专业技术人才特聘岗，开展境外高层次人才高级管理岗位聘任制试点；上海浦东对国外领先的特定专业领域试行执业资格便捷认证机制、设立浦东新区海外人才局、试点人才办事窗口"无否决权"改革、探索外国旅游团乘坐邮轮经上海入境免签政策等；深圳前海先后制定香港会计师、注册税务师、社工、房屋经理，以及香港建筑、结构、屋宇设备、工料测量、园境、建筑测量等专业人士在前海执业的资格认可、考试互免、合伙联营、港资工程项目试点等政策，实施港澳居民免办《台港澳就业证》、缴纳住房公积金等。

（二）人才评价制度

三地区人才评价体制都朝着不唯学历、资历和职称的限制，建立以品德、知识、能力、业绩、贡献为多维评价标准，发挥政府、企业、行业协会、业内专家以及用人单位等多主体开展多元评价，总体趋向于市场化、多元化、行业化方向发展。在人才评价方面，具体分为三个层次：第一层次是看头衔，比如院士、千人计划、国家科技发明奖等；第二个层次看市场，比如以薪酬取人、以争取天使投资、风投到账额取人；第三个层次是看行业专家，聘请科技顾问，包括用人单位、行业组织、人力资源服务机构和业内专家，联合评估行业人才。在政策操作方面，率先实施"中关村高端领军人才教授级高工职称评审直通车"政策，目前小米公司的雷军、360公司齐向东等461名中关村高端人才，通过直通车取得了教授级高工职称，结合区域最新产业发展需求，增设科学传播、人工智能、创意设计以及技术经济等新业态的专业职称；深圳以政府授权形式把高层次人才认定下放给行业协会、领军企业以及新型科研机构。

（三）人才流动制度

在人才流动制度上，三地基本都保持了事业单位与企业的有限自由流动，科研人员在履行所聘岗位职责前提下，并且可以把本人及所在团队成果以在岗创业、到其他企业兼职或挂职、离岗创业、与其他企业项目合作形成，获得报酬或成果转化收益。在政策实施方面，相较于北京和上海，深圳的体制机制相对灵活，表现在：一是离岗创新创业期限稍长，北京中关村是

3年期，情况特殊可延长至5年，上海为3~5年内，深圳最多不超过6年；二是在收益范围来看，深圳不仅覆盖区域内事业单位，还辐射到是区域外事业单位人员，将区域外事业单位引进至区域内创新创业，并挂靠市人才服务中心、金融科技服务中心、科技开发交流中心等事业单位，5年内按事业单位管理；三是深圳由市政府、合作单位共同出资成立了如深圳先进中国技术研究院、清华研究院、深港产学研基地等，实施二类事业法人制度，并进行企业化运营和管理，机构税收方面享受事业优惠，人员管理实施企业操作，即"四不像企业"，这类企业利用不同体制机制优势，打通产学研用一体化中的壁垒。

三 人才培养政策比较

三地区都非常重视后备人才培养，因为这类人才不仅是未来科技创新人才的主力军，而且通过对后备人才培养和支持，能够增强他们对培养地区的归属感和认同感。由表5可知，这类人才包括留学人员、博士后、高技能人才等，深圳还对大学生给予特殊政策，比如给本科学生一次性租房和生活补贴1.5万元，补贴大学实习生每人每月2500元，最长不超过6个月等。比较来看，北京、上海由于人才能级较高、政策相对完备，培养制度也相对健全，基本都采用项目制运作方式对后备人才进行精细化培育；而深圳由于起步较晚，人才能级相对较低，对后备人才资助力度较大，但培养政策相对粗放。

表5 三地区后备人才培养主要政策

人才类型	浦东新区	中关村	深圳地区
科技人才培育	扬帆计划、启明星计划、学术/技术带头人计划：最高40万元 浦江计划：10万~50万元	雏鹰计划<10万元、新星计划<28万元、杰青计划5万~8万元	相当于孔雀计划C类、后备高层次专业人才：160万元奖励补贴+场租补贴
留学人员	创业资助+奖励：20万元	减免房租+资助1万~20万元不等	获30万~100万创业资助，最高500万+房租补贴

续表

人才类型	浦东新区	中关村	深圳地区
博士后	A类面上项目：4万元 B类重点项目：16万元；浦东单位培养博士后给予10万元补贴	生活资助：每人6万元 活动资助：A创新研发10万；B学术交流3万元；C出版著作3万元	深圳：生活补贴：＜24万元；出站留深：30万元科研资助。广东：生活补贴60万元，出站留下：40万元住房补贴
高技能人才	实施高师带徒制度，资助2万元，最高支持3年	首席技师工作室：30万～50万元资助	技能大师工作室：3万～10万元，开办经费＋20万～50万元项目资助 鹏城工匠：50万元奖励

四　人才发展政策比较

一般而言，人才政策可分为福利型人才政策和发展型人才政策，后者是人才政策的重要组成部分。但是，由于人才特别是科技人才发展需要配合产业政策、金融政策、公共服务平台等，所以，在北京中关村、深圳等地的人才政策中并未见到发展型人才政策，而是将这些政策让具体负责产业规划部门进行详细制定。我们认为，这是制定人才政策的两种不同思路，第一种就是北京、浦东的人才政策，特点在于较为完善、体系化较强、内容充实，但是由于牵涉到人才发展政策时专业性不足、创新点不多；后一种人才政策虽然看似政策存在缺陷，但让专业的部门去制定专业的政策，或许更能够将人才发展政策制定的较好。

具体来说，三地区人才发展政策包括两个方面。

（1）人才发展平台建设。包括建立和引进大学科研机构、创新创业基地、博士后流动站等，比如北京中关村平台建设：包括支持顶尖科学家领衔成立新型研究机构、建立中关村海外人才创业园，为科技型企业提供工商注册、知识产权等代理服务；建成中关村高层次人才创业基地，吸引海内外高端人才、高精尖项目以及科研团队入驻基地。比较而言，上海张江和深圳大学，研究机构资源较弱，并主动筹建高水平大学，如上海科技大学和南方科技大学，集聚高水平研究机构。

（2）出台产业扶持政策。三地区针对自己确定需要发展的产业都制定了扶持政策，但这方面深圳前海最有特点，其实施"双聚工程"产业人才扶持政策。由中央财政和地方配套资金共同出资，设立现代服务业综合试点扶持资金，采取股权投资、贷款贴息等方式，对每个项目给予最高5000万元的自主权，截至目前已扶持项目104个，扶持资金5.86亿元。发布了前海产业发展资金管理办法，每年安排不少于10亿元资金，用于支持产业和人才发展项目，并成立前海产业投资引导基金。

在上海浦东"人才35条"文件中，制定了包括浦东产业创新中心，探索基础科研人才、产业技术人才和经营管理人才融会贯通机制；拓展创业孵化空间体系，健全从苗圃到孵化器再到加速器的众创空间体系；完善上海自贸试验区海外人才离岸创新创业基地配套政策，创新离岸创业托管模式，探索海外项目跨境注册、互联网注册和项目团队出入境、就业、结汇和通关等便利化措施；支持科研公共服务平台发展；促进人才国际交流与合作；推动金融城和科学城联动，设立政府投资引导基金，鼓励风险投资等资本投资人才创新创业项目。发挥浦东小微企业增信基金政策效应，加强与市政策性融资担保机构合作，支持创新创业企业融资。对创新创业企业通过主板、创业板和股份转让系统等上市或挂牌给予支持；深化人才跨境金融服务，符合条件的海外人才可通过自贸试验区金融机构开立FTF账户；境内企业可按科技创新全周期获得全方位跨境金融服务等一系列人才发展政策。

五 三地区人才发展的 SWOT 模型分析

在深入实地调研和政策资料分析的基础上，我们认为，三地人才政策各有特色，即中关村人才政策整体表现出"高"、浦东新区表现出"全"、深圳地区表现出"实"和"活"。在人才发展方面，三地区的内在优势S、劣势W、外部机会O和挑战T都相对鲜明，见表6所示。

表6 三地区人才发展的SWOT模型分析表

模型指标	浦东新区	中关村	深圳地区
内在优势	全面系统、国际化、科技中心和金融中心所在地、公共配套设施好	全面系统、起点高、人才能级高、人才密度大、大学、领军企业和研究机构多、公共设施好	机制灵活、政策内容实、人口年轻、特区税收政策、政策扶持力度大、领军企业多、户口、开放包容、气候好
内在劣势	精细化不够、机制不灵活、政策梯度模糊、领军科技企业和研究机构少、户口	国际化环境不高、户口、政策协同性差、机制不灵活、空气差	人才基础薄弱、人才能级不高、高水平大学少、生活配套设施不足且能级不高
外部机会	国家领导对人才政策的高度重视、制度创新先行先试区、海外人才大量回归、世界经济格局重构期		
外部挑战	杭州、苏州等地人才吸引力大、国际经济环境差（中美贸易摩擦）、世界不同城市人才竞争非常激烈、创新人才培养能力弱		

由表6可知，浦东新区人才发展的SWOT具体表现如下。

（一）优势S

（1）人才政策体系系统完善。从近年来颁布的人才政策来看，浦东人才政策体系不断完善、人才政策不断细化、政策操作性不断增强。在政策内容方面，既有发展型人才政策、又有福利型人才政策；既有强制类人才政策又有市场类人才政策。

（2）国际化。作为最早开发开放的区域之一，上海城市的主要特点之一就是国际化，包括国际化教育资源、卫生资源、生活服务资源、国际化社区、开放的制度环境、具有国际规则的政府公共服务等，在国际人才中一直拥有良好口碑。在《2017年中国区域国际人才竞争力报告》中，上海是中国国际人才竞争力最高的区域。

（3）科技中心和金融中心所在地。作为上海建设"五个中心"核心功能区，浦东新区集合了国际金融、贸易、航运、经济和科技中心，其中与科技创新中心紧密相关的国际金融中心，是上海科技创新中心发展的优势之一。

（4）公共配套设施好。上海、北京拥有全国其他地方无可比拟的教育、卫生、交通、公共服务等资源设施，这是吸引人才的重要因素。

（二）劣势 W

（1）政策精细化不够、机制不灵活。浦东人才政策一直追求用体制机制创新获取制度红利，但现实是一方面由于中关村本身拥有国家部委资源，可以运用部委政策试点获取制度优势；另一方面现在制度的复制推广较快，浦东在制度先行试点后迅速扩散，这两方面因素使得浦东依靠制度创新来获取制度红利相对较小。与此同时，与深圳相比，浦东在人才政策的重视程度、扶持力度、机制灵活性上存在明显差距。

（2）人才政策的梯度结构模糊。由于北京、上海长期人才累积，人才能级相对较高，很多中低能级的人才相对较多，因此在制定人才政策过程中更多地偏向于高端人才、海外人才政策。但事实上，这种人才制定思路往往会产生一种误解，就是政府不太关注人才，使得很多人形成一种"我不是人才"想法，那么当如深圳、杭州等城市对这些基础性人才进行关注后，他们开始流向这些城市，造成流出地基础性人才空缺，这些人才是科技创新中心建设的主力军，是形成承认尊重人才氛围的基础。

（3）缺乏有影响力企业与研究机构。与北京、深圳相比，北京中关村拥有全国最密集的大学科研机构，深圳则拥有腾讯、万科、华大基因、大疆等领军型企业，这些企业、研究机构逐渐成为城市名片，就好比著名景点对旅客吸引一样，对人才的聚集形成了"磁场"。同时，这些企业会引领相关产业和配套企业发展，进一步加速人才聚集。

（4）户口限制、人口活力不足。由于北京、上海处于城市开发的中后期阶段，适度人口数量接近饱和状态，同时人口老龄化严重，年轻人口不足，整个城市缺乏活力。

（5）科技和金融联动差。虽然浦东是国际科技创新中心和国际金融中心核心功能区，但是浦东的风投资本还是能力较差，其中很重要的问题在于二者的联动机制较差。

（三）外部机会 O

（1）国家领导对人才的高度重视。十八大以来，以习近平为核心的中央领导高度重视人才工作，给全国上下营造了重视人才、爱护人才的氛围，其最明显的表现就是各地区对人才的争夺。

（2）制度创新先行先试地区。由于具有自贸区和自主创新示范区的叠加优势，浦东可以充分利用自贸区制度创新先行先试优势，把人才制度创新试点优先在浦东探索实践。

（3）海归人才大量回国。随着中国经济发展和国家综合国力的提升，很多出国留学生大量回归，这是上海引才的最重要时期。由于海归人才在国外好的大学、科研机构以及企业接受良好教育，是科技创新的关键力量。可以说，谁抓住了海归人才回流这个时期红利，谁就拥有未来30年的发展机遇。

（4）世界经济格局重构期。由于中国经济科技实力的迅速崛起，给美国、欧盟等主要资本主义国家产生了极大冲击，特朗普政府通过对中美贸易战、美欧经济秩序重建、印太战略等对中国经济进行封锁，这对中国科技创新发展是一个极大挑战，但这本身也是一个重要机遇。如果谁能够把握好这个战略期，潜心吸引高端人才对基础领域的关键技术进行攻关突破，那么谁就具有绝对话语权。

（四）外部挑战 T

国际上各国人才竞争呈现新的特征，许多发达国家和发展中国家都通过开放人才签证和移民制度、提供优厚的工作条件和待遇、制定留学生回国计划、构建高端研究平台等一系列"短、平、快"的政策吸引人才。比如，美国提供H1B临时工作签证，期限3年并可续3年，之后就可直接申请绿卡。比如，英国推出"杰出人才签证"，每年签发1000个，2018年起该配额增加至2000个，连续工作5年可申请永居。比如，日本2014年起实施"高级人才积分制"，依据申请者学位、任职年限和年收入等因素进行打分，享受不同的永居权获得期限的政策。比如，德国"洪堡教席奖"计划，5年内向每位获奖者提供高达500万欧元的巨额资助。国内各城市人才竞争日趋激烈，北京、深圳、杭州、武汉等众多一二线城市都围绕着自身的发展定位和战略布局，聚焦重点领域推出了一揽子的人才政策，人才争夺战不断升级。面对激烈的人才竞争环境，我们必须要有"等不起"的紧迫感、"慢不得"的危机感、"坐不住"的责任感，抓紧研究实施更加务实管用、更有竞争力的创新举措，增强吸引力、提高显示度，确保浦东人才工作始终走在前列、保持领先性。

六 对浦东新区人才政策几点政策建议

鉴于目前三地区人才政策的比较分析以及人才发展的优势、劣势、外部的机会与挑战，我们提出以下几点政策建议。

第一，深入推进新一轮自贸区建设，建立起开放灵活科学的人才体制机制。自贸区与科技创新中心的叠加是浦东建设具有全球影响力科技创新中心核心功能区的优势，浦东需要放大制度创新优势，积极争取国务院及各部委支持，持续加大力度建立开放灵活科学的人才体制机制。具体要在以下几方面进行深度探索：一要聚焦海外高端人才和基础性人才，继续为他们提供便利的出入境、就业等制度，比如放宽出入境条件以及时间限制、深度探索外籍人才申请永久居留积分评估制度、对其亲属配偶出入境提供便利等，让他们实实在在感受到在浦东创业就业方便。二要率先建立市场化的人才评价机制，在兼顾现有国家人才评价制度基础上，率先在生物医药、通信工程、文化创意等浦东优势产业领域，建立起以行业协会、专家、政府等多方评价主体协同评价机制，形成"浦东品牌"。三要建立灵活的人才流动机制，要充分利用事业机构、企业等自身优势，成立界于事业与企业边界的研发机构，吸引国内外顶尖科学家及研究团队来浦东创新创业。四要建立科学实在的人才激励制度，在创新创业人才的优惠政策、引才激励政策等方面进行创新，比如在科技成果转化中的个人所得税进行优惠、设立"伯乐奖"，对在人才培养、引进过程中做出贡献的单位及个人给予表彰和奖励等。

第二，以提升集中度显示度为导向，构建层次清晰门类完善的人才政策体系。面对人才工作的新形势新要求，需要加强顶层设计，从系统继承层面探索建立浦东人才政策和制度框架体系，增强政策的集成性、体系性、协同性，提升人才政策集中度显示度。为此，建议形成四个层次的政策框架：第一个层次是顶层综合文件，包括《关于进一步加强浦东新区党管人才工作的实施意见》和浦东新区带有法规性质的人才政策文件，这方面要具有稳定性、长期性和科学性；第二个层次是综合政策措施，即聚焦人才引进、培养、激励、服务和体制机制改革的人才政策方案；第三个层次是配套实施办法，包括加强柔性引才用才、人才平台建设、促进金融人才优先发展等政策措施。第四个层次是具体操作规程，每一个人才政策需要设立对应的详细可操作性的实施办法。建议将人才政策进行梳理归类，制作成宣传册（纸质版、电子版）同步发布，通过打造并打响人才政策品牌，建设人才服务中心，提高政策体系的知晓度，提升政策信息获取的便利度，提高政策本身的透明度，使人才政策更有亲和力。

第三，聚焦高端前沿优势引领人才，培育浦东本土的领军型企业和研究机构。领军型企业、著名研究机构，这就好比著名景区对游客吸引一样，对人才的聚集形成"磁场"，同时，这些企业还会引领相关产业和配套企业发展，进一步加速人才集聚。在北京中关村核心区，拥有以北大、清华为代表的高等院校40多所，国家级省市级科研院所200多家，还有百度、小米、京东等一大批知名企业；在深圳也涌现出像腾讯、万科、华大基因、大疆等领军型企业，杭州则以阿里巴巴为代表，这些著名企业对地区人才集聚和产业发展具有关键作用。建议浦东要发挥政策优势，聚焦未来产业，狠抓关键领域和核心技术，扶持培育自己的领军型独角兽企业，比如对有发展潜力的科技型企业给予普惠式的研发经费补贴、对小微创新企业研发人员的社会保险费公司部分予以一定的补贴等。同时，建议以争取国家级、市级重大项目为导向，以顶尖科学家为主体，聚焦基础科学领域、前沿科技领域以及浦东产业优势领域，建立具有国际影响力的研究平台，重点攻关国家科技薄弱环节。

第四，加强科技中心与金融中心联动，推动产业、科技与金融的深度融合。作为上海国际金融中心、航运中心、贸易中心和科技中心核心功能区，浦东新区完全有优势将金融中心和科技中心深度融合、有效联动。但是，现在新区在产业、科技和金融方面形成多张皮，相互之间的联动和融合相对较少，最典型的是风险投资太少，这一方面是浦东整个科技成果本身存在质量问题，另一方面还是在于金融与张江联动太少。建议新区政府要加强政策引导，运用浦东金融中心核心功能区地位，把海内外优秀科研成果放置新区培育孵化。建议深化张江科学城和陆家嘴金融城"双城联动"，围绕创新链部署资金链，引导金融资本支持科技创新，比如大力支持相关商业银行研究推出适合创新创业企业的知识产权质押、股权质押贷款和信用类融资产品，加大产品创新奖励、风险补偿、风险补贴、业务规模奖励力度。建议加强与上海市担保中心合作；以更大力度集聚天使投资、创业投资、风险投资等股权投资基金，对投资浦东的项目根据投资额给予风险补贴等。

第五，加快长三角人才政策体系融合，推动区域之间人才合理集聚和扩散。要积极借鉴京津冀人才政策联动、深港人才合作等先进做法，加快推进长三角人才政策合理集聚和扩散，在长三角职称互认、社保互转等方面积极实践；积极参与长三角人才中介联盟的建设，推动浦东成为国内人才交流的门户建设；积极探索浦东非生产性人口的户籍向长三角宜居小镇迁移，为人才流入腾出户籍。

第六，积极实施人才安居工程，为各类人才提供舒适贴心周到的公共服务。高房价是上海高生活成本的非常重要的组成部分。很多优秀人才之所以不来上海，很大程度上就是因为房价过高。深圳解决的措施就是对杰出人才实施高额的房价补贴制度、高比例的人才公寓政策，实施"筑巢引凤"策略。在最新出台的深圳住房制度改革中，实施了60%用于政策性支持住房和公共租赁住房，其中20%用于人才性住房，同时新开商品房必须配置15%的人才住房，这些政策是新区可以借鉴的，也是落实"房子是用来住的不是用来炒的"住房政策定位。另外，要积极营造廉洁从政、公正司法、严格执法、高效解决商事纠纷的良好法治环境，依靠法治软环境建设，吸引国际人才和国际资本，比如深化中国（浦东）知识产权保护中心、强化法院、检察院、海关、公安、知识产权行政执法部门、仲裁和调解组织之间的联动协作，完善知识产权行政执法与民事保护优势互补、与刑事司法有效衔接的协作机制。此外，还要在教育、医疗卫生、公共服务方面优化服务，提升各类服务的便利度和可获得性，解除人才后顾之忧，使人才全身心投入创新创业。

参考文献

鞠炜、刘宁：《京沪浙粤苏人才政策比较研究》，《中国人力资源开发》2013年第15期。

刘玉雅、李红艳：《京沪粤苏浙地区人才政策比较》，中国管理科学学术年会，2016。

陈莎利、李铭禄：《人才政策区域比较与政策结构偏好研究》，《中国科技论坛》2009年第9期。

课题组：《关于近年来我国各省市区人才政策的比较研究》，《甘肃理论学刊》2003年第4期。

黄怡淳：《北上广深四市人才政策对比分析及广州市人才政策建议》，《科技管理研究》2017年第20期。

祝瑞：《地方政府引进海外高层次人才政策比较与建议——以杭、沪、京、穗为例》，《经营与管理》2013年第3期。

郭俊华、徐倪妮：《基于内容分析法的创业人才政策比较研究——以京沪深三市为例》，《情报杂志》2017年第5期。

刘媛、吴凤兵：《江苏三大区域科技创新人才政策比较研究》，《科技管理研究》2012年第1期。

王磊、汪波、张保银：《环渤海地区高新区科技人才政策比较研究》，《北京理工大学学报》（社会科学版）2010年第4期。

高水平改革开放篇

High-level Reform and Opening–up

B.9 浦东服务"一带一路"建设推进高水平改革开放

王 畅[*]

摘 要： 浦东抢抓"一带一路"建设机遇，是深入推进"四高"战略，实施高水平改革开放的重要战略举措。上海自贸区作为"一带一路"桥头堡，将重点打造"一带一路"技术贸易措施企业服务中心、境外投资服务平台建设、"一带一路"国别（地区）进口商品中心、提升"一带一路"金融服务功能、深化"一带一路"人才交流合作等五项工作，促进"五通"的顺利推进。本报告探析了"一带一路"技术贸易措施企业服务中心、中国（上海）自由贸易试验区境外投资服务

---

[*] 王畅，中共浦东新区委员会党校讲师，上海外国语大学国际关系专业博士，研究方向为国家战略、中国特色社会主义理论、浦东区情等。

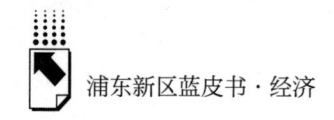

平台和全球并购网、"一带一路"国别（地区）进口商品中心、海外人才局等案例的做法与意义，以期为浦东下一步在更高层次、更高水平上推进改革开放提供经验总结。

关键词： 浦东　"一带一路"　高水平改革开放

一　浦东高水平对外开放服务"一带一路"的政策背景

2018年7月，浦东区委四届四次会议审议通过《中共浦东新区委员会关于全面落实〈中共上海市委关于面向全球面向未来提升上海城市能级和核心竞争力的意见〉深入推进实施高水平改革开放、高质量发展、高品质生活、高素质队伍战略的意见》。其中高水平改革开放主要体现在率先突破、全面开放、持续领先上，抢抓新一轮对外开放机遇、中国国际进口博览会机遇、"一带一路"和长三角一体化的机遇，以自贸试验区建设为引领，以改革作为制度支撑，以"四高"战略构筑浦东新时代发展的核心优势。

"一带一路"是新时代中国全方位对外开放的主要抓手，既是实现中国梦的国家战略，也是构建新型国际关系和人类命运共同体、实现全球治理的重要倡议。"一带一路"倡议提出5年来，中国已同80多个国家和国际组织签署"一带一路"合作协议，迄今全球已经有100多个国家和国际组织积极参与。党的十九大报告中五次提到"一带一路"，并将其写入新修订的《中国共产党章程》。2018年政府工作报告指出，五年来，"一带一路"建设成效显著，对外贸易和利用外资结构优化、规模稳居世界前列。今后中国将继续坚持共商共建共享，推进"一带一路"国际合作，推动国际大通道建设，扩大国际产能合作，优化对外投资结构。①

---

① 李克强:《政府工作报告——2018年3月5日在第十三届全国人民代表大会第一次会议上的讲话》，《中华人民共和国国务院公报》2018年4月30日。

《浦东新区国民经济和社会发展第十三个五年规划》提出以自贸试验区建设推动浦东进一步深化改革开放，不断提高开放型经济发展水平，强调浦东应推进双向开放，统筹利用国际国内两个市场、两种资源，还应"完善对外开放布局，积极融入国家'一带一路'战略，深度参与全球经济合作和竞争。"[①]

2017年3月，国务院印发《全面深化中国（上海）自由贸易试验区改革开放方案》（以下简称《全改方案》），提出上海自贸区要创新合作发展模式，发挥"三区一堡"的功能定位，成为服务国家"一带一路"建设、推动市场主体走出去的桥头堡。2017年10月，上海市推进"一带一路"建设工作领导小组办公室贯彻落实"一带一路"国际合作高峰论坛精神和中央要求，经市政府批准发布《上海服务国家"一带一路"建设发挥桥头堡作用行动方案》，明确"把服务国家'一带一路'建设作为上海继续当好改革开放排头兵、创新发展先行者的新载体，服务长三角、服务长江流域、服务全国的新平台，联动东中西发展、扩大对外开放的新枢纽，努力成为能集聚、能服务、能带动、能支撑、能保障的桥头堡"功能定位和"以上海自贸试验区为制度创新载体，以经贸合作为突破口，以金融服务为支撑，以基础设施建设为重点，以人文交流和人才培训为纽带，以同全球友城和跨国公司合作为切入点"[②]的主要路径。

为落实以上政策要求，上海自贸区将重点打造"一带一路"技术贸易措施企业服务中心、境外投资服务平台建设、"一带一路"国别（地区）进口商品中心、提升"一带一路"金融服务功能、深化"一带一路"人才交流合作等五项工作。由于"一带一路"金融服务功能是指在"一行三会"的指导下拓展各类别金融机构、金融要素、金融市场的功能，在跨境结算、投资融资、风险保障等方面提供支持，与上海自贸区金融改革、上海国际金融中心建设彼此联动高度重合，故本文不再另行赘述。

[①] 《浦东新区国民经济和社会发展第十三个五年规划纲要》，《浦东开发》2016年第2期。
[②] 上海市人民政府：《上海服务国家"一带一路"建设发挥桥头堡作用行动方案》，2017年10月。

二 "一带一路"技术贸易措施企业服务中心

"一带一路"倡议，是中国与世界互动的新思路，是契合世界需求、实现共同发展的国际合作新平台，是我国深化改革和全方位对外开放的新机遇。上海自贸区，作为改革开放的试验田、"一带一路"倡议的先锋队、推动市场主体"走出去"的桥头堡，与国家质检总局协同合作，积极搭建服务企业"走出去"的互动平台，依托企业服务中心，充分发挥政府、企业以及国内外相关组织的优势和特色，"互惠互补、合作共赢"。

技术性贸易措施是指在世界贸易组织（WTO）规则框架下，为《技术性贸易壁垒（TBT）协定》和《实施卫生与植物卫生措施（SPS）协定》所管辖的各种形式的非关税措施。作为一把双刃剑，它既可以表现为一国对贸易的不合理限制，也可以通过技术性贸易措施的协调与合作，促进贸易的顺利进行。[1]

推动"一带一路"务实合作需要用好技术性贸易措施手段。"一带一路"沿线国家和地区的法律法规与技术标准各不相同。放眼当今国际贸易，关税壁垒已逐渐淡出历史舞台，取而代之的则是越来越多的技术性贸易壁垒。统计显示，"40%的中国企业在走出去的过程中遇到过技术性贸易壁垒，损失高达数百亿美元，而这其中80%的原因是信息不对称导致的企业不了解、不熟悉当地市场对于相关产品质量的技术要求。"[2] 随着经济全球化和区域合作的加强，技术性贸易措施在国际贸易中的影响越来越大。如2017年全球共有93个国家或地区发布TBT/SPS通报超过4000项，同比增长6.2%。调查显示，"2016年我国34.1%的出口企业受到国外技术性贸易措施不同程度的影响，全年出口贸易直接损失数额为3265.6亿元，占同期

---

[1] 国家质量监督检验检疫总局发展研究中心主任付文飙在2018年4月3日举行的"一带一路"高端智库论坛暨"一带一路"智库合作联盟理事会第四次会议时发言。
[2] 王志彦：《推动标准互认助力企业走出去》，《解放日报》2017年5月23日。

出口总额的2.4%。"①

近年来，我国在推进技术贸易措施的协调与合作主要有三个着力点：一是积极推动与"一带一路"相关国家和地区在标准、计量和认证认可体系方面的合作。二是积极用好WTO规则，服务贸易畅通。三是积极帮助企业应对国外技术贸易措施的影响。

2017年9月14日，"一带一路"技术贸易措施企业服务中心在沪揭牌，国家质检总局标准与技术法规研究中心、发展与研究中心与上海自贸区管委会签署"一带一路"技术贸易措施工作合作备忘录。该中心在打造认证认可、标准计量等互联互通监管合作新模式的具体做法如下。

1. 开展相关动态追踪研究

在上海自贸试验区设立"一带一路"技术贸易措施企业服务中心，旨在为企业境外投资提供建立在对全球技术贸易措施相关动态追踪研究基础上的及时资讯，包括对"一带一路"沿线国质量安全风险的监测和技术标准的互认可等共计八种主要服务。此外，服务中心将在学习、消化、吸收发达国家技贸体系成功经验的基础上，紧贴产业、企业发展实际需求，加强建立健全涉及国家安全、人民健康、产业利益的技术性贸易措施体系的研究。同时重点加强在消费品、农产品、食品等领域开展技术性贸易措施对外贸影响的专题研究，及时提出政策建议。

2. 建立公共信息服务平台

服务中心的另一功能是对沿线国的贸易政策法规进行收集、编译、分析，通过提供包括口岸措施、通关程序、技术法规、产品标准、优惠原产地规则等信息，为企业提供帮助和指导。在功能定位中，要形成覆盖面广、高效及时的基础型信息服务系统，并且针对不同企业多元化的需求，为各类企业提供个性化的定制服务产品，为企业"走出去"和"引进来"提供公共服务和专业指导。

"一带一路"技术贸易措施企业服务中心是互联互通监管合作新模式的

---

① 王志彦：《推动标准互认助力企业走出去》，《解放日报》2017年5月23日。

探索，有利于深化多双边认证认可、标准计量等方面合作交流，目的是从监测质量安全风险、互认技术标准等方面帮助中国企业更好地研究沿线市场，实现更好地"走出去"。具体意义有以下内容。

①打造互联互通监管合作新模式

"一带一路"技术贸易措施企业服务中心是以高标准便利化措施促进经贸合作的重要举措，有助于应对技术性贸易措施壁垒这一我国企业走出国门时经常会遇到的"坎"。它重点在贸易便利化、互认机制、标准化体系及溯源机制以及"一带一路"沿线国家和地区口岸措施、通关程序、技术法规、产品标准、优惠原产地规则等方面加强合作和资源共享，为政府部门提供政策和信息收集分析等研究支撑，为企业"走出去"和"引进来"提供专业指导和帮助，帮助出口企业打破或跨越国外技术壁垒，顺利走入国际市场，顺利走进沿线国家。① 这一样板工程，擦亮上海自贸试验区服务"一带一路"建设的名片。这一举措保障了企业的利益，避免陷入信息不对称的损失，有助于充分发挥企业主体的积极性和能动性。

②助力"一带一路"贸易畅通

技术性贸易措施在推动高水平对外开放"互联互通""贸易畅通"中起到非常重要的作用。加强"一带一路"相关国家技术性贸易措施研究与应用，对中国参与全球治理、实现互联互通、提升贸易便利化水平具有重要意义。上海自贸区努力凝聚政府、行业、企业等各方面力量，推动"一带一路"标准、计量和认证认可等的合作，努力实现制度层面的"互联互通"、合格评定结果的互认和相互衔接。技术层面，要用好WTO规则，既做好向世界贸易组织 TBT/SPS 的通报，更要鼓励行业和企业积极参与对国外技术贸易措施的评议，争取更大的利益，避免和降低对我国产业和出口的损害和损失，有助于各种资源在"一带一路"上充分涌流。

---

① 《服务"一带一路""一带一路"技术贸易措施企业服务中心》，《新民周刊》2018 年 4 月 22 日。

三 深化境外投资服务平台建设

"中国（上海）自由贸易试验区境外投资服务平台"（www.shftz.cn）是2014年9月上线，一年内聚集律师事务所、银行、会计师事务所等30余家专业性服务机构，并与12家境外投资服务机构达成战略合作。2015年9月，上海自贸区境外投资由设立之初以投资管理体制改革为核心的1.0版，发展到以金融改革为核心的2.0版，进入以构建境外投资管理服务链为核心的3.0版。在上海自贸试验区境外投资推进暨服务联盟成立大会上，浦东新区副区长简大年表示上海自贸区及浦东新区政府将继续推动境外投资逐步与国际接轨，实现更高水平发展。这一平台旨在通过政府、企业、社会机构间的信息共享与资源整合，打造境外投资的全生命周期服务体系，包括投资保障、行业咨询、争端解决、税收政策、离岸业务等更加完善的境外投资政策支持体系，增强企业竞争力。

"一带一路"和"长江经济带"国家战略为上海自贸区加强打造境外投资服务平台升级版提供了机遇。随着境外投资服务联盟的成立，平台将不断挖掘新功能，继续引进服务机构，提供更多信息和服务，在拓展服务功能和延伸服务手臂上继续完善，提升跨境服务能力。同时协助上海自贸区做好境外投资跟踪和监管，并将完善资本库和项目库，为投融资双方搭建起沟通的桥梁。而作为上海自贸区境外投资的重要平台，联盟更将为对接"一带一路"和"长江经济带"的国家发展战略发挥积极作用，如开设"一带一路"专栏，完善境外投资项目库、资金库、信息库的分类与内容，串联各片区相关平台，链接更多服务机构等。

截至2018年10月1日，"一带一路"专栏围绕最新投资机会、权威投资指南、热点投资资讯、专业服务机构等方面已经累计共发表关于中国、印度、泰国等45个亚洲国家，波黑、黑山、立陶宛等20个欧洲国家，埃塞俄比亚、埃及、南非这3个非洲国家和新西兰这一大洋洲国家的数千余条资讯。

此外，为了更好地服务企业，充分利用国内和国外两个市场、两种资源，加快国内外资源联合发展，上海自贸区2016年成立了全球并购网，并以此作为跨境投融资综合服务载体，为自贸区企业提供"专业化、一站式"的公共服务，助力中国企业分享海外发展机遇。这是上海外高桥保税区联合发展有限公司倾力打造的上海自贸区跨境投融资服务平台，为全球范围内项目方、资金方、服务方、渠道方的资金项目对接提供集信息、交易、社交一体化的服务，致力于成为真资金、真项目、真交易的O2O平台，打造投融资全产业链闭环，为国内外资本方、项目方、服务方的精准对接提供专业保障。

全球并购网的客户来自美国、日本及欧洲等48个国家。平台发布项目包括医疗及医疗器械、IT互联网服务、电子设备制造、汽车及零配件制造、机械制造、房地产、金融、科研技术等21个行业，吸引了一批科技前沿的项目及团队入驻平台。截至2018年5月底，全球并购网已累计引入资金方1652家，服务方79家，签约项目385个。具体做法如下。

1. 积极拓展优质并购项目来源

一是引入全球合伙人模式，广开项目源。全球并购网面向全球寻找业务合作伙伴，引入了全球合伙人模式，依靠全球合伙人推荐项目。2017年全球并购网管理团队前往美国旧金山、洛杉矶、圣地亚哥等地拜访Jabil公司的Blue Sky Center智能城市展示厅，实地体验美国的智能城市创新理念和技术。硅谷"独角兽"的孵化器Plug and Play曾培养出Google、Paypal、LendingClub、Dropbox等著名科技公司，全球并购网和Plug and Play公司签署了合作协议，为Plug and Play公司的项目寻找境内投资者。全球并购网与美国风投机构Zuma Partners共同举办项目路演会，深度挖掘有意开拓中国市场、寻求中国投资的创业公司；管理团队还拜访BioDuro公司的美国总部，商讨全球并购网与BioDuro公司在上海自贸区共同创建生物医药孵化器的合作方案。

二是规范管理机制，严把项目质量关。全球并购网建立相关平台，对所有项目信息实现严格规范管理。在项目准入方面，一方面定期对项目信息进行收集整理，实施动态管理，另一方面，对项目实施严格准入管理，所有项目需符合国家鼓励产业以及在核心技术上具有竞争力的企业，杜绝虚假信息和二手信息。在项目运行方面，严格项目发布流程，要求发布者进行线下和线上面谈，确认发布人是项目的财务顾问或者项目所在企业的高管，确保发布者与项目有密切关系，同时要求发布者提供个人身份信息。此外，关键领域、重点项目则要求推荐方为清科公司排名靠前的实力机构。

由于严格把控项目质量，目前全球并购网云集了国外众多有投资前景的高科技项目，如来自法国一家公司的 DNA 精准分析项目，该项目可对 DNA 做分子级别的精确分析，项目应用于乳腺癌、直肠癌的早期检测，可以延长患者的生命。平台同时推出了医疗器械领域前沿的项目，如澳大利亚一家公司推出了医疗器械 3D 打印，该项目以数字模型为基础，运用粉末状金属为材料，通过对大量患者骨骼模型数据进行统计测量，建立 3D 器官数据库，再通过逐层打印方式来构造人造器官，该项目可以帮助患者进行手术前分析和规划，降低手术风险，项目具有广阔的市场前景。又如平台治疗干性老年眼底黄斑病变的眼科多束光 LED 照射项目被自贸区投资基金收购，老年眼底黄斑病变属于眼科顽疾，该项目由一家美国科技公司研发，目前已通过加拿大的 FDA 认证，获得 5 项授权和许可使用专利，该项目已和国内知名厂商签署本地化制造及销售协议，将带动医疗技术造福于民。

2. 以"线上+线下"多样性活动实现资金与项目的对接

积极举办项目路演会、国家主题周、投融资论坛等活动，以项目洽谈对接为抓手，汇聚全球资金方、服务方、项目方、渠道方资源。如以色列作为"一带一路"沿线的重要国家，是上海自贸区实践国家战略的重要支点。为加强自贸区同以色列的深度合作，为国内企业投资以色列公司牵线搭桥，全球并购网于 2016 年 9 月举办"以色列周"线上专题活动，全球并购网的项目团队也同步深入以色列当地进行考察，直击以色列最高端的黑科技，挖掘最有潜力的投资机会，踏出上海自贸区和全球并购网对接"一带一路"的重要一步。

2018 年 3 月，全球并购网携手欧洲合作伙伴 ANM Partner 在上海自贸区国际生物医药科创中心举行以"大健康"为主题的路演会，旨在促成境外优质医疗健康项目产业化。路演会邀请专家、行业投资人、项目方到场，总规模300多人。来自中国与法国的干细胞再生心脏疗法、儿童口腔早期正畸解决方案、DNA精准分析平台、人工智能数字组织图像分析等数个医疗健康科技项目先后亮相。全新的技术吸引着在场观众的眼球，让优质的项目与专业的投资者实现精准匹配。通过举办形式多样的跨境活动，截至目前全球并购网已成功对接了来自美国、加拿大、法国、芬兰、日本等十几个国家优质项目资源，成功打造全球并购网活动品牌。

3. 打造专业的服务支撑体系

一是建立第三方服务超市模式。项目交易大都需要律师、会计、银行、商务等第三方机构参与才能完成，全球投资网平台引入第三方投融资服务机构，投资者可以自行选择服务机构，后台负责资金清结算。三方服务机构涵盖法律咨询服务、会计、保险和商务等。这种超市化服务模式广受第三方服务机构和投资者的欢迎，国内外多家知名金融机构如中国工商银行、渣打银行、东亚银行等已经入驻，会计师事务所有大华、致同等知名会计事务所。二是建立一支投行化专业化的服务团队。按照"政府服务投行化和专业化"的标准，成立了跨境投融资服务团队，并按照"政策、业务、渠道、服务、案例"的思路将跨境并购分解至流程化，倾力打造形成全流程、全要素的跨境服务体系。

4. 搭建全方位社交圈平台模式

全球并购网建立交易圈、服务圈、人脉圈、资讯圈四大社交板块，网站的会员和客户通过社交板块掌握更及时、更全面的项目信息，投资方和项目方借助平台资源开展全方位合作。平台为用户提供多样化的信息发布渠道，同时依托现有资源，组织专业团队为用户提供信息筛选、匹配、推送、定制等各类信息服务以及商业计划书、财务、法律、路演等一系列的投融资定制化服务。平台还以沙龙、论坛、峰会等形式为优质资本与项目提供面对面接洽机会，优先帮助有竞争力的资本和项目成功对接。[1]

---

[1] 张树德：《全球并购网　打造自贸区跨境投融资平台》，《浦东开发开放创新案例研究》，上海科学技术出版社，2018，第153页。

四 "一带一路"国别（地区）进口商品中心

利用上海自贸区的先发优势支持商业创新是浦东新区政府打响上海购物品牌的重要举措。浦东在外高桥保税区设立"一带一路"国别（地区）的商品中心，并在此基础上，借助中国进口商品博览会进一步拓展功能。

（一）具体做法

1. 展销一体化模式

2014年5月30日，上海自贸区内第一个建成的国别（地区）商品中心——澳大利亚商品中心开馆。该中心利用"展销一体化"模式，聚合澳中优质资源，打造澳中经贸交往绿色通道。

在政府主管部门和外高桥集团公司大力支持下，该项目历经前期坎坷与困难，在2017年开始，终于步入正轨。目前，在贸易与商业领域，已有近200家优秀的澳大利亚知名企业成为中心会员单位，并通过中心平台为中国消费者提供品质有保障的优质澳大利亚商品，这其中包括中国消费者熟悉的澳佳宝、贝拉米、奔富、甄妮诗、TimTam、百利康、Zenger等知名品牌企业。截至目前该中心已经引进超过2000个SKU（库存量单位）的澳大利亚产品，从营养保健到美妆洗护，从绿色食品到珠宝首饰，从鞋帽配饰到酒水饮料，从日常生活所需到澳大利亚原土著艺术品，[1] 上述产品年销售额已超人民币1000万元。

借助上海自贸区的贸易便利和高效管理，澳大利亚商品中心也已建成线上平台"澳大利亚国家馆网上商城"，初步建成了覆盖线上线下、批发零售等渠道的立体交叉式销售网络，同时在华东、华南、华北等地建立二级馆。[2] 据

---

[1] 司春杰、沈馨艺：《澳大利亚国家馆：中澳双边合作的中间人》，《浦东开发》2018年第7期。

[2] 司春杰、沈馨艺：《澳大利亚国家馆：中澳双边合作的中间人》，《浦东开发》2018年第7期。

透露，澳大利亚国家馆线下实体销售体系——直销店（DSS）及澳洲城项目等正在稳步拓展，将为更多中国消费者提供"澳式"购物体验。目前中心还在与国内知名特色小镇发展商联络，计划在全国主要城市布局打造"一园一馆"模式的文旅项目。

此外，服务项目也已初步展开，目前中心已成为8家不同行业的澳大利亚优秀技术服务企业战略合作关系，协助他们与相应的中国客户衔接并建立伙伴关系。此外，中心也与国内2个大宗商品交易中心达成初步合作协议，在其框架下合作打造专门的澳大利亚商品交易中心。不仅如此，中心还积极帮助中国企业"走出去"，如中心已成功帮助一家无锡企业与澳大利亚资深养老机构建立了合资公司（首期投资为人民币1.8亿元），计划在澳大利亚投资建设三个大型养老院；中心同时还协助了一家国内畜牧业企业（宁夏）在澳大利亚投资建设了6个大型安格斯牛牧场。

2. 会员联盟模式

上海自贸区内目前占地面积最大的国别（地区）商品中心是智利商品中心，达2626平方米。它于2015年5月进驻国别（地区）商品中心项目二期的法赛路310号。同年8月24日，智利商品中心首批驻馆企业的签约正式启动。

截至2017年7月，中智中心已完成智利会员招募41家；促成智利及南美洲商品进口170种，其中20种为首次进入中国；建成省级分中心2家（长沙、西安），各类商品中心10家（上虞、成都、北京、淮北、贵阳、郑州、广州等），同全国各自贸区及深圳、哈尔滨等地区中心城市推动进一步合作；2016年，完成进口贸易310万美元，协助促成出口贸易750万美元。

在促成中智双边中小企业进行国际贸易合作的同时，中心坚持推动文化交流、技术交流、信息交流等深层次合作，随着市场的调研逐步深入，推动"'一带一路'自贸商业联盟（筹）"中南美洲专委会成立，配合国家发改委为商品贸易中的深层次问题提出的一系列数据与参考方案，为以车厘子为例的智利大宗商品建立行业标准、规范流通秩序，获得相关商品的国际话语权。

由于南美国家在国际贸易方面，行动力相对滞后，同时，也因中智中心的运营成本较高，其运作依旧碰到不小的压力。但中智中心依旧在努力想办法解决问题，如2018年年初，大量符合行业标准的车厘子到达上海口岸，开展批发业务后，其经营压力得到部分缓解。

3. 区域联合模式

除了单个国别的商品中心，上海自贸区还有区域联合的商品中心，即包括波兰、捷克、斯洛伐克、匈牙利、斯洛文尼亚、克罗地亚、罗马尼亚、保加利亚、塞尔维亚、黑山、马其顿、波黑、阿尔巴尼亚、爱沙尼亚、立陶宛和拉脱维亚等共16个国家的中东欧16国商品中心。平台面积1898平方米，商品中心产品品种超过1000种，年销售额1034万元。首先引进了位于保加利亚首都索菲亚的中东欧16国的农业合作机构，将16国的绿色农业、食品业、制造工艺、精细矿产等引入中国市场。[1] 这一区域联合模式的商品中心搭建了中东欧国家互相开拓中国市场的16+1措施，中东欧16国国家馆，被划分成了十多个独立空间，保加利亚国家馆、马其顿共和国国家馆、捷克国家馆已在此"扎根"。[2] 以保加利亚馆为例，该国有世界近3/4以上的玫瑰品种，还有世界上最大的玫瑰种植园，素有"玫瑰王国"的美誉。每年6月的第一个星期天，保加利亚都要在"玫瑰谷"举行盛大的保加利亚玫瑰节。在保加利亚共和国商品中心内，保加利亚最具特色的玫瑰产品专设了独立的"保加利亚玫瑰馆"，玫瑰馆面积为50平方米，展出玫瑰产品300余种。又如近200平方米的马其顿商品中心装饰极具马其顿民族特色，展示优质葡萄酒、天然矿泉水、奶类、罐装水果和蔬菜等300多件马其顿代表商品。

（二）重要意义

上述集展示、投资、交易、服务于一体的线上线下互联互通的综合平台

---

[1] 《借道上海自贸区"国家馆"国外近万种商品进入中国市场》，中新网上海，2017年7月26日。
[2] 《借道上海自贸区"国家馆"国外近万种商品进入中国市场》，中新网上海，2017年7月26日。

的意义在于以下三点。

1. 以展示对象国国家形象和文化特色为目标

国别（地区）商品中心内一个个世界"橱窗"，展示的是各个国家的特色产品，更是整体形象。让更多国家的优质商品进入中国市场，继而打造365天"永不落幕"的进口商品博览会，是国别中心项目的最终目的。上海自贸区内的每个国家（地区）商品中心都要获得该国驻华大使馆或相关政府部门授权，才能在上海自贸区管委会备案认可，[1] 因此可以保证每个项目的"唯一"及所有展示商品的"原汁原味"。同时，作为集展示平台、销售渠道、各类配套服务等多功能为一体的场馆，国家（地区）商品中心可以为次发达国家在推广本国消费品、文化艺术、医疗教育、服务等方面，提供一个低成本高效率的平台。可以说，自贸试验区国别（地区）商品中心是上海自贸区助力国家"一带一路"倡议、满足人民日益增长的美好生活需要的重要抓手。

2. 以线上+线下、商品展销+服务孵化为抓手

国别（地区）商品中心除了发挥实地展销的功能外，还有助于对象国在国内建成覆盖线上线下、批发零售等渠道的立体交叉式销售网络，同时在服务贸易中也扮演了重要角色。它主要服务于各国中小型企业，为这些对中国市场尚处于试水阶段的海外企业搭建平台，提供包括小型场地办公和注册、专业培训、产品发布、贸易洽谈、进口代理、物流配送、商务咨询等多项配套服务。国别（地区）商品中心的孵化功能将大大降低海外中小企业进入中国市场的前期运营成本，促进所在国更多的中小企业更顺畅地通过上海自贸区，进军中国市场。同时，也为中国企业"走出去"，到国别（地区）商品中心所在国家开展业务合作提供了便利。[2]

---

[1] 司春杰、沈馨艺：《澳大利亚国家馆：中澳双边合作的中间人》，《浦东开发》2018年第7期。

[2] 司春杰、沈馨艺：《澳大利亚国家馆：中澳双边合作的中间人》，《浦东开发》2018年第7期。

3. 以促进"一带一路"的"三同""五通"为使命

国别（地区）商品中心是在中国自贸试验区3.0时代，对照国际高标准自由贸易园区，进一步推动改革、扩大开放，为吸引外资营造良好的营商环境，并且服务国家"一带一路"建设顺利推进的有力举措。它是以自贸区保税展示、完税交易为主要依托，结合跨境电商平台，通过一站式服务的提供，促进境外商品和服务更便捷、顺畅地进入中国市场。同时，向自贸区以外的广大内陆地区复制推广运营模式。国别商品中心将有效促进所属国的优质产品进入中国市场，对拉动国内消费、提升消费能级、避免过度贸易逆差产生积极影响。这一生动鲜活、永不落幕的"进口商品博览会"，无疑是有利于中国与对象国政府、企业间打造利益共同体、责任共同体和命运共同体的积极实践，对"五通"尤其是贸易畅通、民心相通有着可圈可点的现实意义。

五　加强"一带一路"人才交流合作

为积极从"一带一路"沿线国家和地区引进高层次人才，推动公安部"双自"人才新政在浦东顺利落地，浦东将制定发布"张江首席科学家500计划"等，为"一带一路"高层次人才出入境和停居留提供便利，同时推进离岸创业基地、国际孵化器等平台建设，营造良好创新创业环境。[①] 2017年6月16日，浦东新区在全国率先挂牌设立了海外人才局，这是全国首家以"海外人才局"命名的政府机构。海外人才局内设海外人才工作处，增加海外人才管理服务职能，负责海外人才政策的拟定和宣传，外国专家管理，外国人来华工作许可的受理、审批和监管，留学人员及台港澳人员来浦东创业就业，认定、推荐符合标准的外籍高层次人才直接申请永久居留，引进国外智力以及高层次人才服务等。具体做法如下。

---

① 浦东新区：《上海自贸区五大举措深度对接"一带一路"》，上海政务网，2017年5月23日，http://www.shanghai.gov.cn/nw2/nw2314/nw2315/nw15343/u21aw1231294.html，最后访问日期：2018年1月1日。

1.为外国人来华工作优化制度提供服务

一是承接外国人来华工作许可审批。2017年11月1日起,海外人才局开始对区内用人单位的外国人来华工作许可进行审批。制定了《浦东新区外国人来华工作许可审查工作细则》,形成了预审、受理、审查、审批全流程操作路径;建立了"海外人才工作处"与"海外人才服务中心"协同受理、审批的工作机制;优化审批流程,缩短了审批期限,外国人A类证件由原来的5日缩短为3日。二是降低外国留学生直接就业门槛。明确2017年毕业的上海高校应届本科生可办理工作证明函,并细化了办理流程、申请材料等工作。自2017年5月开始受理,目前海外人才局已为来自上海纽约大学、复旦大学、同济大学、上海交通大学等高校50位硕士外国留学生、36位本科外国留学生办理了《外国留学生工作证明函》。三是成功举办上海自贸区外国留学生专场招聘会。人才局积极做好上海高校本科外国留学生可在自贸区直接就业的政策宣传,首创上海自贸区外国留学生专场招聘会,连续举办了三届,反响热烈,自贸区企业提供了近千个岗位,吸引了来自30多个国家的1000多名外国留学生参加,为自贸区企业和外籍人才搭建了交流平台。

2.为外籍人才在华居留落户积极提供服务

一是做好自贸区外籍高层次人才直接申请永久居留的认定、推荐工作。制定了自贸区外籍高层次人才的认定标准、认定流程,形成了《上海自贸区推荐外籍高层次人才申请在华永久居留的认定管理办法(试行)》,并于2017年4月12日正式启动这项工作。截至目前,共收到60份申请,39人顺利拿到推荐函,其中罗氏制药有限公司的总经理周虹女士拿到全国首张自贸区推荐绿卡。二是研究制定自贸区顶尖科研团队外籍核心成员申请在华永久居留的认定细则。根据《上海出入境聚英计划(2017~2022)》政策,上海自贸区区域内承担国家、上海市重大项目团队的外籍核心成员,经上海自贸试验区管委会认定后可申请在华永久居留。为此,海外人才局牵头制定了顶尖科研团队的认定标准,结合浦东新区鼓励发展产业,将部分国家级、上海市重点项目列为顶尖科研团队,并明确了申请材料和认定流程。三是率先开设归国留学人员落户窗口。2017年7月26日开设了全市第一个区级归国留学人员落户窗口（设在张江行政服务中心2楼），企业注册地在浦东新区的用人单位可至该窗口办理相关业务。

在人才合作方面，浦东仍可按照《行动方案》的部署，在科技创新合作专项行动和人文合作交流专项行动中有所作为，依托功能性平台和项目，加强与"五个中心"联动。

结　语

中国的改革开放40年书就了我国现代化进程和经济全球化进程中精彩绝伦的篇章，其中，浦东开发开放这一作为风向标、先行者、排头兵、试验田和示范区的国家战略践行了28年，无疑在我国改革开放历程中写下了浓墨重彩的一笔，推动了中国特色发展模式的演进和改革开放向纵深发展，丰富和支撑了国家现代化进程中制度设计。浦东开发开放则是这一时空轴线上具有承前启后意义的示范典型，不仅为中国特色的现代化道路提供了可借鉴、可复制的经验，也为全球开放普惠的新型全球化进程开拓了可持续、可推广的样本。浦东在新一轮对外开放的背景下服务"一带一路"的战略举措，仍要彰显"桥头堡"和"试验田"作用。首先因其开发开放中的经验以及锐意创新的解放思想、敢闯敢试的鲜明观点和国际视野、全球思维的超前观念，将对"一带一路"海外园区建设在理念、制度、操作层面提供诸多宝贵的实践经验。其次在浦东建设"三区一堡"过程中，推动自贸区制度创新和"三个联动"，切实为"一带一路"企业"走出去"构筑了开放型功能性平台。

参考文献

《浦东新区国民经济和社会发展第十三个五年规划纲要》，《浦东开发》2016年第

2 期。

国务院：《全面深化中国（上海）自由贸易试验区改革开放方案》，新华社，2017年3月31日。

上海市人民政府：《上海服务国家"一带一路"建设发挥桥头堡作用行动方案》，2017年10月。

中共浦东新区区委宣传部、党校：《浦东开发开放创新案例研究》，上海科学技术出版社，2018。

浦东新区：《上海自贸区五大举措深度对接"一带一路"》，上海政务网，2017年5月23日。

B.10
浦东引领长三角地区迈向高质量发展研究

王志航[*]

摘　要： 浦东开发开放作为一项重要的国家战略，是党中央在我国改革开放的关键历史时期做出的重大战略决策。2007年3月31日，时任上海市委书记习近平同志在调研浦东时明确指出，"要进一步深刻认识开发开放浦东这项国家战略的重大意义"。28年来，浦东紧紧抓住国家给予的功能性政策先行先试优势，摆脱了传统开发区单纯依赖优惠政策和资金扶持的传统模式，探索出一条自立自强的发展道路。长三角协同发展战略提出后，浦东作为长三角一体化发展的起点，应该深入总结自身开发开放的经验与启示、引领未来长三角地区的发展方向。

关键词： 浦东　长三角　开发开放

一　前言：浦东的精神内核——转型发展、不断改革

远古时代的浦东地区本是一片汪洋大海。随着长江上游的泥沙日积月

---

[*] 王志航，硕士，中共浦东新区党校浦东开发开放（理论教育）教研部讲师，主要研究方向：浦东发展、政府职能效能提升。

累地在长三角地区减速沉降,不断拓展成为长江三角洲和冲积平原,才最终铸就了浦东大地今天的面貌。历史上,浦东先民兢兢业业、克勤克俭,为浦东地区经济社会的形成和建设发展做出了突出贡献,也奠定了浦东人筚路蓝缕、诚信敬业、因时因地有效利用自然资源、不断改革创新的精神底色。宋代时,浦东下沙盐场逐步发展成为东南沿海34个大盐场之一,"因盐成镇"的社会、经济、人口"虹吸效应"为浦东地区带来了最早的繁荣兴盛。

随着西方国家用坚船利炮打开中国国门和中英《南京条约》的签订,上海成为近代中国第一批四个对外通商口岸之一。面对外国商品经济的疯狂入侵和鲸吞蚕食,浦东先民摸索出"三刀一针"(建筑工的泥刀、裁缝的剪刀、厨师的菜刀、女工的绣花针)的浦东行业品牌,体现了浦东人攻坚克难、因时变革的精神品格。

二 浦东开发开放的成就——辐射周边、推动浦东全面发展

开发开放28年来,浦东在经济贸易、产业升级、社会民生等方面取得了长足发展,从"阡陌相通、鸡犬相闻"的乡村一跃成长为中国改革开放事业的先行者和排头兵,发展成为一座具有国际高水准、多功能、现代化的新城区。

(一)经济贸易实现规模与质量"双飞跃"

1990年,浦东新区生产总值仅为60多亿元人民币,到2017年已经增长到9651.4亿元,增长约160倍,GDP总量从全市的1/15跃升至32.5%。2017年,一般公共预算收入达996.3亿元,规模以上工业总产值超过1万亿元,全社会固定资产投资高达1903.7亿元。作为上海经济发展、科技创新的核心承载区,金融、贸易、航运的核心功能区,浦东已经成为长三角地区乃至全国的重要增长极。浦东在深化开放、综合配

套改革、供给侧改革等方面不断探索突破，取得了巨大成就。截至2017年，浦东持牌类金融机构已累计超过1000家，中债担保品业务中心、中债金融估值中心、中央国债登记结算公司上海总部等一批金融服务中心新近落户浦东，新区金融综合监管服务平台开始试运行。"以外高桥港和洋山港为主的上海港集装箱吞吐量从2010年起连续八年位居世界第一，2017年浦东国际机场旅客吞吐量突破7000万人次。"[①] 从经济落后、交通闭塞的水网农田，一跃成为上海"五个中心"建设的先行者，浦东仅仅用了28年。

（二）产业不断优化升级

浦东开发之前，区域内重工业比例很高。1990年，区内重工业产值约106.06亿元，在全区工业总产值占比高达62.9%。而其中又以原料工业所占比重最大，占58.2%，其余41.8%为加工工业。除重工业比重过大问题外，企业分布也极为不均衡。开发开放前，浦东地区有大型企业29家，占区内工业企业总数的2.3%，但其工业产值却占全区工业产值的53.6%。产业布局不合理、生产性企业相对集中是浦东开发开放前的基本工业情况。与浦东开发开放相伴的是浦东产业结构的迅速优化升级。2007年，浦东第三产业产值超过第二产业，高达1400亿元。随着中央和上海对实体经济转型发展的高度重视，浦东也进行了积极有效的产业调整和产业升级。截至2017年，浦东新区第二产业增加值占地区生产总值比重达到25.1%，而第三产业更是高达74.7%。就增速而言，第二产业明显快于第三产业，战略性新兴产业产值占规模以上工业总产值超过40%。城市基础设施和实体工业投资保持高速增长，房地产过热现象得到有效遏制。2017年，浦东新区制定出台了全面对标科技发展最前沿的"科创中心核心功能区2020行动方案"，聚焦服务"中国制造2025"的创新性新兴产业，不断

---

① 《稳中向好进中提质 浦东各项工作实现良好开局》，东方网，http://city.eastday.com/gk/20180115/u1a13585758.html。

深化科创中心核心功能区建设。张江科学城建设规划稳步推进，首轮启动73个重点项目，包括张江综合性国家科学中心、活细胞成像平台、上海光源二期等重大科学建设项目，张江实验室正式投入运行。为进一步明确临港地区作为"上海智能制造核心承载区"的产业发展定位，上海临港人工智能产业基地正式揭牌成立，12英寸大硅片、上飞飞机装备等重大产业项目竣工投产。目前，临港地区的集成电路、装备材料、智能制造等产业已初具规模。

（三）社会民生显著改善

1990年，浦东新区的平均受教育程度和医疗卫生条件均低于全市平均水平，交通条件异常窘迫。经过28年的不懈努力，浦东社会民生领域建设已经取得了巨大成就。截至2018年3月，全区养老床位数已达25308张，达到平均27人1张养老床位的历史最高水平，同时建成长者照护之家7家、老年人日间照料中心5家。家庭医生诊所试点，妇产科医联体和外高桥医联体建设，第七人民医院和东方医院改扩建等项目稳步推进。城镇登记失业人数30154人，占总人口比例历史最低。2017年全年新增就业岗位13.6万个，29个市级经济薄弱村全部"摘帽"。教育培训市场逐步规范，学区化、集团化办学涵盖将近70%的公办义务教育学校，公办中小学体育设施实现100%向社区开放，28年前浦东地区没有一家新华书店的历史一去不返。继2001年浦东大规模基础设施建设完工后，浦东又进行了地铁4、6、9号线等多条轨道交通线路建设，S2、S20、S32等高速公路建设以及三林等地区的绿地建设。浦东跨江交通不便、区内交通不畅、居住环境不佳等问题得到了彻底解决。

除了解决教育、医疗、就业、交通等传统民生问题外，浦东将民生服务推向了更高层次。黄浦江东岸贯通工程、上图东馆、上博东馆、世博文化公园等一批重大文化设施建设，以及上海世博会、环法自行车上海赛等重要活动，不断满足了人民群众日益丰富的文化休闲生活需求；开展市民满意的食品安全城市建设，进行道路交通违法行为大整治，推进社会治安专项整治行动,严厉打击重大违法犯罪活动,保障了人民的生命财产安全。2017 年,浦东进一步推进"家门口"服务体系建设,将民生服务工作提升到了新高度。截至 2017 年底,浦东已经建成 830 个"家门口"服务站,覆盖 2/3 村居,初步形成"15 分钟服务圈"。2017 年全区民生投入超过 560 亿元,占新区一般公共预算支出的比重高达 40% 以上。新区居民月人均可支配收入超过 5000 元。浦东开发开放的成果更多更公平的惠及人民群众,也真实反映了中国改革开放事业的初衷。

三 可学习、可复制、可推广——浦东开发开放的基本经验

浦东开发开放是在中国特色社会主义理论指导下的伟大工程,是 40 年中国改革开放事业和中国特色社会主义道路的生动实践,也是我国改革开放事业理论探索、思想解放和制度创新的"实验田"。探索新的"信号系统"而非"闯红灯",深化改革而非背离社会主义道路、锐意进取而不贪功冒进成为浦东开发开放 28 年来的基本经验。

(一)发挥党建引领优势,以一流党建促一流开发

党建引领浦东开发开放的方针是浦东建设发展的首要共识。充分发挥党组织的战斗堡垒作用和党员干部的引领示范效应,保证了浦东党员干部队伍的向心力和凝聚力。针对浦东两新组织迅速发展壮大,私营和外资企业职员学历高、年轻化、思想活跃的特点,浦东在 1999 年提出了"从区属党建向区域党建的格局转变"的党建方针,楼宇党建成为区域化党建工作的佼佼者。在商业大厦、青年公寓等工作居住区,楼宇党支部纷纷建立。有些楼宇成立了联合党支部,为两新组织中的党员提供了坚强的组织保障。陆家嘴金融贸易区倾力打造为金融贸易人才提供党建服务的"金领驿站"楼宇党建品牌,起到了较好的引领示范作用。"截至 2017 年底,金领驿站的 34 个党建服务点覆盖了陆家嘴区域内的 68 栋楼宇、近 10000 名党员和逾 20 万白领

人群。"① 金领驿站围绕区域化党建总体要求和现实情况,开展了"核心价值引领的平台、党群需求服务的平台、员工成长成才的平台、合法权益维护的平台、休闲交流联谊的平台"的"五个平台"建设工程。针对网络发展新趋势和特点,金融城开通了"陆家嘴金领驿站"微信公众号,2016年全年累计发布信息807条,聚集粉丝9639人,信息访问点击量214398人、471454次,粉丝互动2000余次。宣传了一大批先进典型、有效地传播了正能量和主流价值观,充分发挥了党建工作的引领辐射效应。2013年上海自由贸易试验区正式成立,其中外高桥地区外资企业占比超过80%。针对这一复杂情况,外高桥片区建立了国际贸易、制造加工、科技研发、航运物流等四个行业党总支,提出了区域化覆盖、信息化支撑、行业化运作、一体化服务、职业化保障的"五位一体"的党建工作方针,打造了全国领先的"自贸区党建"品牌。党建工作的不断开拓创新、凝心聚力、服务大局,为浦东开发开放事业不断迈向深入,提供了坚强的思想保障。

(二)规划先行、使命担当——扎实牢固的基础设施建设

"规划先行、按规划办事",是浦东基础设施建设的首要原则。1989年10月26日,时任上海市市长的朱镕基同志在研究浦东开发的相关专题会上指出,"上海的发展一定要考虑面向太平洋、面向未来,各种基础设施的布局一定要按这个要求。"②浦东的建设发展充分避免上海过去"摊煎饼"式盲目扩张的城市发展模式,在全国率先采取功能性分区、有严格规划、有全局蓝图的开发的方式。陆家嘴地区借助靠近浦西的优势、集中布局金融行业,外高桥地区靠近东海便于进出口、集中布局仓储物流行业,金桥地区靠近外高桥、集中发展生产性服务业,张江则针对新兴工业和信息化革命的挑战、积极建设高科技园区。四个功能性分区建设打破了原有开发区

---

① 详见陆家嘴金融城官网,http://www.lujiazui.gov.cn/。
② 详见《朱镕基上海讲话实录》,人民出版社,2013。

中工业与居民区混杂共处的局面，开创了中国新区建设的先河。1992年，《上海市浦东新区总体规划方案》获得通过，为浦东的"规划先行"之路提供了坚实的制度保障。按照"面向世界、面向21世纪、面向现代化"的三大战略目标和建设社会主义现代化国际城市的总体要求，"在充分借鉴国内外新区开发经验的基础上，用几十年时间将浦东建设成为布局合理、市政完善、通讯先进、交通便捷及生态宜居的现代化新区。"[①] 由于始终坚持分区规划、功能开发和基础设施先行的基本理念，浦东在基础设施建设过程中成功避免了城市大规模开发"翻烧饼"的通病。1997年挪威国王哈拉尔五世访问浦东时曾感叹，"浦东开发是世界城市开发史中的一个非常独特的成功例子。世界上几乎所有城市开发都没有经过全面规划，因此城市建设的随意性很大，效果并不好，而浦东是经过仔细规划后再进行建设，这非常可贵。"[②] 世界著名CBD权威、英国大伦敦市市长特别经济顾问斯蒂芬森更是在参观浦东后指出，"上海浦东是全球世纪之交城市开发最成功的区域之一。"[③]

在规划先行、严把落实的基础上，浦东的基础设施建设更是高瞻远瞩，将发展目光着眼于构建几十年后的大浦东格局。1.7平方公里的小陆家嘴地区在全国首次举办规划对外招标后，这一示范效应带动了国际会展中心、东方艺术中心、世纪公园、浦东办公中心等建筑的国际招标工作，彰显了世界各国设计师的聪明才智。占地面积达10公顷的陆家嘴中心绿地，宽逾百米、发挥全局辐射作用的世纪大道、宽阔的碧云国际社区人行步道与塑胶自行车道，都体现了浦东开发过程中深谋远虑的战略眼光和兼容并蓄的发展胸襟。2001年，浦东的大规划基础设施建设宣告完工。基础设施早期规划建设过程中形成的宜居、宜业、宜商环境，奠定了浦东开发开放向纵深不断推进的客观物质基础。

---

① 李开亚主编《上海人民政府志》，上海科学社会出版社，2004。
② 赵启正：《浦东逻辑：浦东开发与经济全球化》，上海三联书店，2007。
③ 谢国平：《浦东开发史》，上海人民出版社，2017，第239页。

（三）深化改革——金融保障、制度探索、产业转型升级

经济的发展首先要充分发挥市场要素的资源配置作用，尤其是金融系统对实体经济的辅助作用。邓小平同志在1991年指出，"金融很重要，是现代经济的核心，金融搞好了，一招棋活，全盘皆活。上海过去是金融中心，是货币自由兑换的地方，今后也要这样搞。中国在金融方面取得国际地位，首先要靠上海。"① 上海在20世纪30年代曾作为远东金融中心，其黄金交易量仅次于当时的伦敦和纽约。计划经济时代资本市场的停滞状态，决不能在浦东开发过程中重演。在浦东开发开放伊始，就决心充分发挥金融市场要素对实体经济发展的引领作用，将全国第一个金融贸易区设在靠近外滩的陆家嘴。1990年底，上海证券交易所落户浦东陆家嘴地区，工商、建设等国有四大银行也集中助力浦东金融要素集聚。中央给予了浦东在诸如外商投资经营金融服务业、外资金融机构经营人民币业务等领域的功能性政策，推动了陆家嘴地区金融要素市场的迅速发展。随着外资银行的回归和上海产权交易所、金融期货交易所、钻石交易中心等机构如雨后春笋般建立，上海初步搭建了与世界接轨的全国性金融体系。在这一过程中，金融先行、金融体系支撑的开发理念得到了充分的贯彻落实。截至2017年底，陆家嘴地区已成为中国金融要素市场和相关机构汇集度最高的区域，"集聚了800余家银、证、持牌金融机构，5500余家各类新兴金融机构，近千家金融专业服务机构和12家要素市场；中国80%的外资法人银行，中国1/3的公募基金，还有300多家总部企业在陆家嘴已形成集群效应。"②

制度探索在浦东经济改革过程中发挥了突出作用。作为中国改革开放事业的排头兵和先行者，浦东没有在改革过程中闯现行制度的"红灯"，而是探索创建了适应新型经济体系的"信号系统"。浦东在充分借鉴香港等地经济开发经验基础上，在全国首创的"财政资金空转、土地批租实转"开发

---

① 详见《邓小平选集》第三卷，人民出版社，1993，第366~367页。
② 有关资料详见陆家嘴金融城官网，http://www.lujiazui.gov.cn/。

模式，为解决开发开放过程中资金严重不足问题摸索出一条可行路径。通过向投资商批租土地、以土地租金进行滚动开发的方式，浦东成功解决了开发初期资金严重不足的问题。随着南浦、杨浦大桥和多条越江隧道的顺利开通、地铁等公共交通设施的逐步完善，浦东土地价格水涨船高，浦东也获得了丰厚的基础开发资金。"到2001年土地流转制度基本结束时，浦东累计空转出让土地88.6平方公里，占同期土地出让总面积的80%左右，政府投入61亿元撬动了700亿元资金。"[①] 这种政府主导的土地市场化、收益滚动投入增值的开发模式，将政府和市场有机地结合在一起。在充分利用土地资源的同时，浦东将廉政环境作为重要的投资环境看待，将其与经济发展看的同等重要。浦东的土地开发没有采取"粗放经营"的方式，而是做到了"惜土如金"，以平方米为标准进行土地批租，决心把更多的土地"留与子孙耕"。开发过程中严格遵循集约化的基本方针，将土地批租和工程建设过程作为廉政监督的重点领域。在土地实际使用过程中严格遵循"按规划、带项目、批土地"的三大准则，珍惜土地价值，提高土地实际利用率。为预防公职人员的以权谋私行为，浦东设置了不准擅自对项目定位、政策优惠等向有关部门打招呼；不准在动迁中利用职权牟取不正当利益；不准在工程发包中利用职权捞取好处的三条"高压线"。三条"高压线"是浦东进行制度创新的重要举措，在大规模土地开发过程中有效遏制了相关领域的腐败行为，为浦东赢得了清廉的口碑和良好的营商环境。2013年上海设立自贸区试验区后，浦东在负面清单、放管服审批制度改革、一站式通关等方面探索出一系列可供全国其他地区复制推广的宝贵经验和实用做法，在制度创新中赢得了全新发展机遇。

  浦东在实施的项目开发和基础设施建设同时，也营造了一次产业升级发展的重要契机。与早期的特区、经济技术开发区从事"三来一补"的初级加工行业不同，浦东在开发伊始就确定了制造业优化升级、第三产业转型发展、高新技术产业对标国际最先进领域的总体目标。金桥经济技术开发区瞄

---

① 赵启正：《浦东逻辑：浦东开发与经济全球化》，上海三联书店，2007。

准被称为2.5工业的"生产性服务业"领域，在20世纪90年代初发展成为全国制造业高地。通过这场制造业革命，金桥实现了从"代工厂"到"智慧谷"根本蜕变，"金桥智造"成为金桥新的产业名片。目前，生产性服务业收入已超过金桥二三产业营收的一半，金桥的成功代表着浦东开拓了一条"智造业"的创新发展之路。浦东全面开放后，第三产业的突破性发展成为中国改革开放事业的重要亮点。1992年，时任浦东开发办公室副主任的黄奇帆表示，"和深圳比，浦东开放在金融、商业等第三产业上政策很突出，反映了中国的开放由第二产业转向第三产业，这是一种更高层次的开放。"① 朱镕基在担任上海市市长时指出，"我们要把第三产业发展起来，才能为长江流域，为长江三角洲服务，把他们带动起来。作为一个窗口，我们在这方面的作用，比单纯搞几个工厂的作用大得多，上海本身的繁荣也是要靠这个。"② 2007年，浦东第三产业产值首次超过第二产业，成为三大产业之首。2017年，浦东第三产业产值占总产值比重超过75%，浦东开始占据中国服务业发展的领头羊位置。20世纪80年代，以信息技术为标志的第三次工业革命爆发，高新技术产业发展引起了全国上下的广泛重视。1999年，上海市决心举全市之力建设张江高科技园区，使之成为上海乃至中国技术创新的高地和高科技产业聚集区，"聚焦张江"战略正式启动。战略实施头20个月，张江引进项目189个、内外资累计69亿人民币，各项经济指标均超过前七年总和。在产业链上中下游围绕核心企业实现集群的理论指导下，张江先后引进了华虹半导体、中芯国际等半导体和芯片公司，浦东已发展成为上海集成电路产业的最主要聚集地。目前，浦东集成电路产业销售规模约占整个上海市的70%，中国大陆地区的20%。2018年进博会期间，习近平总书记提出了支持上海科创中心建设并在证交所探索设立科创板的新要求，这一重要指示为下一步浦东高新技术产业的发展指明了方向。作为上海科创中心建设的"核心承载区"，浦东在张江地区着力打造涵盖医疗、医药、医械、

---

① 《内地要善于利用浦东政策》，载《光明日报》1992年4月16日。
② 朱镕基：《访问香港、新加坡引起的一些思考》，《朱镕基上海讲话实录》，上海人民出版社，2013。

医学四大领域的"医产业"和基于最新移动互联网技术的"E产业"两大产业集群,同时加快推动临港地区在2025年建设成为"国际智能制造中心"。充分利用最新科技成果、紧紧把握高科技产业发展趋势是浦东保持产业领先发展的重要经验,更是浦东引领长三角地区产业转型升级的重要责任。

(四)政府改革——减员增效、努力实现"小政府、强社会"

浦东行政体制改革与浦东开发开放相伴而行,具体来说是缩减机构开支与提高行政效率双措并举。1990年成立的浦东新区管委会作为上海市政府派出机构,没有独立的人大和政协,只有与市委有关部门协调工作的联络处。新区管委会下设十个部门,共有800名编制内工作人员。这批先行者被人们尊称为浦东开发"八百勇士"。一个副省级单位仅有800名工作人员,在当时是一件很了不起的事。"当时上海平均每个区县的党政机构是51个,公务员1250名,而浦东公务员仅仅是其他区县的64%,机构更是精简了81%。"[①] 浦东在管理体系上采取副省级领导直接对接乡镇的办法,减少了行政体系的中间层级,极大地提高了机构运行效率。2000年浦东新区人民政府正式成立,区人大、政协等党政机关相继建立。2009年与原南汇区合并后,新区共有19个委办局,约为全市区县委办局平均数的65%,成功避免了党政机构改革"精简、膨胀、再精简、再膨胀"的怪圈,形成了"小政府"的高效管理格局。

浦东主动采取两方面措施以提高政府的实际工作效率。在行政事务方面,浦东专注于政府职能效能提升;在群众服务方面,浦东坚持推动以人民为中心、鼓励民间力量广泛社会服务的原则,打造"强社会"。自2005年浦东被确立为综合配套改革试验区以来,浦东始终坚持探索突破繁杂行政审批工作的有效路径,并推动了多轮行政审批制度改革。1990年,上海一个项目的审批需要盖148个图章,严重阻碍经济发展。1993年,时任浦东管

---

① 胡炜:《浦东开发是中国梦的华丽篇章》,http//www.pdtw.com。

委会主任的赵启正同志指出，"该管的大事一定要管好，可管可不管的由中介机构去管，不该管的坚决不管。"到2013年，"浦东新区行政审批事项已经从2001年的724项减少到242项，行政审批的法定时限22个工作日压缩至8.4个工作日。"① 2015年，浦东进一步探索以"备案制"取代"审批制"的有效路径。按照"简政放权、加强事中事后监管、优化服务"（简称"放、管、服"）的改革思路，初步建立了"3+1+x"的综合配套改革机制，在2018年前完成31项具体改革事项。为解决新设立企业"办证难"问题，浦东从办公程序中选取116个项目，用于"证照分离"改革的相关试点。2018年，浦东"放、管、服"领域的一系列改革措施经国务院批准向全国复制推广。在建设"强社会"方面，浦东积极推动服务社会化和公民自治工作、大力扶持社会组织发展。1996年，"罗山市民会馆"作为上海首家采取"民办公助托管模式"的社区公共服务中心在浦东正式成立。其宗旨是为社区居民提供教育、文化、健康、体育等方面服务。2003年，浦东诞生了中国大陆第一个民间社工组织——上海乐群社工服务社，服务社的成立标志着浦东的社区服务工作迈上了一个新台阶。此后，中国首家公益服务园、首条社会组织集聚的"公益街"先后在浦东大地获得了蓬勃发展。社会组织如雨后春笋般涌现，既是对政府社会服务的有益补充，也是浦东"强社会"建设的重要标志。根据笔者调查，目前浦东各类社会组织已超过1600家，政府相关机构备案的社区群文团队超过5000个，"强社会"的基本格局已在浦东初具规模。

（五）社会改革——紧抓民生第一要义，实现"家门口"服务

浦东全面开发开放意味着经济高速增长、产业转型升级和社会服务领域优化升级"三驾马车"的齐头并进。打造浦东"大民生"格局是社会服务领域全面优化升级的根本要求。2006年，浦东市民中心的成立标志着市民"一站式"服务的要求从梦想变为现实。各个社区事务受理中心与市民中心

---

① 谢国平：《浦东故事》，新世界出版社，2015，第91页。

实现互联网全覆盖，市民中心的建设成功将税务缴纳、投资申请等多方面工作纳入统一办理体系，"中心84个窗口集合了370多个办事项目，各委办局在中心平台设立了140多条专线，"[1] 基本实现了居民"最多跑一次"的服务目标。一到三楼的综合信息查询机可供市民及时查询各项政府公开信息和办事告知项目，以及衣食住行、就业、求学等各方面信息。同时，政府定期组织各种讲座、培训、科普活动以及各类展览，极大丰富了浦东市民的业余文化生活。市民中心作为"市民的天地、社会的平台、政府的窗口"，实现了政府主导、市场运作和社会参与的良性互动，成为浦东服务民生制度改革的"先行者"。2018年开始，浦东进一步深入探索特大型城市实现现代化基层社会治理的有效途径，充分运用最新信息技术和移动互联网思维，在全区范围内开展网格化治理工作，努力打造"家门口"便民服务品牌，在居民"15分钟步行生活圈"内建设"家门口"服务站，进而形成"家门口"服务体系。"家门口"服务体系作为建设服务型党组织和强化党的基层社会治理能力的重要途径，真正实现了便民惠民的服务目标。2018年5月7日，浦东新区政府正式发布了《"家门口"服务规范》实施标准，在功能区域、服务要求、服务内容、服务评价等方面都制定了明确的规范标准。"自2017年浦东'家门口'服务体系推行以来，已在全区36个街镇建起1282个'家门口'服务站，实现了区域内全覆盖。新区26个部门下沉147个服务项目，包括底线民生服务项目38个，基本民生服务项目84个，质量民生服务项目25个。"[2]

四　浦东开发开放为长三角地区发展带来的启示

浦东开发开放28年的历史，正是中国改革开放40年伟大探索、伟大成就、伟大创新的缩影，也为长三角地区迈向高质量发展提供了可供深思的启示。改革开放的基本国策带来了浦东的发展、建设与今日的成就；浦东的敢

---

[1] 谢国平：《浦东开发史》，上海人民出版社，2017，第330页。
[2] 《浦东首发两项基层社会治理标准》，浦东新区人民政府官网，http://www.pudong.gov.cn/。

为天下先、为改革事业"勇吃螃蟹",也必将为长三角乃至全国的发展注入新的活力,推动中国改革开放在新的起点实现新突破。

(一)高站位大视野,自立自强,服务改革开放大局

浦东开发开放是邓小平同志和党中央在我国改革开放的关键历史时期经过深谋远虑后做出的重大战略决策,更是一项影响深远的国家战略。将浦东作为应对国际和国内重大挑战的"王牌",以浦东为龙头辐射长三角地区和服务全国改革开放的总体布局,是中国特色社会主义现代化事业建设发展过程中的重要战略选择和总体布局之一。在28年的开发开放历史中,浦东成功摆脱了传统开发区过度依赖优惠政策和资金扶持的发展桎梏,极其充分地利用了各项功能性政策,走出了一条独立自强的"浦东道路"。浦东自觉服从国家改革发展布局,主动承接国家各类试点任务、积极贯彻长三角一体化国家战略,充分挖掘利用世界范围内的各种要素资源,坚持"开发浦东、振兴上海、服务全国、面向世界"的发展方针,努力发展成为长三角一体化发展国家战略的重要引擎和长江流域协同发展的辐射源,成为深耕地方、服务全国的典范。面对国内开发区高新区建设遍地开花、区域间经济发展竞争日益激烈的情况,浦东始终牢记服从大局、面向世界、高标准、高要求、严把关的战略使命和开放"初心",坚持以国际标准、全球视野和"成功不必在我、功成必定有我"的服务格局进行自我锤炼。紧跟世界最新技术发展趋势、学习先进国际理念,努力实现技术、资本、人才在浦东实现空间集聚,直接瞄准先进制造业、高新技术产业和现代服务业,大力吸纳世界优质资源。在28年开发开放历程中,浦东所表现出的大局意识、核心意识、引领意识和创新意识,对长三角一体化国家战略的实施产生了推动效应。

(二)先行先试、锐意进取

浦东精神的内核就是先行先试,锐意进取,在不断创新探索中汲取发展养分。28年来,在改革创新理念的指引下,浦东在土地有偿使用转让,以及金融、资本、技术等生产要素领域率先采取市场化配置方式,初步建立了

相对完备的要素市场运行体系。随着中国特色社会主义现代化建设进入新时代，浦东紧跟科学技术创新最前沿和高精尖发展方向，积极落实创新驱动、转型发展战略和产业结构调整，形成了智能制造、移动互联网、新能源汽车、生物医疗等领域为代表的创新型产业结构，实现了产业的升级调整。在经济领域聚焦动力、效率和质量变革，建立了实体经济为基础、第三产业充分发展的现代经济体系。在一站式服务、行政审批备案制改革、"家门口"服务体系建设等政府职能效能提升和完善基层社会治理领域，以自我革新和服务创新为先导，产生了强大的内生动力。在承担"先行先试、经验推广"的重任和探索自贸试验区新片区具体功能定位过程中，浦东已经交出了贸易、金融、投资和事中事后监管"四位一体"制度答卷，被全国自贸区同行誉为自贸区制度创新的"四大发明"。作为中国改革开放事业"排头兵中的排头兵、创新发展先行者中的先行者"，浦东正在新的历史起点上不断实现着自我革命和自我突破。做"第一个吃螃蟹的人"已成为浦东人的"习惯性选择"。

（三）勇于开拓、攻坚克难

28年的发展历程中，浦东如在大海的波涛中勇敢前行的弄潮儿。每当惊涛骇浪袭来之时，浦东总会激发出百倍的决心和千倍的勇气。1997年亚洲金融危机爆发，迅速波及整个亚太地区。浦东一系列建设中的工程被迫停工，中国大陆的第一家合资百货公司——中日合资的浦东第一八佰伴出现两亿多亏损。陆家嘴金融贸易区出现大量空置办公楼，金融要素集聚面临重大挑战。面对前所未有的困难局面，在国家支持下，浦东果断采取浦西要素市场向浦东转移的解决方式，在逆境中杀出一条血路，保证了经济的稳定有序增长。截至2000年，小陆家嘴地区的办公楼已几乎全部租罄，浦东成功渡过了发展危机。时隔不到十年，席卷全球的美国次贷危机迅速演化为全球金融危机再度侵袭浦东。在新的挑战来临之时，浦东再次选择逆势而上，主动承担了建设全国"金融中心"和稳定金融市场的重任，逐步建立起稳定、高效、安全、开放的现代金融体系，助力上海发展成为全世界重要的资源配置中心。在探索国家综合配套改革、上海自由贸易试验区新片区建设等领域，浦东已经或正在攻克一个又一个难题、排除一个又一个障碍。随着习近平总书记在首届进博会期间对上海提出三大新的发展要求，勇于开拓、攻坚克难的浦东精神将在更广阔的空间发挥更具建设性的作用。

五　浦东：负重致远再出发——长三角迈向高质量发展的新引擎

浦东因改革而生、因改革而兴，也唯有通过改革实现新的突破和发展。习近平总书记在十九大报告中指出，"只有改革开放才能发展中国、发展社会主义、发展马克思主义"。

浦东下一阶段应在经济、创新、自贸区建设等领域实现新的突破，带动长三角地区迈向高质量发展的新阶段。

（一）进一步深化改革、加快构建现代化经济体系

随着中国特色社会主义新时代和习近平总书记在首届进博会期间对上海发展提出的新要求，浦东发展也迎来了新的阶段。浦东需要对标中央提出的新要求、主动配合上海"五个中心"和"四大品牌"建设，充分借鉴国内外先进经验、勇担新时代艰巨繁重的改革重任。浦东作为上海创新发展的先行者，要坚持改革创新、扩大开放的深度和广度，落实供给侧结构性改革，推动经济发展实现从"量变"到"质变"的飞跃，加快构建现代化经济体系。以创建"中国制造2025"国家级示范区为契机，聚焦智能制造装备、新一代信息技术、高端医疗器械与航空航天等战略性新兴领域，推动产业布局和产业分工向全球价值链中高端迈进。围绕产业园区、优势行业和龙头企业，加快上下游联动协同，加强特色品牌建设，促进产业集群发展。持续推动消费结构转型升级，积极鼓励"互联网+生活性服务业"等消费新模式，培育文化、健康、旅游等新消费增长点。加快发展生产性服务业，加强大数

据、人工智能等新技术的深度应用和融合创新，努力打造全国智慧城市示范区。支持和促进民营企业加快发展，坚持大小并重、内外并举，打造民营经济和创新创业高地。妥善运用功能性政策，充分发挥比较优势，吸引更多创新要素向浦东集聚。借助上海自贸区新片区建设和上海证交所科创板上市的双重利好，紧紧抓住上海全面深化改革和长三角一体化上升为国家发展战略的重大机遇。

在扩大金融、教育、文化、医疗等服务业领域向更高水平开放的同时，发挥自贸区新片区功能探索与每年举办上海进口博览会的叠加效应。在有效防范风险的前提下，进一步探索科创板在上交所上市的合理路径，推动金融更好地服务实体经济、服务上海科创中心建设。促进金融城和科学城"双城联动"，增强金融服务实体经济能力，稳步推进金融创新开放，开展合资证券等业务试点，加快集聚持牌类金融机构。制定投资类企业准入正面引导清单，鼓励航运金融、航运保险、船舶管理等航运服务业发展，加快民用航空产业集聚。进一步参与国家"一带一路"建设，以重大合作项目为先导扩大开放的范围和领域，率先打造长三角地区的开放型合作平台，当好长三角一体化国家战略与"一带一路"内外对接的桥头堡。

（二）推动自由贸易区改革，探索自由贸易港建设

自由贸易区作为中国开放经济的"试验田"，为浦东提供了诸多的发展平台和机遇。下一阶段，浦东需要加快推动新一轮自贸试验区建设的前瞻性研究，进一步探索负面清单、事中事后监管等工作的优化路径，加快探索自贸试验区新片区的功能和发展定位。提高外商投资负面清单透明度和便捷度，增加市场准入的可预期性，加快医疗、教育培训等现代服务业的对外开放和相关项目落地。加强同国际高标准自由贸易园区和国际通行规则对标，探索完善新片区的相关规则规范。不断完善国际贸易"单一窗口"功能，将"单一窗口"3.0版本不断完善提升。进一步简政放权，将政府治理能力提升到新高度，大力推动治理体系和治理能力现代化建设。深化"放管服"改革，全面建设以政务服务"一网通办"为载体、让老百姓

"最多只跑一次"的智慧型和服务型政府。加快行政审批制度改革速度，深化企业投资建设领域审批改革，大幅缩减审批环节和周期。完善综合监管体系，加强政府数据资源共享应用，健全以"六个双"为重点的政府监管闭环，持续提升事中事后监管水平。在服务国家总体战略、自贸区理论研究、扩大国际市场影响力等方面，自贸区仍有较大提升空间。十九大报告指出，"赋予自由贸易试验区更大改革自主权，探索建设自由贸易港"。自由贸易港的开放程度和对经济发展的推动作用更为明显和突出，应成为上海自贸区下一阶段的发展方向。浦东自由港建设应符合中央对自贸试验区新片区建设的总体要求，进一步激发市场主体参与国际市场竞争合作的活力，打造开放范围更广、营商环境更优、全面辐射长三角一体化发展的开放新高地。

（三）加快科创中心核心功能区建设，不断完善创新体系

浦东是上海科创中心建设的核心功能区，应不断完善张江科学城和国家综合性实验室建设，进一步聚焦临港的智能制造承载区功能，更好地服务国家战略。要在浦东努力实现科技要素的创新集聚，重点培育和引进一批起点高、发展潜力大、对长三角一体化发展辐射带动能力强的创新主体，加快内外资研发中心和创新研究中心建设。浦东需加快推进更多高端创新资源和科技创新要素向张江国家科学中心集聚，推动北大、清华等高校在张江设立创新中心，支持张江复旦国际创新中心、上海交大张江科学园建设，紧抓技术研发和转化平台两方面建设，推动集成电路、智能制造、移动互联网、生物医药等科技公共服务平台功能提升。充分发挥"双自联动"效应，统筹张江科学城周边区域协调发展。加强临港地区与张江科学城联动，重点突破一批制约最新科技成果转化应用的制度性瓶颈，形成可复制推广的科研成果应用转化鼓励政策，促进科技创新成果在临港转移转化，打造智能制造发展高地。充分落实已出台的人才服务政策，加快建设国际人才高地，实现"聚天下英才而用之"的引才用才格局。积极探索更加符合人才发展使用规律的配套政策，加快完善住房、教育、医疗等服务保障，形成适合各类人才工作生活、创业发展的良好环境。通过产业创新升级、管理创新、技术攻关和人才集聚等方式，不断激发企业的创新活力。

参考文献

谢国平：《浦东开发史》，上海人民出版社，2017。
朱镕基：《朱镕基上海讲话实录》，上海人民出版社，2013。
浦东年鉴编辑部：《2018浦东年鉴》，2018。

B.11
浦东金融开放的实践与路径展望

王礼月*

摘　要： 作为中国对外开放的前沿阵地，浦东新区从设立伊始就肩负着在新形势下全面深化改革和扩大开放的重要使命，在扩大金融开放方面形成了一系列重要成果。本报告首先基于2018年上半年数据，分析了国内外金融发展的宏观环境，在此背景下，分析浦东新区以金融开放作为拓展高质量发展的新优势，并进一步展望未来提升金融业发展质量的路径。

关键词： 上海浦东　金融开放　金融要素市场　产品创新

一　金融市场发展的宏观环境

（一）国际金融市场

2018年初，美元指数延续上年跌势，但二季度以来强势反弹，主要经济体对美元普遍贬值。贸易摩擦、主要经济体货币正常化等因素引发全球金融市场动荡，部分新兴市场经济体出现股市、债市、汇市联动下跌，发达经济体股指也出现一定波动。

---

* 王礼月，博士，中共浦东新区区委党校浦东开发（理论教育）教研部教师，研究方向：金融学。

美元指数反弹，主要经济体货币对美元汇率普遍贬值。6月末，美元指数收于94.51，较3月末上涨4.91%。欧元、英镑、日元对美元汇率分别为1.1683美元/欧元、1.3207美元/英镑和110.66日元/美元，分别较3月末贬值5.02%、5.77%和3.83%。新兴市场经济体方面，阿根廷比索、巴西雷亚尔、土耳其里拉、墨西哥比索、俄罗斯卢布、印度卢比对美元汇率较3月末分别贬值30.37%、14.73%、14.06%、8.66%、8.82%与4.88%。

主要发达经济体国债收益率出现分化，新兴市场经济体国债收益率总体上行。截至6月末，美国10年期国债收益率收于2.851%，较3月末上升10.7个基点。德国、英国、法国与日本10年期国债收益率分别收于0.308%、1.279%、0.785%和0.031%，较3月末分别下降18.6个、7.2个、6.1个和0.8个基点。新兴市场经济体方面，阿根廷、土耳其、巴西、俄罗斯、印度10年期国债收益率较3月末分别上升428.1个、400个、216.5个、65个和50.5个基点。

发达经济体股市小幅上涨，部分新兴市场经济体股市承压。在经济持续复苏、上市公司利润改善等提振下，发达经济体股市小幅上涨。截至6月末，美国道琼斯工业平均指数、德国法兰克福DAX指数、日本日经225指数、欧元区STOXX50指数与英国富时100指数较3月末分别上涨0.70%、1.73%、5.41%、1.01%和8.22%。受货币贬值、资本流出、贸易摩擦等因素影响，部分新兴市场经济体股市下跌。6月末，MSCI新兴市场指数较3月末下跌8.7%；阿根廷BUSE MERVAL指数、土耳其BIST30指数、巴西BOVESPA指数、俄罗斯RTS指数分别下跌16.32%、15.68%、14.76%和7.44%。

国际大宗商品价格总体上行。受叙利亚局势恶化、美重启对伊制裁、美原油库存超预期下降等因素影响，第二季度，洲际交易所布伦特原油期货当季平均价格同比上涨47.6%，环比上涨11.5%。第二季度，伦敦金属交易所铜现货当季平均价格同比上涨21.4%，环比下跌1.3%；铝现货当季平均价格同比上涨18.3%，环比上涨4.6%。

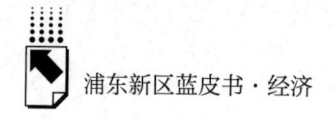

（二）国内金融环境

1. 货币运行稳健中性

2018年7月末，广义货币供应量M2余额177.62万亿元，同比增长8.5%；狭义货币供应量M1余额53.66万亿元，同比增长5.1%；流通中货币供应量M0余额6.95万亿元，同比增长3.6%。货币总量增长总体平稳。人民币贷款余额130.61万亿元，同比增长13.2%，增速与上年同期持平。人民币存款余额174.15万亿元，同比增长8.5%，增速比上年同期低0.9个百分点，金融机构存款较快增长。

2018年1~7月社会融资规模增量为10.14万亿元，同比减少2.15万亿元。其中，对实体经济发放的人民币贷款增加10.05万亿元，同比多增9257亿元，占同期社会融资规模增量的99.11%；对实体经济发放的外币贷款折合人民币减少898亿元，同比多减1158亿元；委托贷款减少8958亿元，同比多减1.51万亿元；信托贷款减少3055亿元，同比多减1.74万亿元；未贴现的银行承兑汇票减少5461亿元，同比多减8948亿元；企业债券净融资1.24万亿元，同比多0.996万亿元；非金融企业境内股票融资2686亿元，同比减少2160亿元。

金融机构存贷款利率略有上行。2018年6月，非金融企业及其他部门贷款加权平均利率为5.97%，比上年末提高0.23个百分点；个人住房贷款加权平均利率为5.60%，比上年末提高0.34个百分点。

2. 金融机构改革深入推进

存款保险制度功能不断完善。从2015年5月1日存款保险制度在中国正式实施至今，金融机构的存款额始终保持平稳增长的态势，且大型银行与中小型银行的存款格局也维持相对稳定。金融机构50万元限额内的客户覆盖率为99.6%，保持稳定。继续做好风险差别费率实施工作，完善存款保险风险评价和费率机制，发挥差别费率的风险约束和正向激励作用。加强对各类型投保机构的风险监测与核查，依法采取风险警示和早期纠正措施。积极开展存款保险宣传和业务培训，做好存款保险保费汇集和基金管理工作。

全面落实开发性金融机构、政策性金融机构改革方案。中国人民银行会同改革工作小组成员单位有序推动建立健全董事会和完善治理结构、划分业务范围等改革举措。国家开发银行新一届董事会、中国进出口银行董事会已分别于2017年11月6日、2018年1月15日成立并有效运转。

金稳会强化金融监管的协调。2017年7月的全国金融工作会议宣布设立国家金融稳定发展委员会，提出"推进构建现代金融监管框架"，旨在解决金融业混业经营和分业监管的现实矛盾。统筹金融改革发展与监管并协调金融监管的重大事项，是金稳会的重要核心职责。金融稳定委员会的成立大大提高了一行三会等监管机构间的协调性与统一性，增强了我国金融监管的一致性。

厘清监管机构职责边界。2018年3月13日国务院机构改革方案提出，将银监会、保监会的职责整合，组建中国银行保险监督管理委员会。这有利于填补分行业监管的漏洞，提升监管有效性。根据新的监管框架，原先银监会和保监会拟订银行业、保险业重要法律法规草案和审慎监管基本制度的职责回归中国人民银行，明确了银保监会的主要职责在于对银行业和保险业的统一监管，有利于拓宽监管政策的覆盖面与实用性，能有效防范分业监管套利现象。

3. 金融业运行整体平稳

银行业金融机构资产扩张速度减缓，盈利增速回升，信贷资产质量趋稳，不良贷款率企稳甚至有所下降。2018年三季度末，我国银行业金融机构本外币资产264万亿元，同比增长7.0%。本外币负债243万亿元，同比增长6.6%。商业银行不良贷款余额2.03万亿元，商业银行不良贷款率1.87%，信贷资产质量基本保持稳定。商业银行上半年实现净利润10322亿元，平均资产利润率为1.03%，平均资本利润率13.70%，盈利能力较强。商业银行贷款损失准备余额为3.50万亿元，拨备覆盖率为178.70%，贷款拨备率为3.33%，资本充足率为13.57%，处于国际同业良好水平。商业银行流动性比例为52.42%，人民币超额备付金率2.19%。

证券业资产规模小幅增长，盈利能力有所下降。截至2018年6月30

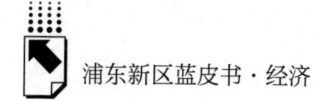

日，131家证券公司总资产为6.38万亿元，净资产为1.86万亿元，净资本为1.56万亿元，当期共实现营业收入1265.72亿元，实现净利润328.61亿元，106家公司实现盈利。

保险业保费收入略有下降，资产增速放缓。截至2018年6月，保险业累计实现原保险保费收入22369.40亿元，同比下降3.33%；赔款和给付支出5987.78亿元，同比增长3.50%；资金运用余额156873.68亿元，较年初增长5.14%；总资产176442.17亿元，较年初增长5.35%；净资产19916.66亿元，较年初增长5.69%。

二 浦东推进金融业开放的现状

1992年，中国第一家外资保险公司——美国友邦保险在浦东注册开业。自此之后，作为对外开放的窗口，浦东创造了中国金融开放创新史上的许多个"第一"：1997年，花旗等4家外资银行在浦东率先试点经营人民币业务。2006年，银监会启动外资银行法人化转制试点，花旗、汇丰、渣打等首批9家外资法人银行全部落户浦东。2009年，浦东在全国率先允许外资PE和VC等以"股权投资管理企业"的身份进行合法登记注册。2011年，浦东率先试点开放外资资产管理业务，开展了合格境外有限合伙人（QFLP）试点，当年，TPG、黑石、凯雷获准参加第一批试点。2013年，浦东率先参与合格境内有限合伙人（QDLP）试点。2009年，国务院发布上海两个中心建设意见，浦东新区金融业步入快速发展阶段。由于浦东在改革创新和经济发展中的巨大贡献和独特地位，2013年9月，政府决定在浦东建设中国上海自由贸易试验区。对标最高标准最好水平，浦东金融业开放的力度进一步加大。

2018年7月9日，区委全会审议并通过《中共浦东新区委员会关于全面落实〈中共上海市委关于面向全球面向未来提升上海城市能级和核心竞争力的意见〉深入推进实施高水平改革开放、高质量发展、高品质生活、高素质队伍战略的意见》，推进实施"四高"战略，是浦东当前和今后一个时期发展的战略方向,就金融业而言,是提高金融业经济密度,提升金融业贡献率,持续增强全球金融资源配置能力。

金融业经济密度=金融业增加值/区域面积,以金融业增加值占区域面积的比重来衡量金融业的经济密度,浦东新区的这一指标一直持续上升。2017年,浦东新区每平方公里土地产生了2.23亿元的金融业增加值,超过上海市0.84亿元/平方公里,也分别超过深圳1.53亿元/平方公里、北京0.28亿元/平方公里。

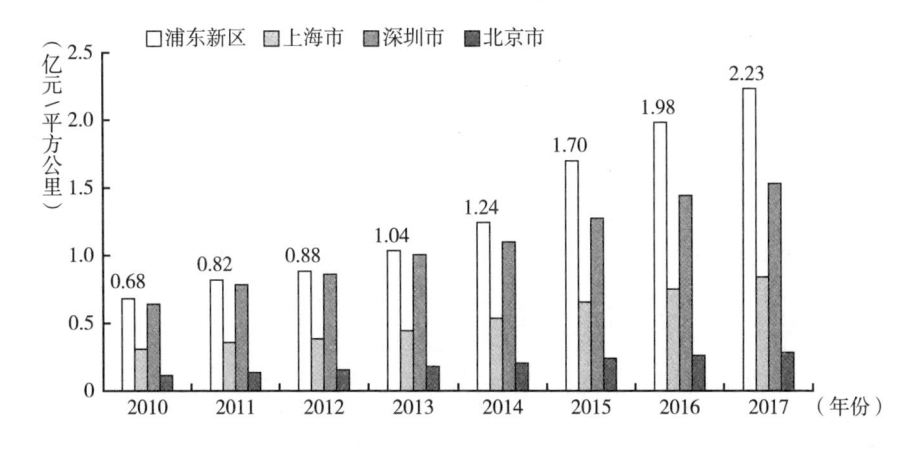

图1 浦东新区历年金融业经济密度

资料来源:浦东新区、上海市统计局网站。

2010年,浦东新区实现金融业增加值825.78亿元,占上海市金融业增加值的42.75%,占新区生产总值的17.54%;2017年,浦东新区金融业增加值已经提升至2700亿元,占全市金融业增加值比重50.65%,占新区地区生产总值28.42%,是新区的第一大产业。

浦东新区已经成为中国金融市场体系最为健全、金融机构最为密集的区域。2017年,上期所总成交量排名全球第1,上交所股票市场交易额排名全球第4、筹资总额排名第2。截至2018年6月末,外资银行在我国共设立41家外资法人银行,其中有17家集聚在上海浦东;全球资产管理规模排名前十的资产管理公司已经有9家落户在浦东陆家嘴。

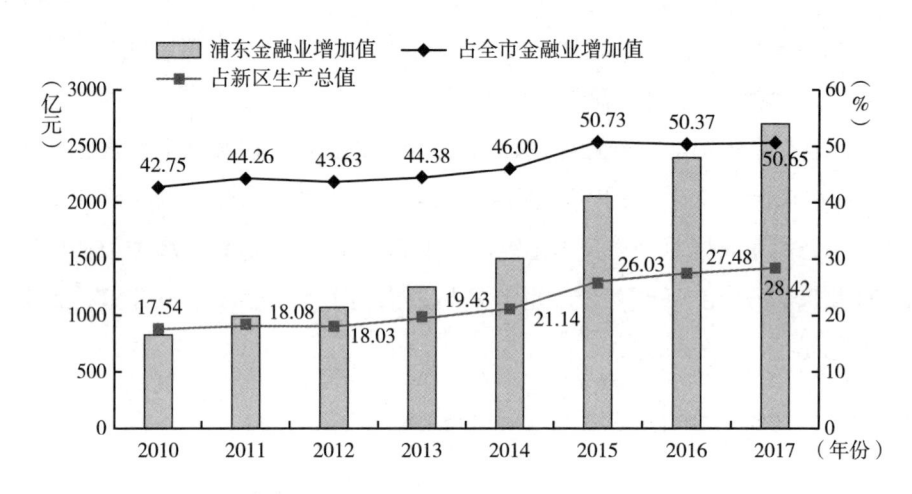

图 2　浦东新区历年金融增加值及其占比

资料来源：浦东新区、上海市统计局网站。

从金融业经济密度、金融业贡献率、金融资源配置能力综合来看，金融业在浦东具有枢纽地位。

（一）要素市场和基础设施完善

金融要素市场是浦东打造上海国际金融中心核心功能区的重点，截至2018年，浦东已经成为金融要素市场最密集的地区之一，聚集了13家国家级要素市场和功能性金融基础设施机构，分别是中国外汇交易中心、上海证券交易所、上海期货交易所、中国金融期货交易所、上海黄金交易所、上海清算所、上海保险交易所、跨境银行间支付清算（上海）公司、上海票据交易所、中国信托登记有限责任公司、中央国债登记结算公司上海总部、中国证券登记结算上海分公司、上海股权托管交易中心。要素市场是金融业开放的重要基础设施建设，其集聚对吸引国内和国外资金至关重要。

在金融业新一轮对外开放背景下，上海保险交易所在国际化建设方面有重大进展。2018年8月8日，上海保交所国际再保险平台正式上线，该平台是贯彻落实上海自贸区"金改40条"关于推动形成再保险定价、交易中心的重要载体。国际再保险平台在引进境内外参与主体的同时，还可依托上海自贸区自由贸易账户体系（FT 账户）为境内外再保险参与主体提供高效便捷的跨境资金清结算服务。在自由贸易账户体系下，上海保交所国际再保险平台提供的跨境清结算效率大幅提升，再保险资金跨境清结算的安全性和监管的有效性也得到提升。再保险平台是自贸区金融改革创新的新成果，有利于助推我国再保险市场进一步对外开放，持续提升我国在全球再保险市场的定价权和话语权。

（二）金融机构集聚

金融机构作为金融市场业务的参与主体，是金融开放中作为最重要的参与因子，金融开放程度很高的伦敦、纽约、香港、新加坡等都因为聚集了大量、多层次的金融机构而显著提升了其金融中心地位。

浦东是全球金融机构最密集的地区之一：截至 2018 年 4 月，浦东聚集各类金融机构总数超过 1 万家，持牌金融机构达 1011 家（其中，银行类机构 267 家，证券类机构 461 家，保险类机构 283 家），第三方支付公司 20 家，地方监管机构（小贷、担保）31 家；各类新兴机构从无到有、形成产业集群，数量达到 6878 家，其中融资租赁 1850 家，私募投资机构 5028 家；金融专业服务机构蓬勃发展，各类机构总数超过 1 万家。

浦东在扩大外资股东持股比例、扩大经营范围等方面率先突破，率先推动一批国际知名的合资券商、外资银行、外资保险公司、外资公募基金、评级机构等落户浦东，承接全球跨国金融业务和交易转移，浦东创造了中国金融开放史上的多个"第一"，进一步提升了浦东在国际金融市场的地位。

2015 年 12 月，国内首家专业再保险经纪公司、首个中外合资成立的再保险经纪公司——江泰再保险经纪有限公司在自贸区开业；2016 年 9 月，国内首家合资信用保险销售公司——太平洋裕利安怡保险销售公司获批成立；2016 年 10 月，国内首家 CEPA 项下的合资全牌照券商——申港证券在自贸区开业，由 3 家香港持牌金融机构、11 家国内机构投资者共同发起设立；2017 年，国际知名投行高盛集团将上海代表处和高华证券上海营业部迁至浦东，同时设立资管子公司；2018 年 4 月 27 日，全球三大保险经纪集团之一的英国韦莱保险经纪公司，获批成为全国首家获准扩展经营范围的外资保险经纪机构；5月2日，我国扩大保险业对外开放后的首家合资保险资管——工银安盛资产管理公司获批由工银安盛人寿在自贸区发起筹建；5月8日，保监局向怡和保险经纪公司颁发扩大经营范围的许可证。

除此之外，浦东在打造以陆家嘴金融城为核心的全球资管战略高地方面也积极布局，已经吸引了30多家知名的国际资产管理公司落户陆家嘴，包括全球十大资产管理公司中的富达、瑞银、贝莱德、摩根大通、道富等九家。

当前已有多个金融业对外开放项目落户上海自贸区。全球三大评级机构之一的美国穆迪公司在上海自贸区设立穆迪（中国）有限公司，统筹中国区域的评级和非评级业务；英国 World First 位于上海自贸区的子公司越蕃商务信息咨询（上海）有限公司申请第三方支付牌照已在央行上海总部公示，并获得了上海市信息安全测评认证中心出具的支付业务设施技术安全检测认证证明，有望成为全国首家获批的外资第三方支付牌照机构；全球第二大保险机构、德国最大的金融集团——安联保险集团在自贸区设立了德国安联（中国）保险控股有限公司，正申请全国首家外资保险集团牌照；摩根大通期货公司在自贸区设立了首家外资期货风险管理子公司；台湾国泰世华银行在上海自贸区设立的法人银行已获准开业；泰国汇商银行在上海自贸区设立了上海分行。

"上海扩大开放100条"、"自贸区扩大金融服务业对外开放25条"等重大政策利好的相继出台，强化了浦东吸引各类金融机构进一步集聚的能力，有利于形成金融开放的新优势。

（三）金融市场开放创新加快

金融机构的聚集态势，同时也促进了金融市场开放创新的加快。在金融市场对外开放方面，浦东新区也一直走在全国前列。2017年以来，金砖国家新开发银行、人民币跨境支付系统（CIPS）、内地与香港债券市场互联互通合作（债券通）上线试运行；票据、保险、信托登记市场在上海平稳起步；中债金融估值中心落户上海。上述一系列新兴市场要素的出现和集聚，推动上海国际金融中心基础市场功能得以进一步完善。

上海证券交易所推出"沪港通",银行间债券市场推出"债券通",上海国际黄金交易中心推出"黄金国际板",上海国际能源交易中心推出原油期货,除了这些金融产品的上市运行之外,银行间债券市场和外汇市场的境外投资者主体范围进一步扩大,"熊猫债"发行主体和规模不断扩大。

1. 股市债市互联互通,外资投资带来投资新风尚

沪港通:中国内地与香港互联互通机制的发展完善则为中国 A 股市场的对外开放带来了革命性的积极变化。2014 年 11 月 17 日,沪港通开通。随着交易需求的扩大和金融开放政策的实施,2018 年 5 月 1 日开始,双向额度同步上调 4 倍,沪股通每日额度调整为 520 亿元,沪市港股通额度调整为 420 亿元。可以看到,自额度上调后,沪港通双向成交额均有所上升,两地市场互联互通的前景更加广阔。

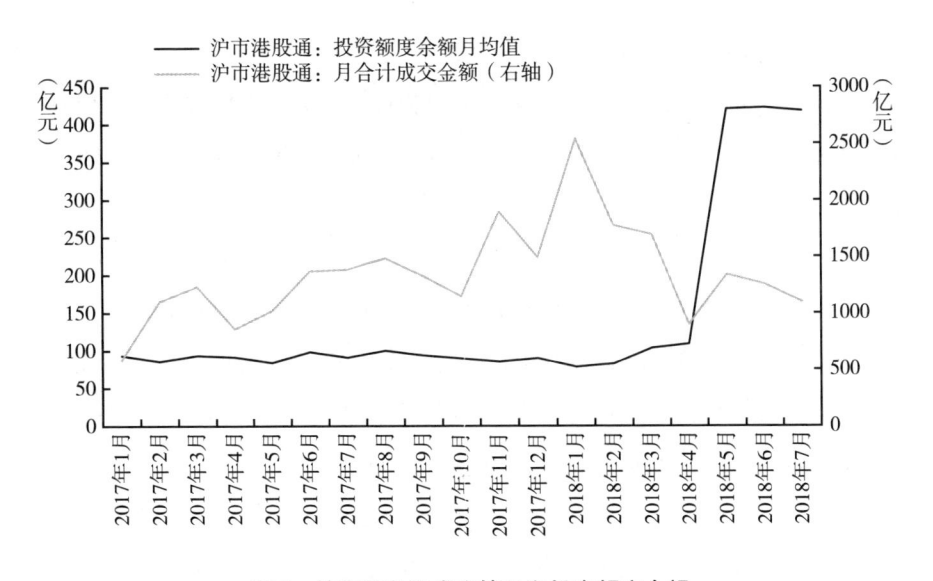

图 3　沪市港股通成交情况和投资额度余额

债券通:2017 年 7 月 3 日,债券通"北向通"正式启动,有效连接了内地与香港市场。"债券通"北向通是境外投资者进入内地的银行间债券市场的快速通道,大大便利了外资投资在岸人民币债券市场,对吸收外资、缓

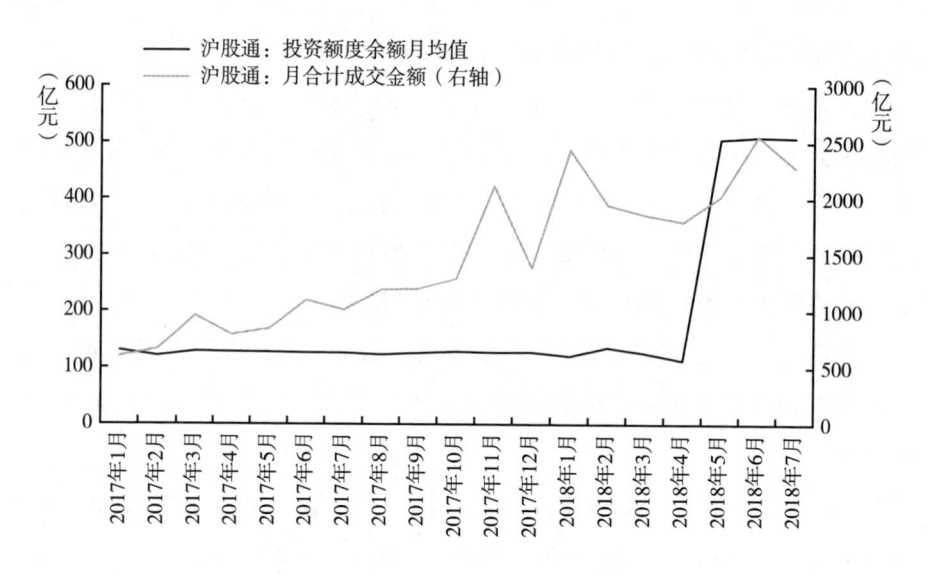

图4 沪股通成交情况和投资额度余额

解资本外流有显著的积极作用。

从体量来看，中国债市是仅次于美国和日本的第三大债券市场，但是开放程度相对落后，与市场规模排名并不相符。截至2017年3月，中国债市境外投资者的持有量为7835亿元，仅占债市总规模的1.3%，远低于发达经济体平均20%、新兴市场国家10%的水平。债券通的开通，加速推进了内地和海外市场的连接，是债市接轨国际金融市场的重要战略措施。

2017年我国债券市场开放加快推进以来，外资持续增持人民币债券，境外机构的交易情况日趋活跃。截至2018年7月末，境外机构的国内债券持仓总规模达到1.6万亿元，占国内债市总量的2%左右。从交易量来看，债券通的日均成交量已超过50亿元。交易量维持增长趋势，7月较6月数据环比略有下降，一定程度上也反映出外资在这一便利渠道之中进出的波动性。

2. 首只中国（上海）自贸试验区债券发行

2016年12月，财政部、上海市财政局通过公开招标，面向自贸区内已经开立自由贸易账户的区内及境外机构投资者，发行总额30亿元、期限3

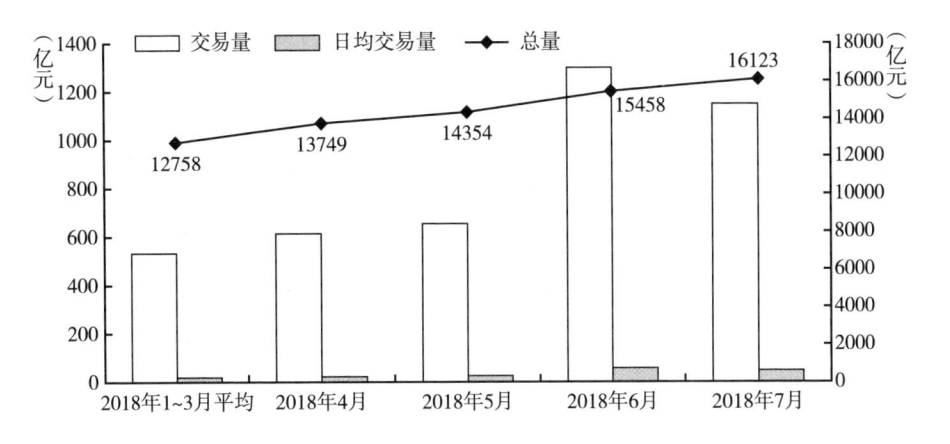

图 5　债券通交易情况

年的自贸区政府债。本只债券是自 2009 年地方政府债券获准发行后首只面向区内及境外发行的债券，也是上海自贸试验区成立后首只在区内发行的债券，是金融基础设施体系在自贸试验区的实质性突破，具有里程碑意义。

3. 信托登记系统

2016 年 12 月 26 日，中国信托登记有限责任公司（以下简称"中国信登"）正式落户上海自贸区。中国信登公司信托登记系统自 2017 年 9 月初正式上线，提供信托产品登记服务。经过一年多时间的运行，全国信托业集中统一的登记平台已经形成，从制度层面填补了我国信托业统一登记行业服务的空白。通过电子化登记替代信托产品入市前报告，使信托产品监管实现从"线下"到"线上"跨越，进一步提升监管监测科学性和有效性。系统上线以来至 2018 年 8 月 31 日，已基本完成全国信托业全量信托产品初始信息的归集，涉及初始募集金额约 21 万亿元，信托登记开始进入"全登"新时代。

在全量信托产品数据基本归集基础上，按照"以信托登记夯实基础，以交易流转拓展服务"总体思路，信托登记系统发挥了信托行业基础设施平台的作用与优势，促进了信托业的转型升级与发展。

4. 中债金融估值中心

2017 年 7 月 5 日，中央国债登记结算公司向全球金融市场提供人民币基准定价服务的重要平台——中债金融估值中心,正式落户浦东陆家嘴。中债估值中心作为人民币债券市场的核心功能之一,实现了债券市场的基准价格在浦东发布。12月4日,中债金融估值中心发布上海关键收益率SKY(Shanghai Key Yield)指标,取自中债国债收益率曲线,包含3个月、1年、3年、5年、7年、10年期6个期限。SKY的发布有助于更好推动国债收益率曲线发挥定价基准作用,对接上海国际金融中心建设战略,巩固人民币定价权。

5. 原油期货

2018年3月26日,原油期货在位于浦东的上海期货交易所正式挂牌交易,这是我国首个向境外机构开放的国际化期货品种。截至8月30日,按单边统计,原油期货累计成交量1097.7万手,成交金额5.34万亿元,开户数量稳步增长,境外客户的参与度也在逐渐提升,已有来自世界各地的52个全球客户参与。上海原油期货的成交量和持仓量已跃居世界第三,仅次于布伦特和WTI原油期货。已有石油公司采用原油期货合约价格作为基准价格购买原油。

6. QFII规模

2002年11月5日,证监会与中国人民银行联合发布《合格境外机构投资者境内证券投资管理暂行办法》,标志QFII制度正式启动。基于一定的限制条件,合格境外机构投资者可汇入一定额度外汇资金并转换为当地货币,通过严格监管的专门账户投资当地证券市场,其资本利息、股息等经批准后可转为外汇汇出。自合格境外机构投资者(QFII)制度启动以来,QFII的数量与额度一直稳步增长。2003年有12家机构获准成为QFII,合计获准额度为17亿美元。截至2018年8月,QFII家数已增加至316家,合计获准额度达1004.6亿美元。

(四)监管和法律体系逐步完善

浦东新区一直致力于营造国际化、法治化、便利化的营商环境,2007年12月成立全国首个金融仲裁院,2008年成立中国首家基层法院金融审判庭。

2018年8月20日,全国首家金融专门法院——上海金融法院正式落户浦东龙阳路枢纽,体现了国家金融战略的整体部署。金融法院的设立,为浦东的全国性金融市场、重要功能性机构的安全运行和重大金融开放创新提供了司法保障。浦东全国性金融市场平台、金融基础设施机构高度集中,功能性金融机构数量不断增多,在统一的司法和执法标准维护下,金融市场和各类机构得以在安全的环境中运行,市场稳定和金融安全得到了很好的维护。此外,金融创新活跃、对外开放程度高,可能会率先遇到各类复杂的金融矛盾和纠纷。权威公正高水平的金融司法审判,可以进一步增强境内外投资者的信心,保证金融开放行稳致远。

金融监管体系和法治环境的日渐完善,有利于更好地稳定外商投资者预期,吸引国际资本,提振市场信心,深化金融改革开放。

三 浦东金融高水平开放品牌

(一)自贸区成对外开放承载地

2018年6月21日,上海自贸试验区发布《关于扩大金融服务业对外开放进一步形成开发开放新优势的意见》(简称《意见》),率先推动我国金融业进一步对外开放重要举措落地,主动承接外资金融机构落户和业务创新试点,将上海自贸区打造成为金融业扩大开放的新高地。《意见》的出台,为急于在中国拓展业务的外资金融机构指明了方向,有利于外资金融机构了解上海自贸区的营商环境,增强外资机构落户上海自贸区的意愿。

自贸区各项金融改革开放举措扎实推进,自建设以来在金融开放创新和扩大金融服务业开放方面形成了一系列重要成果。

自由贸易账户体系。自由贸易账户是自贸区带给企业的一项创新便利,是实现资本项目可兑换的基础设施。截至2018年6月,共有56家银行、券商等金融机构接入自由贸易账户体系，为3.8万余家境内外企业开设FT账户约7.2万个，累计办理本外币跨境结算折合人民币25.9万亿元，企业跨境融资折合人民币1.26万亿元。此外，FT账户还满足了科技创新企业不同阶段的跨境金融服务需求，已经有1131家科创企业开设FT账户1582个，累计获得融资折合人民币1238.6亿元。

人民币跨境使用。2014年，跨境双向人民币资金池业务在上海自贸区试点。2017年7月，上海自贸试验区推出首批全功能型跨境双向人民币资金池，跨国企业可以享受归集资金、调配流动性、集中收付款等多项服务，可以较为便利地对全球人民币资金进行在岸管理。从2014年至今，历时4年多，全功能型跨境双向人民币资金池业务已经全面开花。

深化外汇管理改革。在外汇业务管理上，进一步推动了贸易投资便利、外汇市场管理等方面的政策完善和体制机制改革。按照"区内优于区外"的政策导向，大力简政放权，逐步形成以负面清单管理、宏观审慎管理和事中事后监管为支撑的跨境人民币业务框架，精简事前审批的行政手续，对外贸易投资中金融机构和企业的效率都得到极大提升。

面向国际的金融市场平台建设。依托自由贸易账户体系，上海各类金融机构相继在自贸试验区设立国际交易平台。黄金交易所"国际板"总体运行稳健，上海清算所铜溢价、乙二醇掉期交易，以及自贸区大宗商品现货交易陆续开展，上海股权托管交易中心首单挂牌企业FT跨境债转股落地，"一带一路"熊猫债在自贸区银行间债券市场成功发行等。

（二）金融资源促进科创资源集聚

2017年9月23日，上海科创中心股权投资基金管理公司正式成立，由上海国际集团、上海国盛集团、上海信托、上海港务集团、张江高科等国有基石投资人共同发起设立的市场化母基金平台，目前管理规模为300亿元人民币，首期募资规模65.2亿元人民币。聚集于初创期及成长期的子基金或科创企业，对科创重点产业进行广覆盖、深挖掘，产融结合。

四 浦东提升金融业发展质量的路径选择

（一）完善金融市场和机构体系建设

提升金融产业发展质量，完善金融市场和机构体系建设，增强上海国际金融中心核心功能区的集聚辐射能力。

上海下一步将加快推动国际再保险中心建设进程，更好地发挥上海保交所的机制和服务优势，借助新一轮对外开放的契机，推动我国再保险市场更高、更深层次的开放；从大型风险、巨灾风险、特殊风险的保障需求出发，增加再保险供给能力，努力将上海再保险市场建设成为承接特殊风险与离岸风险的"桥头堡"。对标国际标准，推动制度创新，为浦东金融市场发展和机构集聚营造有竞争力的一流营商环境，为浦东打造上海国际金融中心核心功能区提供不竭的动力。

（二）不断优化金融法治环境

下一步，浦东应结合打造上海国际金融中心核心功能区的建设实际，对标世界主要国际金融中心，不断优化金融法治资源配置，提升金融监管的专业化水平，打造浦东金融法治化的品牌。

聚焦重点金融领域的司法创新，为金融发展提供更完备的司法保障。当前，我国金融业正处于高速发展阶段，金融改革创新不断涌现，金融司法审判的专业性、权威性和灵活性有待提升。金融法院的成立，为金融司法审判创新搭建了良好的平台。建议上海金融法院结合实际，聚焦重点金融领域的司法探索。

（三）增强金融服务实体经济能力

2017年，全市各项贷款累计增加7199.8亿元，同比多增604.7亿元。贷款对实体经济的支持力度进一步增强。新增本外币企业贷款（不含票据融资）中，投向第三产业的贷款占新增企业贷款的96.4%，投向第二产业的贷款同比多增716亿元，其中制造业新增贷款同比多增332.1亿元。

为了进一步继续增强金融服务实体经济能力，浦东应大力培育上市公司，支持境内外优质企业利用上海资本市场做大做强。

（四）提高金融风险防控水平

面对浦东金融风险防范主体数量众多，业务模式复杂的总体态势，新区各相关部门、各管委会、街镇密切联动、多方协同、各司其职、形成合力，在风险防范化解方面多做工作。强化思想认识，明确责任分工，完善体制机制。

可考虑通过加强分类指导，丰富工作举措，加强监测预警和应对处置风险的制度建设，落实属地责任，广泛开展宣传，进一步完善基础设施、制度规范和运行机制，夯实企业防范风险主体责任，切实提高金融风险防控水平，探索形成地方金融风险防范体系和长效机制，守住不发生系统性金融风险的底线。

参考文献

历年《浦东新区统计年鉴》。
《人民银行金融数据统计报告》。
《人民银行社会融资规模增量统计报告》。
银保监会、证券业协会网站。

B.12
浦东优化营商环境的探索与展望

孙 兰*

摘　要： 优化营商环境是浦东改革开放再出发的突破口、打响"上海服务"品牌的重要任务。浦东新区在政务环境、市场环境、法治环境、社会环境方面，积极打造贸易投资最便利、行政效率最高、服务管理最规范、法治体系最完善的"自贸功效新高地"。其中深化"证照分离"改革和"六个双"政府综合监管工作成效显著，但同时存在政府"店小二"服务尚不到位、法治诚信政府建设仍需努力、生活配套环境有待改善等方面问题，文章对此提出相关建议。

关键词： 营商环境　政府监管　政务环境　法治环境

党中央、国务院高度重视优化营商环境。习近平总书记多次强调，要改善投资和市场环境，加快对外开放步伐，降低市场运行成本，营造稳定公平透明、可预期的营商环境，并要求营造法治化、国际化、便利化的营商环境。李克强总理强调，打造国际一流、公平竞争的营商环境，进一步激发市场活力、释放内需潜力、增强内生动力[①]。着力打造一个国际化、公平透明高效的营商生态系统，是浦东新区发展的核心竞争力，也是开展内外资工作

---

* 孙兰，硕士，中共浦东新区区委党校浦东开发开放（理论教育）教研部讲师，主要研究方向：应用心理学、浦东开发开放。
① 中华人民共和国中央人民政府网，http://www.gov.cn/xinwen/2018-08/25/content_5316510.htm。

的有效发力点。

世界银行发布2019年营商环境报告，中国营商环境在全球的排名从上年度的第78位跃升至今年的第46位，跃升32名，同时成为东亚及太平洋地区唯一进入2019年世界银行营商环境报告十大最佳改革者名单的经济体①。亮眼的成绩充分展示了中国在提升营商环境上的显著成效。

从国家发改委对全国22个城市营商环境考察结果来看，北京总体排名第一，上海推进优化营商环境专项行动计划，在衡量企业全生命周期维度排名第二，此外上海在登记财产、跨境贸易、保护少数投资者等方面的改革成效明显。

优化营商环境是浦东改革开放再出发的突破口、打响"上海服务"品牌的重要任务。浦东新区紧紧抓住自贸试验区的战略机遇，以"以创新引领，激发改革精神、释放经济活力，提升经济自由度"为指导思想，从政务环境、市场环境、法治环境、社会环境等方面入手，打造贸易投资最便利、行政效率最高、服务管理最规范、法治体系最完善的"自贸功效新高地"。

一 浦东新区营商环境现状分析

营商环境是指企业活动整个过程中（包括从开办、运营到结束的各个环节）的各种周围境况和条件的总和。②

浦东新区已推出一系列政策措施。围绕"放"字，在研究对标国际国内最高标准的基础上，着力发挥浦东及自贸区的先发优势，积极打造法治化、国际化、便利化准入环境，努力助推更高水平改革开放；围绕"管"字，着力深化事中事后监管制度创新，不断为打造提升治理能力先行区探索新路径；致力于不断优化服务，打造服务品牌，进一步激发市场活力，助推高质量发展。

---

① 人民网，http://opinion.people.com.cn/n1/2018/1130/c1003 - 30433190.html。
② 洪海：《世界银行评价指标体系入手 全面优化营商环境》，《中国市场监管研究》2018年第3期，第72~74页。

（一）政务环境：创新政府管理与服务方式

1. 简政放权率先突破，不断拓展市场的开放度

一方面，多个领域先行先试，发挥改革先导效应。比如自贸区在全国率先推出"持永久居留证外籍高层次人才创办科技型企业"改革，支持持有外国人永久居留身份证的外籍高层次人才参与创新创业，首批2户外籍高层次人才创办的科技型内资企业成功落地，4家企业有意向参与试点。在全市率先实行食品、酒类许可"两证齐发"，申请材料减量43%，办理提速37.5%。

另一方面，探索可复制可推广经验，发挥改革示范效应。比如在全国率先实施"医疗器械注册人制度"改革试点，"远心医疗"的单道心电记录仪成为首个获批上市的试点产品，目前已有3家企业的6个产品获批，并同步探索建立质量管理体系、创新跨区监管制度。2018年7月5日，该制度创新成果向全市复制推广。此外，在自贸区进一步拓展第三方专业机构一站式服务，积极研究将在内地先行先试的"律师事务所办公场所作为企业住所登记"制度，进一步拓展到会计师事务所。

2. 监管方式创新升级，不断提升治理的精准度

一方面，以"六个双"为核心，深化"综合监管"。在2017年、2018年"六个双"政府事中事后综合监管机制工作基础上，打造"六个双"平台"升级版"，增加"跨部门"双随机抽查模块、"双随机""双评估"联动功能，开发监管信息电子地图集成功能。例如根据"四个监管"要求，拟定食品生产企业等6个风险评估操作规程，探索信用、风险评估与"双随机"联动；结合首届中国国际进口博览会安全保障要求，牵头开展宾馆旅馆业跨部门双随机检查，不断深化"六个双"综合监管实践运用。

另一方面，以"大数据"为手段，创新"智慧监管"。运用大数据分析技术，构建全局智慧监管、综合展示、应急指挥平台，集成运用"大数据整合、在线监测、人工智能、地图定位"等多种技术，推动"智慧化市场监管"。例如，浦东新区市场监管局目前已初步实现各业务数据的"一站

式"统计、展示，形成市场主体和无证照经营的电子地图定位及综合信息集成，推进明厨亮灶、特种设备重点点位的视频接入和远程监测。

同时，以"多元化"为依托，优化"社会监管"。例如开展"诚信联盟建设"，深化计量行业诚信联盟；创新"消费纠纷多元化解机制"，在7个基层所试点设立调解工作室，有效提升公众诉求处置效率。

（二）市场环境：充分抓住自贸区建设和浦东综改的机遇

一是深化"证照分离"改革试点任务。针对市场主体开业前需要办理的各类许可证，通过取消审批、审批改备案、实施告知承诺等方式，最大限度地减少审批事项、优化审批流程，破解"先照后证"改革后市场主体办证难、"准入不准营"的问题，有效降低企业创新创业门槛，转变政府职能，优化营商环境，让市场在资源配置中发挥决定性的作用，同时充分激发市场各类主体的活力和社会创造力。

二是力推"1+1+2"登记办理模式，体现自贸区速度。全面推进企业"1+1+2"登记办理模式，登记时间缩短为2天，市场准入提速60%以上，2018年上半年已服务企业2万余户。

三是搭建国际交流平台，服务"一带一路"建设。推动自贸区与国家认证认可监督管理委员会签订合作备忘录，成立上海自贸试验区"一带一路"技术交流国际合作中心，为国内企业"走出去"提供检测认证专业服务。

四是创新企业服务机制，化解急难愁问题。深化"徐敏创新服务工作室"建设，聚焦优势产业、新兴行业和企业孵化器，助力企业创新生态优化。截至2018年7月31日，已调研企业432户，帮助解决难题300余件；优化"企业定向服务联络机制"，"准入信使"队伍已达221人，进一步实现精准服务；拓展"金融网点市场准入代办服务"，已有74个银行网点，为272户企业提供了注册登记"家门口"服务。

（三）法治环境：完善政策体系

一是对标全球最高标准，提升司法服务保障水平。全面对照世界银行

《营商环境报告》评价指标，以制度创新为核心，率先制定有利于提升争端解决效率、降低诉讼成本及与国际经贸争议解决体系相衔接的制度优化方案，将自贸试验区商事争端解决及营商环境保障水平提升到新高度。同时加快自由贸易港前瞻研究，做好体制机制配套准备。积极研判与自贸港建设相关的法律规范和域外司法实践，科学规划配套制度。着重研究自贸港背景下新贸易模式的司法管辖、法律适用及价值导向等相关法律问题，主动借鉴成熟自贸港有效的服务保障经验，探索形成符合自贸港发展要求的司法体制机制。

二是加大规则指引力度，营造公平透明司法环境。精心审理与自贸试验区营商环境相关的有创设性意义的案件，形成对市场具有指导和示范价值的指引性裁判。运用司法大数据，提炼自贸试验区典型案例裁判规则，为自贸试验区相关纠纷的仲裁、调解、审判提供先例依据，帮助自贸试验区市场主体规范商事行为。

三是加强司法协同监管，促进形成规范的市场秩序。充分发挥全国首个综合性涉自贸案件分析系统的作用，对涉自贸试验区重点领域、重点行业进行实时监控，对突出的法律问题进行评估并实行风险预警。着重强化与相关职能部门之间的协作交流，建立健全协同监管机制，共同推进相关领域和行业的健康发展，促进区内市场规范化、法治化建设。

四是拓展"互联网+"理念，建立更高效能审判机制。以"便利化"为着眼点，为市场主体和诉讼参与人员提供智能化的诉讼事务全网络办理平台，着力推进自贸区数字法庭建设，整合资源、优化流程，提高诉讼过程的智能化水平，使诉讼更为流畅、便捷。构建"诉讼绿色通道"，将诉前引导、诉前评估、诉前调解整合成完整的制度体系，在诉前为当事人提供最完善、最具个案针对性的纠纷解决方案，使纠纷通过适当的方式快捷解决。

（四）社会环境：推动自贸区企业承担更多社会责任

一方面鼓励自贸区企业承担更多社会责任。推行企业社会责任建设等计划，提高自贸区企业履行社会责任的自觉性，同时总结并推介一批样板案例，为完善浦东经济运行生态系统和可持续发展做出贡献。

另一方面完善生活配套，解决高端人才的"后顾之忧"。例如在人员出入境、国内优秀人才引进、就业许可、永久居留申请和白玉兰奖评比等方面提供便利；再例如为企业外籍高管就医和子女就学提供便利，在全球医保适用等问题上寻求解决方案，以促进各类高级人才在浦东集聚。

二 浦东新区优化营商环境亮点工作

（一）全面推进"证照分离"改革试点，勇当新时代"放管服"改革标杆

"证照分离"改革试点是党中央、国务院交给上海，在浦东新区实施的重大改革任务，是自贸区"放管服"改革的生动实践。主要包括以下几点做法。

1. 取消审批

对市场竞争机制能够有效调节，行业组织或中介机构能够有效实现行业自律管理的事项，取消行政审批，实行行业自律管理，允许企业直接开展相关经营活动。① 取消审批并不是取消监管，更不是放弃监管责任。对于取消审批的事项，涉及相关行业管理制度的重构，在根据行业特点的基础上，逐项落实后续监管举措。如取消广告登记，浦东市场监管局制定了《关于加强户外广告事中事后监管的工作方案》，并针对医药保健、食品酒类、美容化妆、教育培训、房产销售、旅游服务和投资理财等商品或服务为重点类别开展整治规范。根据问卷调查，企业对"取消审批"类改革的满意度较高，认为满意和比较满意的占比85.79%。

2. 改为备案

政府为及时、准确地获得相关信息，更好地开展行业引导、制定产业政

---

① 《国务院关于上海市开展"证照分离"改革试点总体方案的批复》，中华人民共和国中央人民政府网，http：//www.gov.cn/zhengce/content/2015－12/29/content_ 10519.htm。

策和维护公共利益,对行政许可事项实行备案管理。对改备案的事项,逐项制定备案管理办法,明确备案的条件、内容、程序、期限以及需要报送的全部材料目录和备案示范文本,明确对行政相对人从事备案事项的监督检查及相关处理措施、应承担的法律责任等。如,加工贸易审批改备案,企业完成网上申报后,无须递交申报材料,无须经过窗口受理、审核等流程,直接可以领取证书,可以当场申报当场领取,目前,改事项已进一步改为取消。根据问卷调查,对改备案类改革认为满意和比较满意的占比85.23%。

3. 实行告知承诺

对暂时不能取消审批,但通过事中事后监管能够纠正不符合审批条件的行为且不会产生严重后果的行政许可事项,实行告知承诺制。逐项制定告知承诺书格式文本和告知承诺办法,明确审批条件、申请材料、办理流程,实现当场办结,并于2个月内上门监管。如电影放映经营许可,企业通过告知承诺方式申领《上海市电影放映经营许可证》,当场领取许可证,大大降低了申办单位的办证时间。根据问卷调查,企业对告知承诺类改革认为满意和比较满意的占比82.15%。

浦东新区"证照分离"改革取得良好成效。体现在以下两点。

一是市场主体活力充分激发。据税务部门统计数据,浦东新区2016年和2017年各类纳税主体分别增加4.9万和5.9万户,较2015年的4.6万户分别增长了6.5%和28.3%,企业活力充分激发,办了证、缴了税的活跃企业数量持续增长。行业发展方面,通过取消审批、强化监管,因私出入境中介服务机构呈现爆发式增长,从改革前的10家增长到目前的238家,且行业运行总体平稳;通过告知承诺、在线办理,建筑工程企业快速增长,2017年建筑业企业资质办理量达到262件,和2016年116件相比增长126%。

二是企业营商环境得到优化。提升便利度方面,一个典型的案例是首次进口非特殊用途化妆品审批改为备案,改革前企业需要跑到北京审批,改革后变为网上申报,办理时长从改革前的3~6个月减短到3~5个工作日,通过大幅缩短产品上市周期从而降低了企业时间成本。扩大开放方面,2015年4月,外商独资职业技能培训机构开始实行备案管理,但由于在教师资格、场地和资金等方面设置了较高条件，企业难以办证，一直未有外资机构落地；"证照分离"改革对部分准入条件实行告知承诺，全国第一家外商独资职业培训机构——普华永道，在上海自贸区落地。"互联网+政务服务"方面，2017年11月1日，浦东新区网上政务大厅正式上线了"企业开业地图"，该平台依托网上政务大厅，覆盖国家、市、区三级企业市场准入审批事项，实现一站式在线查询和在线办理。

（二）完善"六个双"政府综合监管闭环，政府职能转变成效显著

浦东新区"六个双"政府综合监管机制着眼于国务院的"放管服"要求，加快政府职能转变，着力推进政府治理体系和治理能力现代化，对旧管理体制的突破较大。按照"谁审批、谁监管，谁主管、谁监管"的原则，探索形成了以"双告知、双反馈、双跟踪证照衔接机制+双随机、双评估、双公示监管协同机制"为核心的"六个双"政府综合监管机制，在登记注册、行政审批、行业主管、综合执法等部门间的信息共享、协同监管和联合奖惩方面有力推动，并且初步形成了覆盖企业全生命周期的政府监管闭环。[1]"六个双"构建了完整的事中事后监管机制闭环。2017年初开始试点探索，取得经验后，下半年在全区所有21个涉及监管的部门全面推开。2017年底，商务部等十三家部委联合印发《关于复制推广构建开放型经济新体制综合试点经验的通知》，明确在全国复制推广包括浦东新区"六个双"政府综合监管机制在内的创新经验。2018年"六个双"进一步流程改造，更加注重监管的协同化、智能化、精准化，通过提升政府治理能力和制度环境软实力，提高企业经营便利度、增强企业获得感，营造良好的营商环境，为实现高质量发展创造更好的环境、提供更有力的支撑。

根据2018年6月的调查问卷，70%的一线工作人员认为"六个双"改

---

[1] 浦府综改：《浦东新区"六个双"政府综合监管实施办法（暂行）》，http://www.pudong.gov.cn/，2018年6月19日。

革成效明显，信息共享力度增强，信用体系逐步完善，监管效能日渐提升。主要成效如下。

1. 立足于企业全生命周期，形成了一个闭环，监管从"碎片"走向"整体"

"全覆盖、闭环式、系统性"是"六个双"最显著、最鲜明的特征。通过加强对事中事后监管的顶层设计，从政府层面将监管创新措施进行有机组合，建立覆盖市场主体全生命周期的监管新模式，形成事中事后监管闭环，监管力度更大，对市场的保障更强。例如，"六个双"中的"双告知、双反馈、双跟踪"着眼于证照衔接，通过证照信息共享和部门联动，为审批部门护航，为监管盲区补齐短板，做到让"信息多跑路，企业少跑腿"。"双随机、双评估、双公示"着眼于动态评估和监管迭代，探索对市场信用监管和风险评估，支撑市场监管的"无事不扰，有求必应"。截至2018年6月30日，"六个双"涉及行业（领域）数量114个，涉及事项数量453个。

2. 依托信息全域共享和部门联动，推进监管从"分散"走向"协同"

一是着力打造智能化平台，实现线下运行向线上贯通。首先是大力推进信息平台建设，大力推进各条线审批、检查和处罚等政务信息共享，推进事中事后综合监管平台建设，并依托信息平台建立"六个双"的各个功能模块，在各功能模块之间实现数据交换和智能导航，平台内各个环节实现了数据交换、模块互联。目前浦东21个部门、108个行业已不断向平台归集完成市场主体信息，32个部门系统与"六个双"平台实现互联对接，这为精准监管、智能监管和动态监管提供了基础。其次是各事项信息逐渐向平台集中，平台信息内容加速增长。到今年2月，浦东21家部门归集完成市场主体信息428454条，许多部门已将原来线下运行的"六个双"业务整体迁移到线上运行，实现了平台内各环节的数据交换、模块互联，平台信息集聚加快，推进了"六个双"监管机制全链条贯通。例如，区司法局通过信息共享机制，与法院、检察院、税务、社保等部门建立信用信息交换共享机制，对律师事务所（分所）、基层法律服务所实行守信联合激励和失信联合惩戒。

二是着力打造联动监管机制，联动效果显著。"六个双"整个流程与信息平台把所有相关部门事项的各个环节连成一个整体，有力推动了部门之间的联动，许多部门根据事项的具体特点开展了部门之间联合检查和监管，部门之间联动监管的成效显现。例如，浦东新区市场监管局牵头浦东新区卫计委、区公安分局、区人社局、区城管执法局等多个部门在大型卖场、餐饮业开展了跨部门"双随机"试点，建立全程联动机制；区卫计委在"照后证前"阶段的跟踪中，共跟踪企业1848家，发现违法行为并予以立案处罚的有40户次；区民政局在双跟踪环节核查经营性养老院14家，发现1家未取得许可证就已经开始收养老人；区人社局会同市场监管局进行预警提示与联合惩戒，成功实现了一家欠薪企业归还垫付欠薪。又比如，浦东新区规土局通过"六个双"监管机制，对于涉事市场主体的违规行为，通过预警发布、响应的方式实现跨部门协同监管472次。

3. 建立"全项彻查"机制，推进高风险行业"四个监管"

在"六个双"工作机制创新的基础上，浦东新区积极开展"信用、风险、分类、动态"监管的探索，"四个监管"成为改革的亮点之一。

在信用监管方面，实施"合理采信、科学评信、试点用信"的做法，分别制定了《浦东新区企业公共信用评估信息归集规范》、《浦东新区企业公共信用评估标准》等规范，初步完成32万余家市场主体的信用评估，并将信用评估结果和部分政府专项资金扶持申报系统进行试点应用，随后在"双随机"环节加强使用信用评估结果，截至2018年9月，共有527个"双随机"方案使用了信用评估结果。

在风险监管方面，建立了"实险、评险、排险"机制。结合各行业监管特点，各部门梳理出行业监管核心风险点和风险识别指标，并对应建立风险评估模型，初步形成一批标准化、规范化的风险评估体系。截至2018年9月，浦东新区共有21个委办局开展了评估工作，形成了11万条风险登记评估结果。通过风险评估体系，分析识别异常，初步实现了对风险预判警示，并进行分类处置。比如浦东新区市场监管局依托"集贸市场计量风险评估"结果进行排列组合，从而开展更科学、更精准的"双随机"检查。

在分类监管方面，逐步丰富分类监管举措，各部门分类监管各显特色。例如，截至2018年9月，浦东新区环保局的环保、环卫、水务、绿化林业、公用、排水等行业根据自己各自行业、领域的监管主体、企业业务范围等情况对934家市场主体进行了标签标注,将可明确市场主体的监管对象分成25类,实现了分类监管。

在动态监管方面,进一步推动部门间信息的共享和互认,扩大动态应用场景,开发了"六个双"的"可视化"展示、"可视化"运用功能,有些部门已经开展了可视化的动态监管。例如,浦东新区安检监局2018年6月底实现了对所有危险化学品仓储企业的可视化远程动态监管,区建交委对建筑工地试点实时可视化监管,对重点营运车辆实施了北斗卫星实时动态监管;区金融局根据企业公共信用评估、日常监督检查结果、"双随机"检查结果等动态情况,对监管对象的评估结果进行等级分类(A为优良,B为一般,C为差),并与该企业的下一次"双随机"进行挂钩,实现"双评估、双随机"动态联动。

三 瓶颈分析

(一)政府"店小二"服务尚不到位

根据2018年浦东调查队针对新区156家非公有制企业开展的专项调查发现,新区非公有制企业在办事过程中仍然遇到不少困难,政府"店小二"的服务尚不到位。例如,部分窗口工作人员对业务不熟悉,某企业办理减资业务,交材料、补材料前后共跑了4次;又如,社保部门向企业发放了关于稳岗补贴的通知,但企业在通知中找不到可以咨询的电话;再如,部分民营企业员工因历史原因将档案放在公司,评职称时需要档案保管部门的盖章,人社局不认民企印章,劳动部门又不接收档案,企业被"踢皮球",员工的职称评定也受到影响。

(二)法治诚信政府建设仍需努力

政府在法治社会建设中发挥着至关重要的作用。调查显示,企业对新法律法规的了解，最重要的来源渠道是政府公共部门的宣传和服务，选择比例为30.8%。当发生合同纠纷时，仍有不少（21.2%）企业希望通过当地政府解决。例如调研中有企业反映，2018年终于收到了法院对一起长达10年土地纠纷的判决，但判决结果与某些政策相悖，导致该公司迟迟无法操作，多方沟通仍无明确说法。

（三）生活配套环境有待改善

调查中了解到，企业职工目前最大的困难是住房问题。新区人才公寓供不应求，申请时间短则半年、长则一到两年，居住时间却只有两年，所以，租房成为大多数来沪职工的首选。但不少租房者因房东主观不配合，或客观无法到场办理房屋租赁合同登记备案证明，而难以办理居住证，从而影响其享受应有的权益。

此外，小学、中学等教育资源还不能满足需求，剧院、音乐厅等文化场所仍然较少，临港新城的公共交通也较为不便。

四 下一步建议

（一）加强政府智能化管理，完善政策政务环境

大数据在发达国家政府公共管理与公共服务领域得到广泛应用，大数据是政府推进治理能力现代化、营造良好营商环境的技术路径。对于数字政府来说，数据汇集交换是基础、信息互联互通是核心、平台实时在线是支撑、智能研判预警是手段，最终实现监管的协同化、智能化、精准化。政府事中事后综合监管机制的建设要紧紧抓住智能化这个手段。

1. 加快信息集聚，畅通信息流

加快信息实时采集和互联互通，形成信息流。全面实现内部审批、监管和执法等各类信息的实时共享，通过信息的互联互通实现各级部门和各开发区、街镇的协同联动。同时，要着力推进区级平台和国家、市级平台的互联

互通，积极探索与公安、税务、海关和一行三会驻沪机构的信息共享和监管联动。

2. 推进数据标准化，扩大数据流

通过数据流解决信息数据化、资源化问题，实现智能研判。首先要根据各部门管理需求建立企业数据通用标签清单，包括统一社会信用代码、名称、法人、行业和地理坐标等，在此基础上对特定行业建立行业标签清单。其次要按照通用和行业标签清单对将归集的各类信息进行标注，使之成为可查、可读、可用数据资源，实现数据资源化。最后要通过人工智能技术对数据资源进行分析研判，根据信用或风险评估模型，自动提示失信对象和风险隐患，减少一线人员不必要的现场核查。

3. 流程再造，打造智慧政府，推动监管从"粗放"走向"科学"

有联动和信息化的工作基础，反过来又将促进信息归集、运用，推动大数据、云计算、人工智能等手段创新，以信息流支撑数据流，数据流引导业务流，重塑事中事后监管制度体系，打造智慧政府，实现对企业全生命周期监管的协同化、智能化和精准化。重塑后的监管流程见图1。例如，通过智能化自动派单和及时响应，再造业务流：根据信用提示，精准确定检查对象实施双随机检查；根据风险提示实现线上自动派单，及时查证排除风险隐患，迅速启动应急抢险预案，并及时将结果信息反馈至平台，实现智能监管的完整流程。

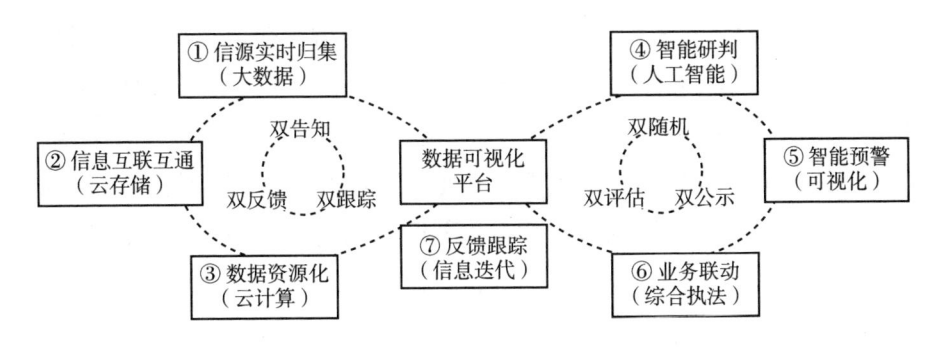

图1 重塑后的政府事中事后综合监管流程

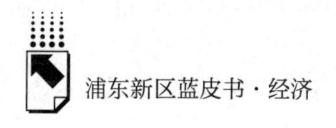

（二）对接内陆自贸区，营造经济辐射环境

上海洋山港保税港区是上海自贸区的四大片区之一，目前航线多、航班密度大、信息化程度高、综合服务能力强的洋山港区具备了启运地或启运港货物进出口的优越条件，上海自贸区应以洋山港保税港区作为基础开展"启运地退税"政策。根据我国自贸区的发展现状研究，结合上海自贸区选择内陆启运地或启运港的标准，建议上海自贸区应与湖北、四川、重庆、河南和陕西五大自贸区开展"启运地退税"政策对接，上海洋山港保税港区（上海自贸区）可以在前期与五大自贸区片区进行"启运地退税"政策对接，后期可以扩大至五大自贸区的经济辐射区域，发挥上海自贸区在"长江经济带"国家战略和"一带一路"合作倡议关键布局中的重要作用。

同时鼓励企业间开展横向合作，如技术装备合作、运营业务合作、客户资源合作、信息资源共享合作；鼓励企业间开展纵向合作，如国际商贸、金融服务、现代物流、运输企业、港口企业、国际货代、信息技术企业。通过企业横向与纵向合作从更大范围整合区域物流资源，实现更强大的服务功能，使区域的辐射范围扩大，从而有利于上海自贸区向更高的层次或阶段发展。

（三）打造诚信政府，健全法治环境

负面清单模式带来的改革逻辑是：负面清单管理模式—行政许可制改革—事中事后监管制度重塑。这一改革逻辑带来两个问题，一是行政许可制度改革被办证便利所替代，二是事中事后监管制度重塑困难重重。导致这两个问题的根源在于法律体系没有及时转变。重塑事中事后监管制度需要法律体系的保障。因此，国家需要推动在政府监管方式转变、联合惩戒，信息数据采集运用、信用建设、联合奖惩等有关监管改革方面进行立法，发挥依法改革的作用；同时，国家层面需研究制定跨地区监管协同问题，推动解决注册地与经营地分离问题；三是事中事后监管机制的建立改变了传统的政府管理方式，这就要求政府部门厘清政府与市场的边界，协同推进部门内部管理机制改革，重构监管流程，转变监管方式，强化多边能力，适应新时代的发展。

此外，还需要加强信息公开，尤其是企业关心的公共资源交易信息、财政扶持政策信息等。探索建立公务人员信用档案制度，依法将公务员个人信用报告、廉政记录、违约等，纳入信用档案。打造透明、公平、稳定、可预期的营商环境，减少政府对经济的行政干预，推动完善社会信用体系，改善市场信用环境，继续提高信息公开程度。

（四）加强配套设施建设，改善城市综合环境

与纽约、伦敦等国外成熟的全球城市相比，上海在知识产权保护、市场诚信体系、生活服务配套、政府政策支持等投资软环境方面都有待改善。[①] 在改善城市综合环境方面，完善住房、交通、医疗等满足职工发展基本需求的设施建设。着力改善偏远地区的公共交通通勤方式，建立区域性医疗机构，探索多种途径解决员工住房保障，鼓励3岁以下托育机构的成立，新建幼儿园、小学、初中等，解决员工的后顾之忧。加大力度，推进剧院、音乐厅等文化场所建设，丰富职工的业余文化生活。

---

① 陈霜华：《进一步优化上海营商环境》[J]，《科学发展观》2018年第4期，第73~82页。

B.13
浦东新区特色民宿新业态发展浅析

南剑飞*

摘　要： 农业农村农民问题即"三农"问题是关系国计民生的根本性问题，也是全党工作重中之重。实施乡村振兴战略，是党的十九大做出的重大决策部署，是决胜全面建成小康社会、全面建设社会主义现代化国家的重大历史任务，是新时代做好三农工作的总抓手。近年来，浦东大地兴起了一种由商业资本、地产价值、农村资源、乡愁文化等综合要素创新融合发展的新型业态——现代特色民宿服务业，这为新时代实施乡村振兴战略、推动城乡融合发展开辟了新路径，进行了大胆探索，取得了成功经验，这也为全面实施乡村振兴战略、深入推进上海、长三角乃至全国城乡一体化高质量发展提供了重要借鉴。

关键词： 乡村振兴　特色民宿　浦东新区

一　引言

浦东新区政府于2016年7月26日印发《浦东新区促进特色民宿业发展的意见（试行）》〔浦府综改（2016）3号，以下简称"试点文件"〕。"试

---

* 南剑飞，浦东新区区委党校高层次引进人才、西南石油大学教授、上海交大博士后，硕士生导师，主要研究方向：城市经济、工商管理、文化遗产。

点文件"作为上海市第一个关于民宿发展的文件,也经市府法制办、市人大及区人大备案,在上海市范围内起到一定先行先试、开路先锋、标杆示范意义。

浦东新区特色民宿试点以来,各项工作推进顺利,成效显著,社会反响良好,并被中央和省市知名媒体报道、转载。

二 背景

党的十九大提出,实施乡村振兴战略,推动城乡融合发展。坚持农业农村优先发展,按照产业兴旺、生态宜居、乡风文明、治理有效、生活富裕的总要求,建立健全城乡融合发展体制机制和政策体系,加快推进农业农村现代化。对于浦东新区来说,作为上海改革开放排头兵中的排头兵、创新发展先行者中的先行者,深入贯彻落实党的十九大精神,按照问题导向、需求导向、效果导向要求,切实推进城乡融合一体化发展,建设更高品质浦东,是实现新时代新气象新作为的新机遇,也是谋求新发展的严峻挑战。浦东新区在推进城乡融合一体化发展中,特色民宿服务业无疑是一个切实有效的重要抓手与实现路径。

党的十八大以来,中央提出"四个全面"战略布局、"创新、协调、绿色、开放、共享"五大发展新理念,加快推进新型城镇化、实施供给侧结构性改革、全面落实"大众创业、万众创新"和精准扶贫、建设美丽乡村,旨在不断改善民生,促进社会公平,让所有群体共享改革开放与经济发展成果。其中,深化农村集体产权制度改革,解决好"三权分置"和"三农问题",构筑互动、包容、一体化的新型城乡关系,是全面建成小康社会的关键所在。正是在这一宏观背景下,浦东大地上兴起一种由商业资本、地产价值、农村资源、乡愁文化等综合要素创新融合发展的新型业态——现代特色民宿服务业,这为新时代实施乡村振兴战略、推动城乡融合发展开辟了新路径,进行了大胆探索,取得了成功经验,这也为全面实施乡村振兴战略、深入推进上海、长三角乃至全国城乡一体化高质量发展提供了重要借鉴。

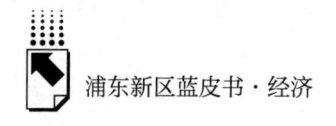

三 做法

自20世纪90年代初中央宣布浦东开发开放以来，黄浦江东岸的浦东新区一跃成为我国改革开放一片热土，昔日荒凉的农耕之地迅速崛起一座举世瞩目的现代化新城，彻底改变了浦东城乡面貌，也极大改变了"宁要浦西一张床、不要浦东一间房"的上海城市发展不平衡不充分的历史状况。

随着浦东国际机场的建设与扩容、迪士尼乐园的落户与开园运营，以及浦东国际旅游度假区建设的不断推进，浦东旅游正从传统观光向观光、休闲、度假并重转型。浦东新区具有由传统乡村快速转向城市化的时代特征，同时保留着大片乡村风貌与民间文脉，乡村旅游自然成为浦东新区的珍贵资源。作为游客短途休闲、度假的乡村旅游，民宿是不可或缺的重要载体。正是顺应这一具有全球认同的旅游模式，结合自身拥有的独特优势，浦东新区于2016年在条件成熟的镇优先开展试点，积极推动特色民宿发展，力求探索比较成熟的可复制、可推广的运营经验，以便在更大范围内扩大特色民宿建设，使其成为浦东新区城乡融合一体化发展的实现路径之一。经过两年多时间的打造打磨，试点工作取得显著进展，目前已基本建成并投入运营的民宿项目有以下三个。

宿予——东方明珠。该项目开发经营主体为明珠富想川沙（上海）民宿文化有限公司（国有控股），由川沙农投、东方明珠、富想（台湾公司）和社会风投等4家公司合资组建，资金实力较强，经营理念与国际接轨程度较高。

谧舍——民宿（上海）。该项目开发经营主体是民宿（上海）旅游文化发展有限公司公司（民资），企业法人是川沙本地人，在挖掘本地人文内涵、氛围营造、媒体宣传上具有一定优势。

馨庐——锦江。该项目开发经营主体是上海馨川酒店管理有限公司，紧邻AAA级景区上海游龙石文化科普馆基地。项目团队具有在上海锦江集团从业多年的相关工作经历、品牌运作、设计经营等方面优势。

乡传南泥湾——乡传农业。该项目开发经营主体是上海浦东乡传农业科技有限公司，由圣博华康和洪久农发公司合资成立。资金实力雄厚、规划开发理念从浦东实际出发，具有整体打算和长远谋划。由于开发商内部原因，目前尚未营业。

浦东特色民宿试点工作之所以开局顺利并取得良好成效，主要在于以下几个方面因素。

（一）规划先行，广泛调研基础上设立引导性试行标准

浦东新区政府于2016年7月26日印发《浦东新区促进特色民宿业发展的意见（试行）》（浦府综改〔2016〕3号，以下简称"试点文件"）。作为上海市第一个关于民宿发展的文件，这份"试点文件"以问题、需求、效果为导向，在广泛深入的调查研究基础上形成，也经市府法制办、市人大及区人大备案，在全市范围内起到一定的标杆示范意义。

正是由于针对问题调研，制定"试点文件"，形成工作方案，启动试点工作，浦东特色民宿建设推动扎实稳健。归纳一下，主要在于：一是先标准后实践。在试行文件发布前，进行广泛的调研，设立适合浦东的试行标准；发布后，各家依据标准进行实践和操作，并做出个性化实践，探索出符合标准且更具操作性的路径和方法。二是先试点后推广。在试行文件发布初期，广泛收集各区域的意向项目，并在各部门多次实地调研和评估的基础上，积极推动更具有主观积极性、典型代表意义、发展基础和成长空间的项目，秉持"成熟一家推一家"的原则，逐步推广。三是先乡村后市区。先行试点期间，尽量在条件成熟的乡村地区开展，且仅适用于农村地区的宅基地房屋，条件成熟的古镇老街旅游景区可参照执行。待试点期结束后，在经验总结和复制推广时，可适当考虑在市区某些区域参照执行。

（二）打造特色，着重突出浦东个性品牌品质品味

正是由于从一开始就注重规划设计，浦东民宿试点工作起点高、站位准，在起跑线上就着力打造个性特色，集中体现在品牌、品质、品味"三

品"上。

一是品牌，塑造知晓度美誉度。浦东特色民宿试点阶段仅对有集约化经营能力的企业法人开放试点；村集体经济组织统一利用民宅，与有经验、有自主实力的品牌企业合作的优先开展试点。现有试点项目的经营开发主体涵盖了国资、外资、民资等多种经营主体，各主体积极发挥自身优势，在资金支持、经营理念、项目规划、产品设计、品牌运作上提供强有力支持和保障。

二是品质，形成"一家一品一特色"分布格局。浦东特色民宿结合浦东实际，设定一定准入门槛，谨慎、安全、可控，规避出现违章搭建等可能出现的风险。试点工作提出"安全"、"循序渐进"、"法人"三项原则，强调各方面须遵循相关法律法规和国家关于各领域安全的制度体系；充分利用村庄改造成果，在市或区级美丽乡村示范村优先开展，新区试点范围内形成"一家一品一特色"分布格局。确保品质具体体现在：一是设计个性化；二是投资强度高；三是管理团队专业；四是利益共同体，形成企业与农民、城市与乡村、经营主体和市场客体和谐发展多赢局面。

三是品味，做强做细做精互动体验式内容。一是主题化，坚持"旅游+"的概念，注重与文、农、商、医等多产业的融合发展，做好浦东民俗文化、石文化、家文化、中医药健康养生文化等主题内涵的挖掘。二是互动式体验，不同于酒店式的"访客体验"，更注重于"家庭体验"。通过事前的偏好沟通、个性化设计和贴心管家服务，从"旁观者"变成了"参与者"。三是保留原生态，每个项目充分发挥自身区位优势，借力浦东自然资源禀赋，深度挖掘本土乡村特色，五灶港的天然水系、各镇丰富田园乡村风貌，让住客亲历看得见的本土文化、乡愁回忆。四是少风景多内容，浦东虽没有江浙地区的青山绿水，但各开发经营主体开动脑筋，做强做细做精内容，如融入独有的水路交通、意大利烘焙体验、手工陶艺制作等。

（三）三级联动，形成分工明确职责清晰运行机制

浦东特色民宿工作试点注重"放管服"创新，形成分工明确、职责清晰的运行机制，具体表现在以下三个方面：一是区镇村三级联动。村级负责协调、处理村内发展民宿业后邻里关系的变化，村内新增违章建筑及房屋权属不清等问题处置；镇级履行属地监管责任，牵头职能部门派出机构，对试点项目切实把好关，强化对监管特色民宿企业项目的指导和监督职责。区级做好证照辅导与协同监管职责。二是告知承诺、放管服。在特色民宿申办程序中，坚持简政放权、简化审批的改革总体要求，充分利用浦东已取得的成果以及将推出的新举措，尽可能简化审批程序，有的实行告知承诺，提高透明度。没有采用其他省市所采取的联合审批路径。更加突出事中事后监管，既有相关职能部门、镇政府按照各自法定职责的专业监管、日常监管，也有相关职能部门定期进行联合执法检查、协同监管。三是行业自律、联盟公约。已成立浦东民宿业联盟，加强行业自律，形成并发布联盟公约，通过自治自管的方式确保业态活力和竞争力。

（四）创新管理，相关部门协同提供精准化服务

作为新型业态，浦东特色民宿发展得到政府各职能部门的协同支持，在确保"安全"底线原则下，相关职能部门主动探索、积极创新、勇于尝试，在提供精准化服务方面探索出一系列行之有效的好做法。区市场监管局主动沟通、简化程序、强化指导；区卫计委多次踏勘、明确要求、注重监管；区公安分局大局意识强、系统创新、证照首发，良好服务为浦东特色民宿发展营造条件。

（五）宣传推广，防止噪音干扰营造良好舆论环境

浦东新区国内外关注度高，任何一个创新之举都会被舆论关注。在浦东特色民宿试点工作推进中，宣传推广方面力求稳妥、正确引导。区商务委拟定统一宣传口径、把握统一尺度、避免炒作证照；邀请专家学者进行实地考察，举行专题研讨，并在论坛、媒体上发表观点加以引导；也要求相关市场主体婉拒了香港、台湾等地区新闻媒体的采访宣传。这些举措，有效防控了可能出现的负面舆情，为民宿发展创造良好的舆论环境。

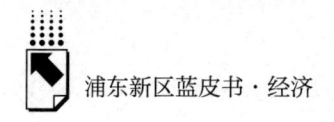

四 经验与启示

浦东特色民宿两年多时间的试点工作扎实稳健，进展顺利，成效明显。其经验，归纳而言，主要体现在以下三个方面。

首先，做法有创新。一是探索了"三农"工作及城乡融合一体化新路径，实现了农村、农业、农民的利益增长共同体（农村有了新面貌、农业转型、农民增收）；二是对特色民宿新业态的管理促进机制基本形成，既避免无序开发，也形成浦东特色；三是相关职能部门按照文件综改精神，先行先试了一批有针对性、区域性的措施和办法，比如区公安分局针对民宿用房分散且不封闭等特点，开发了民宿专用登记管理系统。

其次，特色较鲜明。一是做法上先标准后实践；二是先在农村试点；三是管理上区镇村各司其职、三级联动，并鼓励行业自律、形成联盟公约；四是实行告知承诺、简化审批；五是项目特征上体现品质、品位、品牌，中高端定位；六是承接了迪士尼乐园溢出效应，改善了浦东旅游条件；七是渐成为本市居民休闲度假新去处，度假区周边可渐渐发展成特色民宿群落，配套"旅游城"整体发展。

再则，社会反响好。市区各级领导重视并肯定浦东特色民宿试点工作。证照齐全的试点项目样板房已陆续开始营业，游客普遍好评。新闻媒体对浦东民宿关注度高，采访报道多，社会反响总体良好。

浦东特色民宿的兴起，顺应近现代以来国内外民宿发展的趋势，具有国际化运作理念，体现了惠民、包容、可持续发展特色，正在形成浦东谋求城乡融合一体化高品质发展的新业态、新品牌、新载体。

综观国内外民宿服务业的发展，主要存在完全市场化经营、农民自主经营、连锁加盟经营等基本模式，尤其是国内一些民宿服务业，存在着市场经营主体完全变更农民土地产权、迁出原住民等做法，从实质上讲，这是一种变相的农村房地产经营抑或农村旅店，农民利益保障、社会公平、服务品质等方面存在缺陷或不足。而浦东特色民宿项目，充分依托迪士尼乐园这一得天独厚的国际化旅游资源，开创了一条政府、企业、农民紧密合作的共赢发展模式，完全有能力实现这一新兴业态的惠民、包容、品质、可持续发展，有望成为上海建设卓越的全球城市、破解城乡二元结构、促进城乡融合发展难题的重要载体与实现路径。

浦东特色民宿是一项完全符合中央精神和相关规定的创新之举，具有如下启示：第一、奉行"政府指导、市场经营、农民参与"的运作模式，为实现农业强、农村美、农民富提供了清晰思路；第二、农民的闲置宅基地房屋产权不发生变更，盘活了农村房屋资产存量，充分践行了"房子是用来住的，不是用来炒的"精神，防止民宿业演变为房地产热；第三、开创了农民就地直接城市化新模式，实现了第一产业和第三产业的融合对接，直接改善了农民收入和民生水平，为解决"三农"问题找到了新出路；第四、以人为本，以"主题+体验"为特色，努力通过提升游客的获得感和满意度，打造有品质、有温度、有内涵的一流民宿服务业，可以在全区、全市乃至于兄弟省区市进行复制推广。

五 思考与建议

浦东特色民宿试点建设以来，受到各级领导、相关部门和各界的广泛关注、大力支持，整体上运营情况良好，这里以川沙新镇为例。

近年来，川沙新镇立足当地实际不断探索民宿发展路径。2016年7月，《浦东新区关于促进特色民宿发展的意见（试行）》正式出台。当年8月，川沙新镇连民村、界龙村、新春村即被列为浦东首批民宿试点村。经过一年多的试点建设，特色民宿在市、区各级领导和相关部门的大力支持下，取得了实质性进展。

川沙新镇民宿"宿予"、"馨庐"、"谧舍"三个运营主体，于2017年6月率先取得了上海市民宿特种行业许可证，现运营情况良好。三家民宿运营主体已收储房屋75栋，正式运营16栋62间。截至目前，共接待12000余人次，节假日呈现一房难求局面。

宿予民宿：以互动主题房为特色，打造台湾故事馆、彩虹之家、纺织印染、亲子之家、烘焙等"一宿一品一故事"的特色，由明珠富想川沙（上海）民宿文化有限公司建设。目前运营6栋共21间，已接待5726人次。

馨庐民宿：依托石文化科普馆，打造具有石文化特色的国际高端精品民宿，由上海馨川酒店管理有限公司建设。目前运营3栋11间，接待1660人次。

谧舍民宿：打造独具静谧、质朴、舒适特色民宿，由民宿（上海）旅游文化发展有限公司建设。目前运营7栋30间，已接待4652人次。

为有序推进民宿规范化、特色化建设发展，川沙新镇采取了以下措施：一是设立准入机制及规模控制机制。一个村只允许一家通过政府审核的公司进行民宿开发与运营，避免无序内耗、恶性竞争和一哄而上。二是搭建监管部门与企业双向沟通平台。既搭台促进企业沟通交流，分享经验，避免同质化竞争，又组织经发、环保等部门倾听企业的工作设想与愿景，及时解答疑问。三是鼓励本土优质一、二、三产企业与民宿共商结成产业联盟。通过本土品牌企业与民宿的优势互补，使产品的生产、加工、销售成为民宿休闲旅游、体验乡村风情的有机组成部分。四是政府编制预算、规划时主动与民宿村对接。明确实施项目建设类资源可以适当向民宿所在村倾斜，成为民宿村整体环境打造的重要组成部分。五是营造良好的田园乡村生态环境。持续推动试点村内的中小河道治理，消除黑臭河道，改善生态环境。有效消除违法违章点，营造干净整洁、恬静自然的田园风貌。六是探索村民自治，保障民宿健康发展。在三个试点村，探索制定特色民宿村民自治章程，提升村民素养，规范游客行为，增强村民对特色民宿试点工作的认同感和参与度。

毋庸置疑，在发展过程中也面临了一些瓶颈问题。这里以川沙新镇为例。浦东特色民宿发展中的共性问题，主要表现在以下四个方面。

一是农村区域公建配套问题突出。例如，目前，川沙新镇连民村已申报创建市级美丽乡村示范村、精品村，界龙、新春两个村申报了区级美丽乡村示范村，希望借力市、区美丽乡村精品村、示范村及农村社区建设试点工作，尽快解决农村社区公建配套问题。但是，从试点村的长效发展来看，需要对水电气、道路、污水管网、路灯等公建设施进行一揽子配套。

二是民宿业"正规军"与"杂牌军"鱼龙混杂。由于川沙毗邻迪士尼乐园，游客住宿需求突出，不少民间力量对开办"民宿"跃跃欲试，同时网络预定平台的便利性在一定程度上对民宿业成为迪士尼乐园周边新兴行业起了推波助澜的作用。有的将自有民房标注成为"民宿"对外出租，也有一些单位、个人绕过申报、审批程序，私自与村民签约租房搞民宿，一旦出现问题，将会对浦东还仍处于"幼年期"的民宿业发展带来不可预估的负面影响。

三是民宿运营成本较高。目前民宿的电、自来水、网络等都按照商业企业的标准进行收费。同时，农民收取租金是"净到手"，税收由民宿经营企业负担，经营过程中也涉及税收问题。这对试点过程中的民宿来说，将极大提高运营成本。民宿的竞争优势在舒适、质朴、实惠，在市场充分发展情况下，成本高企将使民宿经营失去持续竞争力。

四是试点经验形成制度性安排还存在局限。在民宿申办一照三证及后续规费等过程中，新区各职能部门立足农村实际、支持增加农民收入的新业态，敢于创新、勇于担当，在各方面都给予了大力的支持和指导。但川沙新镇的民宿还在起步阶段，目前仅仅局限在试点的几个村、几个民宿。从互联网预订住宿情况看，全国平均民宿市场在旅馆业占比为15%左右。因此，川沙民宿发展空间仍较大。

应当指出：民宿有别于传统酒店、饭店、宾馆，给游客温馨亲切如家的旅游体验，是游客们体验旅游地风俗和文化的重要载体。乡村民宿，是乡村旅游的重要组分，是改善农村生活水平、促进就业实现城乡文化交流的重要途径。建议川沙新镇充分发挥"老城厢、新乡村"区域优势和文化特色，逐步实施、加快推进乡村文化品牌创建战略。

一是试点村庄整体规划。2018年在连民村试点整村规划设计，实现雨污水纳管，整村覆盖自来水、天然气；与浦东电力公司合作，建设具有示范意义的电能替代项目；对村域范围的道路进行调整，进一步优化村庄水系。在连民村取得实效后，将在其他村进行复制，真正实现统筹城乡一体化发展。建议市、区相关部门加快推动村庄整体规划，进一步加大农村基础设施建设投入。

二是提升村庄环境。政府搭台，民宿公司、村集体及村民共同参与，开展道路、河道、绿化等公共基础设施的提升与建设。开展与高校合作，邀请海洋大学对连民村进行水环境修复和提升，邀请东华大学参与美丽庭院打造，对村庄公共区域与农家庭院开展专业设计与景观提升。

三是解决重点配套。完成农村地区污水纳管全覆盖工程，解决困扰民宿的污水排放问题。结合河道轮疏、黑臭河道治理、断头河和劣五类水体治理，彻底消除民宿周边影响环境的黑臭河道，提升水环境。充分利用三个试点村周边停车场，使进村车辆集中停放，并使用电瓶车短驳，实现绿色出行，减少尾气排放。保障民宿安全，加装监控设施，加大巡逻力度，加强食品、卫生、消防等安全检查，配备各类设施，制定应急预案，确保及时响应。

四是促进农民增收。特色民宿试点推动村民从第一产业向第三产业跃升，增加农民财产性收入、工资性收入、经营性收入，特色民宿试点为农民开辟了一条增收新路径，川沙新镇将持续推动特色民宿的健康发展，全力保障农民利益。建议参与试点的经营主体能参照农业企业的优惠政策，在免除税收、优惠电价、贷款贴息等方面给予支持。

五是净化民宿市场。自2016年迪士尼乐园开园以来，在其周边区域出现不少的"黑民宿"。通过"五违四必"整治，加大对违建的拆除和管理力度，同时积极开展消防安全、生产生活安全、"五违四必"等宣传和教育，抑制新增"黑民宿"。对个别存在较大风险隐患的，联合公安、消防、卫生、食品等部门采取统一整治行动，坚决予以取缔。

参考文献

中共中央、国务院：《关于实施乡村振兴战略的意见》，《人民日报》2018年2月

5 日。

习近平：《党的十九大报告》，《新华网》2017 年 10 月 27 日。

张锋：《重视乡村民宿发展中问题》，《学习时报》。

张晓军：《民宿是乡村休闲新供给》，《经济日报》2017 年 11 月 16 日。

任姝玮：《浦东特色民宿"特"在哪里》，《浦东开发》2017 年第 2 期。

刘思弘：《浦东民宿：留住乡村文化与乡愁》，《浦东开发》2017 年第 2 期。

何建华、马学杰、张帆：《浦东特色民宿：推进城乡融合高品质发展的创新实践》，央广网，2018 年 5 月 28 日。

浦东新区商务委（旅游局）：《机制创新　多方共赢——浦东新区积极推动特色民宿新业态发展》，2018 年 5 月。

川沙新镇党委：《打造乡村振兴支撑点　培育农民收入增长点——川沙新镇特色民宿试点情况的调查》，《浦东论坛》2018 年第 4 期。

南剑飞：《地名文化遗产保护工作回顾、经验及启示》，《中国地名》2017 年第 8 期。

南剑飞：《创"三品"特色民宿　提乡村旅游品质》，《浦东开发开放创新案例研究》，上海科学技术出版社 2018 年 8 月。

附件　浦东特色民宿试点项目证照推进情况

序列	所在镇	公司名称	所在村	项目名称	营业执照	消防	治安	卫生	食品	租用期限	建设规模	现已收储	自我复制进度
1	川沙新镇	明珠富想川沙（上海）民宿文化有限公司	连民村	宿子	已获得	2栋（8间），均获证				15年	60幢 150间	47栋	已基本完成新增9幢房屋（6个主题）的装修，今年暑假前再增加8个主题房屋的装修。
2	川沙新镇	上海鑿川酒店管理有限公司	新春村	鑿庐	已获得	2栋（9间），均获证				15年	20～25幢 100～125间	9栋	国庆节之前完成新增2栋（17间）的房屋装修
3	川沙新镇	民宿（上海）旅游文化发展有限公司	界龙村	遥舍	已获得	6栋（26间），均获证				10～15年	50幢 200间	22栋	已完成新增3栋（12间），并通过验收
4	泥城镇	上海浦东乡传农业科技有限公司	永盛村	乡传南·泥·湾	已获得	2栋（11间），均获证				至2029年	24幢 1000亩	24栋	工程暂停
5	大团镇	上海百匠村旅游管理发展有限公司	果园村	百匠村	已获得（不含餐饮）	4栋（12间）调整中			已获证	10～15年	50幢 200间	12栋	新增在建4栋
6	新场镇	上海新场古镇投资开发有限公司	新场古镇	待定	投资主体、营业范围、地址待确认或变更，尚不符合要求				推进中	长		多栋	

B.14 后 记

《上海浦东经济发展报告（2019）》和读者见面了。本报告是由上海社科院经济研究所和中共浦东新区区委党校合作编撰完成的，这也是双方自2012年合作出版首本《上海浦东经济发展报告》以来的第8本合作成果。一路走来，有双方的共同努力，有双方的精诚合作，更有"聚焦浦东，立足上海"的合作信念。多年来的坚持和努力，换来的是《上海浦东经济发展报告》的质量和社会影响力的不断提升，让我们倍感欣慰！当然我们也深知，在新时代征程中，浦东开发开放肩负着新的使命！同样，《上海浦东经济发展报告》也需要继续深耕浦东、立足上海、放眼全国，需要不断提升，需要更加行稳致远！

值此《上海浦东经济发展报告（2019）》付梓之际，我们要真诚地感谢上海社科院领导和中共浦东新区区委领导及浦东新区相关部门领导对本书的指导、关心和帮助；感谢上海社科院经济所所长沈开艳研究员对本书的悉心指导和大力支持；感谢浦东新区区委研究室、区政府研究室、区发改委等相关部门为本蓝皮书提供的资料支持。中共浦东新区区委党校胡云华副教授、上海社会科学院研究生部王鹏翀参与了本书的组稿、联系、统稿等事务性工作，在此一并感谢。

2018 年 11 月 11 日

Abstract

The year 2018 marks the first year of fully implementing the guidelines of the 19th National Congress of the Communist Party of China and the 40th anniversary of China's reform and opening-up. This year also witnesses the 28th anniversary of Pudong's opening-up and development and the 5th anniversary of Shanghai Pilot Free Trade Zone. In the face of a complex international economic situation and the demand of high-quality development of China's economy, Pudong government has remained committed to the general principle of pursuing progress while ensuring stability, acted upon the new development philosophy, and put all efforts to ensure steady growth, advance reform, make structural adjustments, improve living standards, and guard against risk. Pudong tries its best to be the benchmark of the reform and opening-up in the new era and set up the pace for innovation and development. Based on this, the 2019 Pudong Economic Development Report takes "high-quality development and high-level reform and opening-up" as its theme and is divided into three parts with 13 reports to sort out and analyze the current situation of Pudong's economic development and look forward to the future.

The general report part studies Pudong's economic development and the five-year construction of the Pilot Free Trade Zone. According to this part, Pudong's economy has generally achieved balanced growth in 2018 and the estimated annual economic growth rate is about 8%. The characteristics of Pudong's high-quality economic development have gradually emerged, and the foundation for improving economic quality and efficiency has been consolidated. The report also believes that the Pilot Free Trade Zone improves Pudong's high-quality economic development in three outstanding aspects: boosting the further agglomeration and development of the financial industry in Lujiazui; promoting the upgrading of the economic level of Pudong headquarter; accelerating the adjustment of industrial structure in

Abstract

Pudong.

The high-quality development report part contains six sub-reports, which conduct research in Pudong's manufacturing industry, building economy, service trade, modern agriculture and talent resources. According to this part, Pudong's manufacturing industry must occupy the commanding point of the industry, promote the upgrade of the industrial chain and enhance the added value of the manufacturing industry; Lujiazui's building economy has become the peek of Shanghai building economy and the high value-added industries have been further agglomerated; Pudong commerce played an important role in improving the city's function and promoting economic transformation and upgrading; agriculture is a part of Pudong's economy and Pudong's ecosystem, and it is an important carrier which has promoted Pudong's urban-rural integration; Pudong's talent pool construction has achieved remarkable results while there still remains a gap to the global talent plateau, and Pudong's talent policy is characterized by "comprehensiveness".

The high-level reform and opening-up report part consists of five sub-reports, which analyze respectively how Pudong contributes to the Belt and Road Initiative, leads the development of the Yangtze River Delta, further deepens the opening-up of the financial industry, optimizes the business environment and develops the characteristic homestay tourism. The report emphasizes that seizing the opportunity provided by the Belt and Road Initiative is an important strategic measure to push forward the "four-high" development strategy and implement the high-level reform and opening-up policy. According to the study, under the guidance of coordinated development strategy and the 28-year experience of development and opening-up, Pudong will lead the Yangtze River Delta region towards high-quality development. This report analyzes in depth the new advantages Pudong's further reform and opening-up in financial sector in 2018 has brought for Pudong's high-quality development, and believes that Pudong's high-level opening-up in financial sector has already formed a brand effect. The study found that Pudong has achieved remarkable results in deepening the reform of "license separation" and the "six double" comprehensive supervision of the government, and optimizing the business environment has become a breakthrough point for reform and opening-up. The analysis shows that the trail-blazing exploration of the modern characteristic homestay tourism service industry in Pudong has opened up a new path for implementing the strategy of rural revitalization and promoting the development of urban-rural integration in the new era.

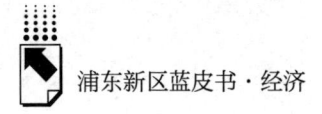

Keywords: Pilot Free Trade Zone; High-quality Development; High-level Reform and Opening-up; Transformational Development

Contents

I General Reports

B.1 The Economic Condition Analysis and Forecast of Pudong New District in 2019　　　　　　　　　　　　*Hu Yunhua* / 001

Abstract: The domestic and foreign macroeconomic operation in 2018 presents new changes and development trends. Economy in Pudong New District also shows a new development track. Based on relevant data, this paper makes judgment and analysis of economic operation characteristics and major macroeconomic indicators of Pudong New District in 2018. The year of 2019 is important for the development of 13th five-year plan. The quality of regional economy is directly related to the success of the 13th five-year plan. According to the comprehensive forecast, the economy of Pudong New District will maintain stable in 2019. Pudong New District should continue to promote development and opening-up with greater courage, intensify institutional breakthroughs in innovation, take deepening supply-side structural reform, constantly optimize the business environment, promote high-level reform and opening-up, and achieve high-quality economic development.

Keywords: Pudong's Economy; High-quality Development; High-level Reform and Opening up

B. 2 Pudong's High-quality Development in 2018 Driven by Shanghai Free Trade Zone and Its Prospects in 2019

Lei Xinjun, Xu Meifang and Xu Lin / 029

Abstract: In the past five years, significant progress has been achieved in the work of constructing China (Shanghai) Pilot Free Trade Zone. Large amounts of institutional innovation achievements are extending around the whole country and taking its full advantage of experimental field for deepening reform comprehensively, meanwhile promoting the economic and social transformation and development in Pudong. In 2018, the China (Shanghai) Pilot Free Trade Zone improves Pudong's economic high-quality development in three outstanding aspects: boosting the further agglomeration and development of the financial industry in Lujiazui; promoting the upgrading of the economic level of Pudong headquarter; accelerating the adjustment of industrial structure in Pudong.

Keywords: Pilot Free Trade Zone; High-quality Development; Lujiazui; Headquarters Economy; Industrial Structure.

II High–quality Development

B. 3 The Main Problems and Forecast of Manufacturing Industry in Pudong New District in 2019

Lei Xinjun, Wang Peng and Ren Yipeng / 045

Abstract: In recent years, the proportion of Pudong New Area's industrial added value to GDP has shown a downward trend. It is still a long way to go to keep the bottom line of 25%. This paper analyses the bottleneck of the development of manufacturing industry in Pudong, and points out that the new vitality of industry in Pudong New Area needs to be improved and the cost advantage is losing continuously. Industry development is facing many bottlenecks and policy support needs to be optimized. This paper systematically combs the latest trends and advanced practices of manufacturing development at home and abroad. Then it puts forward some suggestions, such as promoting leading innovation, seizing industrial commanding heights, promoting industrial chain upgrading, enhancing added value of manufacturing industry, consolidating basic industries, improving industrial competitiveness, taking effective measures to ensure industrial scale, and giving full play to the function of financial services, as a reference for the future development of Pudong manufacturing industry.

Keywords: Manufacturing Industrial; Industrial Commanding Heights; Industrial Chain; Industrial Scale

B. 4　The Study on Lujiazui Building Economy and its
　　　　Countermeasures　　　　*Xu Meifang, Li Shuangjin* / 062

Abstract: Lujiazui building economy is "born with the reform and growing with the opening-up", meanwhile has also been pushing the development and opening-up in Pudong. Currently, Lujiazui building economy embodies three characteristics: the peek of Shanghai building economy; the agglomeration of high value-added industries; the development mode jointly boosted by the government and the market. The main challenges faced by Lujiazui building economy are: high commercial cost; the industrial chain remaining to be improved; large improvement space for market power. This report suggests: continuing to open from a higher starting point to promote development in Pudong; giving full play to both the forces of the government and the market; authentically enhancing the capability of financial industry to serve the real economy.

Keywords: Building Economy; Industry Agglomeration; Lujiazui

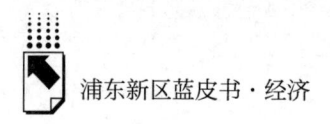

B. 5　The Study of Commercial Development of Pudong and
　　　　Road Ahead　　　　　　　　　　*Wu Jin, Liu Xuelian* / 079

Abstract: To take full effect of the comprehensively deepen reforms and opening-up, China (Shanghai) pilot free trade zone and "One Belt And One Road" construction, more consumption potential to the Commerce in Pudong through Supply-side structural reform and boosting domestic demand. Commercial radiation radius is effectively prolong by Regional cooperation deepened development. favourable factors overlay with the increasing improvement of business environment and hardware facilities vastly prompt the commercial development. The commercial in Pudong will play a more important role in enhance urban functions, Economic Transition, supporting civil life. Radiation effects as Core functional area of international trade centre will be further strengthen.

Keywords: Pudong New District; Commerce; Reform and Openng-up

B. 6　The Study on Modern Agriculture in Pudong New Area and its
　　　　Main Problems　　*Xu Meifang, Liu Yubo and Wang Pengchong* / 100

Abstract: Pudong New Area is not only making full effort to promote the strategically interconnected development of Shanghai Pilot Free Trade Zone and the National Science and Technology Innovation Center, striving to build the pilot experimental zone for the construction of Shanghai as "five centers", but also unremittingly exploring the way to boosting Pudong's own development and integrating urban and rural areas with Pudong's specific features. The modern agriculture in Pudong New Area embodies the following four characteristics: the giant "gap" of development level between the whole Shanghai city and Pudong area; nationally leading stage of agricultural technology; cultivation of the new agriculture business subject; the massive effort and new mechanism on supporting, strengthening and benefiting the agriculture and farmers. There exist several main problems: insufficient back-up storage of labor; high cost of agricultural production; imbalance of agricultural technology level. In this regard, this report recommends that the Pudong New Area government should continue to enhance supporting on modern agriculture, actively explore the platform for local universities to support agricultural development, further improve the market system and promote the innovation and entrepreneurship of modern agriculture.

Keywords: Modern Agriculture; Agricultural Business Subject; Agricultural Technology

B.7 Theoretical and Empirical Analysis of Gaoyuangaofeng of Pudong Talents　　　　　Xiong Yuqing, Xu Quanyong / 120

Abstract: Since the global financial crisis, a new round of scientific and technological revolution has developed in depth, and global talents have emerged with new features of rapid flow, diversified flow, and virtualization. The flow of talent from global cities to cities in developing countries has become an important trend. China has become an important destination for global talents. This is an important background for Pudong to build a global talent highland and apex. Metropolitan cities around the world attach great importance to the construction of global talent centers and talent hubs, and New York City has successfully transformed from a global capital center to a global talent innovation center. Pudong's talent highland and apex construction is based on the global vision of talents, and has become an important destination for talent gathering and diffusion centers, international talent innovation and entrepreneurship, international talent exchange center, and an important node for building a global talent network system. The highest point of the talent network system in the Yangtze River Delta. Pudong's talent development achievements are remarkable, but there is still a certain distance from the global talent highland and apex. The internationalization degree and concentration of Pudong talents are not enough. The innovation leading effect is not significant, the talent policy is fragmented, and the international vision of treating talents is gradually formed, but the implementation method is not systematic and comprehensive, and there is still a gap between the international talent system and the talent management system. In the end, this paper puts forward systematic suggestions for the construction of the high-level talents in Pudong.

Keywords: Talent; Highland; Apex; Shanghai Pudorg

B. 8 A Comparative Analysis of Talent Policy among Pudong New Area, Zhongguancun and Shenzhen

Zhang Bo / 139

Abstract: The level of urban talent determines the orientation of talent policy. Based on the principle of the same energy level, this paper compares four kinds of talent policy: talent introduction, talent system and mechanism, talent cultivation and talent development among Pudong New Area, Zhongguancun and Shenzhen as the core strategic regions of Shanghai, Beijing and Shenzhen. The conclusion is that talent policies of the three places have their own characteristics, Pudong New area's is characterized by "Quan", Zhongguancun "Gao" and Shenzhen area "real" and "alive". Using SWOT analysis model, this paper points out that the internal advantages, disadvantages, external opportunities and challenges of the talent development in the three regions are relatively bright, and expounds the SWOT status of the talent policy in Pudong New area. Finally, this paper puts forward some countermeasures and suggestions: innovation of talent system and mechanism, talent policy system, cultivation of talent platform, linkage between science and technology and finance, regional integration of talents and public service, in order to further optimize the talent policy system in Pudong New area.

Keywords: Pudong New Area; Zhongguancun; Shenzhen; Talent Policy

III High-level Reform and Opening-up

B.9 Pudong Devoting to the Belt and Road and Promoting
High-level Reform and Opening-up *Wang Chang* / 157

Abstract: Pudong is seizing the opportunity of the "Belt and Road" (BR) construction for further promoting the "Four High" strategy and implementing high-level reform and opening up. Therefore, Pudong will focus on the following five aspects of promoting the establishment of the BR technical trade measures enterprise service center, deepening the construction of overseas investment service platform, accelerating the construction of the BR national (regional) import commodity center, strengthening the BR financial service function, and strengthening the BR talent exchange and cooperation. This report explores the practice and significance of cases such as the BR Technical Trade Measures Enterprise Service Center, China (Shanghai) Pilot FTZ Overseas Investment Service Platform, Global M&A website, BR National (Regional) Import Commodity Center, and Overseas Talent Bureau, in order that Pudong could provide experience summary for promoting reform and opening up at a higher level.

Keywords: Pudong; the Belt and Road; High-level Reform and Opening-up

B.10 Taking Pudong as the Leading Factor to Promote the
High-quality Development of the Yangtze River Delta Region
Wang Zhihang / 175

Abstract: As an important national strategy, the development and opening up of Pudong is an important strategic decision made by the CPC Central Committee in the key historical period of Chinese reform and opening up. While investigating Pudong, Comrade Xi Jinping, who has been secretary of the Shanghai Municipal CPC Committee for only a week, made it clear that "it is necessary to further understand the significance of the national strategy of opening Pudong to the outside world." Over the past 28 years, Pudong has made full use of the functional policies provided by the state to get rid of the shackles of relying on preferential policies and financial support in the traditional development zones, and has embarked on an independent and self-strengthening development path. After the development strategy of the Yangtze River Delta has been put forward, Pudong, as the leader of the Yangtze River Delta, should sum up its own experiences and enlightenments in the development of the Yangtze River Delta and lead the future development direction of the Yangtze River Delta region.

Keywords: Pudong; Yangtze River Delta; Development and Opening up

B.11 Practice and Path Outlook of Pudong Financial Openness

Wang Liyue / 194

Abstract: As the forefront of China's opening to the outside world, Pudong New Area has shouldered the important mission of deepening reform and opening up in an all-round way under the new situation since its establishment. Up to now, Pudong New Area has formed a series of important achievements in expanding financial opening up. Firstly, this report analyzes the macro-environment of financial development at home and abroad based on the data in the first half of 2018. Under this background, this paper analyzes the new advantages of Pudong New Area in high-quality development with the financial opening-up, and further looks forward to ways to improve the quality of financial development in the future.

Keywords: Shanghai Pudong New Area; Financial Opening; Financial Factors Market; Product Innovation

B. 12　Exploration and Prospect of Optimizing Business

　　　　Environment in Pudong　　　　　　　　　Sun Lan / 211

Abstract: Optimizing business environment is a breakthrough for Pudong's reform and opening up. And optimizing the business environment is an important task for Pudong to launch the brand of "Shanghai service". Pudong New Area actively builds a "new plateau of free trade efficiency" with the most convenient trade and investment, the highest administrative efficiency, the most standardized service management and the most perfect legal system in terms of government environment, market environment, legal environment and social environment. Among them, deepening the reform of "certification separation" and "six double" comprehensive supervision of government have achieved remarkable results. But at the same time, there are still some problems, such as the government's "shop second" service is not yet in place, the construction of a government with good faith and the rule of law, and the living environment needs to be improved. The article puts forward relevant suggestions.

Keywords: Business Environment; Government Regulation; Government Environment; Legal Environment

B. 13　Brief Analysis on the Development of the Characteristic

　　　　Lodge in Pudong New District　　　　　Nan Jianfei / 226

Abstract: Implementing the strategy of Rural Revitalization is the major policy decision made by the CCP and the main task of doing the work of agriculture, rural areas and farmers in the new era. In recent years, the service industry of Characteristic Lodge has come in Pudong New District. It Opens up a new path to Implementing the strategy of Rural Revitalization in the new era and promote the integrated development of the urban and rural, takes bold exploration and accumulates successful experience, Which provides the important inferences for totally Implementing the strategy of Rural Revitalization and deeply Promoting the high quality development of urban and rural integration in Shanghai, Yangtze River Delta and even the whole country.

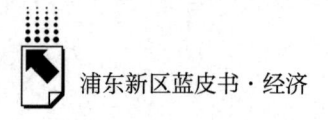

Keywords: Rural Revitalization; Characteristic Lodge; Pudong New District

社会科学文献出版社　　**皮书系列**

✤ 皮书起源 ✤

"皮书"起源于十七、十八世纪的英国，主要指官方或社会组织正式发表的重要文件或报告，多以"白皮书"命名。在中国，"皮书"这一概念被社会广泛接受，并被成功运作、发展成为一种全新的出版形态，则源于中国社会科学院社会科学文献出版社。

✤ 皮书定义 ✤

皮书是对中国与世界发展状况和热点问题进行年度监测，以专业的角度、专家的视野和实证研究方法，针对某一领域或区域现状与发展态势展开分析和预测，具备原创性、实证性、专业性、连续性、前沿性、时效性等特点的公开出版物，由一系列权威研究报告组成。

✤ 皮书作者 ✤

皮书系列的作者以中国社会科学院、著名高校、地方社会科学院的研究人员为主，多为国内一流研究机构的权威专家学者，他们的看法和观点代表了学界对中国与世界的现实和未来最高水平的解读与分析。

✤ 皮书荣誉 ✤

皮书系列已成为社会科学文献出版社的著名图书品牌和中国社会科学院的知名学术品牌。2016年，皮书系列正式列入"十三五"国家重点出版规划项目；2013~2019年，重点皮书列入中国社会科学院承担的国家哲学社会科学创新工程项目；2019年，64种院外皮书使用"中国社会科学院创新工程学术出版项目"标识。

中国皮书网

（网址：www.pishu.cn）

发布皮书研创资讯，传播皮书精彩内容
引领皮书出版潮流，打造皮书服务平台

栏目设置

关于皮书：何谓皮书、皮书分类、皮书大事记、皮书荣誉、
皮书出版第一人、皮书编辑部

最新资讯：通知公告、新闻动态、媒体聚焦、网站专题、视频直播、下载专区

皮书研创：皮书规范、皮书选题、皮书出版、皮书研究、研创团队

皮书评奖评价：指标体系、皮书评价、皮书评奖

互动专区：皮书说、社科数托邦、皮书微博、留言板

所获荣誉

2008年、2011年，中国皮书网均在全国新闻出版业网站荣誉评选中获得"最具商业价值网站"称号；

2012年，获得"出版业网站百强"称号。

网库合一

2014年，中国皮书网与皮书数据库端口合一，实现资源共享。

权威报告·一手数据·特色资源

皮书数据库
ANNUAL REPORT(YEARBOOK) DATABASE

当代中国经济与社会发展高端智库平台

所获荣誉

- 2016年，入选"'十三五'国家重点电子出版物出版规划骨干工程"
- 2015年，荣获"搜索中国正能量 点赞2015""创新中国科技创新奖"
- 2013年，荣获"中国出版政府奖·网络出版物奖"提名奖
- 连续多年荣获中国数字出版博览会"数字出版·优秀品牌"奖

成为会员

通过网址www.pishu.com.cn访问皮书数据库网站或下载皮书数据库APP，进行手机号码验证或邮箱验证即可成为皮书数据库会员。

会员福利

- 已注册用户购书后可免费获赠100元皮书数据库充值卡。刮开充值卡涂层获取充值密码，登录并进入"会员中心"—"在线充值"—"充值卡充值"，充值成功即可购买和查看数据库内容。
- 会员福利最终解释权归社会科学文献出版社所有。

数据库服务热线：400-008-6695
数据库服务QQ：2475522410
数据库服务邮箱：database@ssap.cn
图书销售热线：010-59367070/7028
图书服务QQ：1265056568
图书服务邮箱：duzhe@ssap.cn

社会科学文献出版社 皮书系列
卡号：215711433753
密码：

S 基本子库
SUB DATABASE

中国社会发展数据库（下设12个子库）

全面整合国内外中国社会发展研究成果，汇聚独家统计数据、深度分析报告，涉及社会、人口、政治、教育、法律等12个领域，为了解中国社会发展动态、跟踪社会核心热点、分析社会发展趋势提供一站式资源搜索和数据分析与挖掘服务。

中国经济发展数据库（下设12个子库）

基于"皮书系列"中涉及中国经济发展的研究资料构建，内容涵盖宏观经济、农业经济、工业经济、产业经济等12个重点经济领域，为实时掌控经济运行态势、把握经济发展规律、洞察经济形势、进行经济决策提供参考和依据。

中国行业发展数据库（下设17个子库）

以中国国民经济行业分类为依据，覆盖金融业、旅游、医疗卫生、交通运输、能源矿产等100多个行业，跟踪分析国民经济相关行业市场运行状况和政策导向，汇集行业发展前沿资讯，为投资、从业及各种经济决策提供理论基础和实践指导。

中国区域发展数据库（下设6个子库）

对中国特定区域内的经济、社会、文化等领域现状与发展情况进行深度分析和预测，研究层级至县及县以下行政区，涉及地区、区域经济体、城市、农村等不同维度。为地方经济社会宏观态势研究、发展经验研究、案例分析提供数据服务。

中国文化传媒数据库（下设18个子库）

汇聚文化传媒领域专家观点、热点资讯，梳理国内外中国文化发展相关学术研究成果、一手统计数据，涵盖文化产业、新闻传播、电影娱乐、文学艺术、群众文化等18个重点研究领域。为文化传媒研究提供相关数据、研究报告和综合分析服务。

世界经济与国际关系数据库（下设6个子库）

立足"皮书系列"世界经济、国际关系相关学术资源，整合世界经济、国际政治、世界文化与科技、全球性问题、国际组织与国际法、区域研究6大领域研究成果，为世界经济与国际关系研究提供全方位数据分析，为决策和形势研判提供参考。

法律声明

"皮书系列"（含蓝皮书、绿皮书、黄皮书）之品牌由社会科学文献出版社最早使用并持续至今，现已被中国图书市场所熟知。"皮书系列"的相关商标已在中华人民共和国国家工商行政管理总局商标局注册，如LOGO（ ）、皮书、Pishu、经济蓝皮书、社会蓝皮书等。"皮书系列"图书的注册商标专用权及封面设计、版式设计的著作权均为社会科学文献出版社所有。未经社会科学文献出版社书面授权许可，任何使用与"皮书系列"图书注册商标、封面设计、版式设计相同或者近似的文字、图形或其组合的行为均系侵权行为。

经作者授权，本书的专有出版权及信息网络传播权等为社会科学文献出版社享有。未经社会科学文献出版社书面授权许可，任何就本书内容的复制、发行或以数字形式进行网络传播的行为均系侵权行为。

社会科学文献出版社将通过法律途径追究上述侵权行为的法律责任，维护自身合法权益。

欢迎社会各界人士对侵犯社会科学文献出版社上述权利的侵权行为进行举报。电话：010-59367121，电子邮箱：fawubu@ssap.cn。

社会科学文献出版社